史学会125周年リレーシンポジウム2014

4

過去を伝える、今を遺す

歴史資料、文化遺産、情報資源は誰のものか

九州史学会・公益財団法人史学会 編

山川出版社

刊行の言葉

史学会は、二〇一二年にそれまでの財団法人から公益財団法人へと移行した。これは、たんに公益法人制度の改革に対応した結果ではない。史学会はここで名実ともに全国学会として発展する道を選んだことを意味している。それは、ちょうど史学会創立一二五周年の直前にあたっていた。そこで、時の理事会は周年事業実行委員会を組織し、委員会は企画の立案にあたった。委員会は、史学会の新しい姿を全国に示すと同時に歴史学の今を眺望しようという趣旨から、各地の学会や研究会と共同してシンポジウムを開催する企画を立て、個別に呼びかけをおこなった。それは幸いにも賛同を得られ、二〇一四年九月から毎月、歴史学界でも前例のない四つのリレーシンポジウムを開催することができた。

第一回は大阪大学歴史教育研究会との共催「高大連携による大学歴史系専門教育・教員養成教育の刷新」(九月十四日、大阪大学)、第二回は東北史学会・福島大学史学会との共催「東北史を開く——比較の視座から」(十月五日、福島大学)、第三回は史学会の主催「近代における戦争と災害・環境」(十一月八日、東京大学)、第四回は九州史学会との共催「過去を伝える、今を遺す——歴史資料、文化遺産、情報資源は誰のものか」(十二月十三日、九州大学)であり、本シリーズはこれらの成果に基づいている。

歴史学は今、教育と研究の両面で様々な課題に直面しているが、歴史学の成果は大切な公共財であることに疑いはない。本シリーズが今とこれからの歴史学を考える機会を提供できれば幸いである。

史学会一二五周年事業実行委員会

「史学会一二五周年リレーシンポジウム二〇一四」編集委員会

岡崎　敦
小松久男
杉森哲也
鶴間和幸
中野隆生
姫岡とし子
桃木至朗
柳原敏昭

目次

第Ⅱ部　資料、市民、公共性

第Ⅲ部　資料を越えて

史学会一二五周年リレーシンポジウムⅣ

過去を伝える、今を遺す

歴史資料、文化遺産、
情報資源は誰のものか

はじめに

責任編者　岡崎　敦

本書は、二〇一四年一二月一三日に、九州大学で開催された九州史学会・公益財団法人史学会の合同シンポジウム「過去を伝える、今を遺す―歴史資料、文化遺産、情報資源は誰のものか」を基に編まれたものである。当日のプログラムは巻末をご覧いただきたい。

歴史学と社会との関係については、従来歴史認識をめぐる問題、つまり歴史解釈、あるいは歴史像が主として議論されてきた。しかしながら、歴史研究者が過去の事実の反映とみなしがちな「史料」をめぐっても、近年多様な議論がみられる。そもそも資料は、歴史研究者のために作成・伝来されてきたものではなく、その価値についての議論も、研究者の独占物ではありえない。過去は、現在の政治・社会状況のもと、様々な立場の人間にとって多様な形であらわれる。

それでは、過去について考えるための素材であり、主張の証拠でもある資料や文化遺産、情報資源について、正当な権利を有する者とは誰なのだろうか。歴史や記憶の継承の前提に「過去を伝え、今を遺す」必要があるなら、それはどのような行為であり、誰の責任と負担のもとでなされるべきなのだろうか。

本書のもととなったシンポジウムでは、公共考古学とアーカイブズ学を縦糸、歴史教育と研究を横糸とし、そこに資料・情報管理の現場と若い世代への継承の問題を織り込みながら、記憶や記録を真に市民の共有財産として活かすための議論を開くことがめざされた。このことは、研究者がおこなっている歴史学の社会的意義、さらには学問的性格を再考することにもつながるはずである。

ここでは、このような問題が浮上するにいたった背景について整理することで、本論への序論としたい。そこでは、とりわけ社会的次元の問題がいくつか提起される。

第一は、文化遺産の継承なる状況に関係する。かつて「文化財」と呼ばれたものが、最近では「文化遺産」と称される背景には、ユネスコの世界遺産登録などに代表される国際的な動きがあることは間違いない。同時に重要なのは、歴史、過去への関心の位相の変化である。実際、近年の文化遺産理解には、宝物として公的権力が指定する対象という考えから、何であれ人類の遺産すべてを価値あるものとみなしていこうという立場への変化が反映しているともいえる。かつて歴史への関心とは、権力者への正しい統治の教え、経世済民の使命感、国民統合プロパガンダ、労働運動の正当化や政策決定の検証など、多かれ少なかれ公的、あるいは国家的目標や行為と不可分となった大きな物語であった。一般の歴史好きもまた、名もなき庶民ではなく、天下国家を動かす偉人や思想家の偉業に、つきることのない関心を寄せてきた。事は学問的歴史学においても同様で、国家史、政治史、経済史のみが歴史学の対象であると、長くみなされてきたのである(「農民には、犬と同じく歴史はない」という伝説的名言が伝わる)。これに対して、二十世紀末からの「社会史」の流行とともにあらわれたのは、「パン屑化」とも表現される問題関心の多様化であり、私的・個人的生活空間、経験への興味の拡散であった。問題なのは、国家史、政治史のおもな資料は、国家が経営する「公文書館」で保証されたのに対して、「私的な」歴史や記憶の材料はそのような形では用意されていないということである。それでは、これらの資料はどこにあるのか、あるいは誰のコストによって保存、管理、提供されてきた(いる)のだろうか。名作とされる著作物は公的な図書館に保存されても、個人の日記や日々の生活の痕跡は廃棄されて当然とされる。首相の動静は記録されても、個人のホームページやブログは日々更新・消滅している。ある資料や情報資源が「残されるに値する」ものとみなされ、何らかの権力と財源によって保存が保証されること自体の意味を、過去の伝わり方とともに、今を未来に遺すという点からも考えなければならない。

第二の問題は、何らかの資料や情報資源と、特定の人間集団との関係である。ある歴史や記憶が、何らかの人間集団と特別な関係にあると判断すること自体、すでに多くの問題をはらむが、いずれにせよ、過去は多くの人間集団にとってアイデンティティの汲みせぬ源泉であり、事実、この両者の結びつきは、国民国家の形成のみならず、地域復興と文化遺産の活用を結びつける現在進行中の動きとしてもみられる。ここで問われるべきは、歴史や記憶の、つまりは資料の「当事者」とはいったい誰なのか、あるはそのように主張する根拠は何かという問題である。この問いは、逆に、「よそ者」とは誰か、というもう一つの問いを必然的に生み出す。例えば、町おこしと資料保存運動を結びつける動きのなかでしばしば指摘されるのは、「現地の人」と「よそ者」との認識の相違である。奇妙なことに、現地の住民にとって、多くの地域文化遺産はあまりにも日常的なものとして、価値あるものとみなされにくいとされ、それらの「価値」を発見しているのは、しばしばそれらを新鮮なものとみなす「よそ者」であるという。逆説的なのだが、資料、ひいては歴史や記憶の価値は「当事者」にはわからない、あるいは価値とは、別の観点、射程との関連で何かが位置づけられることによって、つまり「よそ者」が「当事者」になる過程で生じる「現象」なのではないだろうか。この点は、一方では民主主義の成立する基盤について、他方では、典型的な「よそ者」である研究者がおこなう「専門的行為」、つまり歴史学の社会的意味と存在理由に関して、根本的な省察が必要であることを示唆する。

最後の問題は、基本的に「当事者」たちの行為である歴史や記憶のつむぎ、そしてそれが特定の形として結晶している資料や情報資源の「活用」に関する問題群である。そもそも資料は、歴史家が過去の再現のために利用する「史料」である以前に、人間や社会集団が「生き延びる」ことを可能とする資源であり、その痕跡でもあるが、そもそも数百年後の「よそ者」が、それらを勝手な形で「活用」することなど想定されてはいない。ところで、近年、わが国伝統の地方史や社史について、学術的には価値が高くても、関係者以外は誰も読まない「正史」としての位置づけから、政策策定、経営戦略のための材料として、あるいはブランド価値の向上や広報戦略の一環として、積極的に「活用」しようという動きが進んでいる。このような動きは、博物館の展示について提起された問題、つまり、国宝文化財の(退屈な)羅列から、教育的配慮に基づいたストーリー展開型の積極的展示への変化においても同じく感じられる。一般に、低成長下の社会においては、従来低い扱いしか受けてこなかった文化政策が、社会的にも、そして経済的にも重要な領域として認知される傾向があるが、最近の文化遺産をめぐる動きもこの典型といえよう。簡単にいえば、文化遺産を町おこしや金儲けの手段として活用することすら強く求められているのである。ところで、過去の活用として最も重要なのは、いうまでもなく広義の教育であり、国民国家形成期に歴史が重要視されたこともその必然的結果であった。ところで、歴史教育が政治問題化するのはよくみられる現象だが、そこではもっぱら特定の歴史解釈同士が対立する様相がみられる。その前提にあるのは、歴史教育とは特定の歴史観の効果的注入という理解だが、これが進めば、歴史教師として最も有能なのは、歴史学の専門家ではなく、広報メディア産業のノウハウに通じた、情報プロパガンダの専門家ということになりかねない。歴史が他者、異文化理解を目標とするものなら、その教育の場で必要なのは、解釈を競うことではなく、情報や資料をめぐる問題への理解、資料リテラシー教育という可能性もあるのではないだろうか。義務教育が公共的(つまり、開かれている)性格を有するというなら、そこでなされる歴史教育は、特定人間集団の自慰行為としての特定解釈との戯れではなく、他者と共存するという意味での市民教育として構想すべき、という主張にも一理あるように思われる。あらためて、資料を活用する歴史教育の意味が、そのミッションと方法論の双方の次元で問われるべきであろう。

ところで、このような問題については、二十世紀末からの歴史学界においても、ほぼ同様な問題関心の変化を指摘できるのである。ここでは、史料研究と歴史学との関係について、これまでの記述に対応させながら整理してみよう。

第一は、「記憶」や「表象」などの問題系の流行である。十九世紀欧米における国民国家、国民意識の形成を対象とする「記憶の場」や「想像の共同体」などの議論が明らかにしたのは、たんに、国民国家の再審の必要性ばかりではなかった。そこでは、現実とは遊離した「想像」されたもの、さらにメッセージの発信者の意向とは異なる「受容」に対する関心の高まりがみられる。この動きはさらに、「現実なるもの」は、誰にとっても「客観的な」形でそこに実在するものというよりは、それらを見る人々の関心や眼差しのあり方によって様々な相貌を示すもの、として理解する考え方の広まりとも関係している。このことは同時に、歴史研究や歴史家の立場、つまり特定の論点を「歴史学的に意味ある問題」として浮かび上がらせる行為自体への省察も深めた。つまり、史料研究においてさえ、特定の問題関心や論証のあり方自体が、特定の政治、社会、経済、思想状況に規定されていることが意識されるようになったのである。

第二に、このような変容は、特定の過去のイメージや意味について、多くの論争を引き起こすことになった。そこでしばしば問われるのは、そのような過去や記憶の当事者、つまり、過去についての「所有者」、あるいはそのように認定される人間集団とは何かという問いである。この種の問いは、答えるに大変難しい要素を多く含み込む。実際のところ、どの地域をとってみても、現在の住民が百年前の住民の直接の子孫だけからなるような状況は、世界のどこでも想定しづらい。数百年前と現在との関係ともなれば、これらは事実上証明不可能であろう。他方、人類の特定の記憶や記録に関心をもつのは、それらの現在の「所有者」、あるいはそのように主張している人たちばかりではない。グローバル化が叫ばれるはるか以前から(太古の昔から)、人類は移動し、交流し、文化変容を経験してきたのであり、「他者」の記録や記憶とまったく無関係に孤立して生きてきた人間集団はほとんど存在しないであろう(このような「純粋種」自体「淘汰」されやすいという説もある)。私たちはみな、人類が何千年にもわたり、幾層にもわたって蓄積してきた様々な経験や知識、価値観などを、一身に背負って今を生きているともいえ、この意味では、誰にとっても「人類にかかわることで、無関係なものなど何もない」ということを認めねばならない。とくに、グローバル化と情報化が進行する今日、「日本文化」なるものを「日本人」なるものだけの独占物として、「外国人」の関与をいっさい排除するなど、経済的にも、社会的にも到底ありえないことは、ゲームやマンガ、さらには観光政策とリンクした世界遺産登録運動に狂騒する例をみればただちに了解されるであろう。

最後に、表象や想像に関心を向ける現代歴史学において、研究の根拠となる史料なるものへのまなざしも大きく変わったことを指摘せねばならない。かつては、「事実」なるものが「史料」に内在するとみなされ、文書館などで資料調査をすれば、誰もが承認する確実な知識を増やすことができると単純に信じられていたが、現在では、このような態度は素朴な実証主義「宗教」の信者とみなされるであろう。同じ「史料」をめぐって、まったく異なる解釈が提示されることは、歴史学の現場においては以前からごく普通であっただけではない。最近では、そもそも人間が作成、利用、保存、さらには破壊してきた資料なるものそれ自体が、特定の主張や利害のからくりを経て、あるいはそのような操作によってのみ、現在私たちが認識可能な形をとったものであることが認められるようになった。ある社会に、戸籍や会計簿、権利証書がある形で存在すること自体、決して人類一般にとって自明なことではない。さらにはそれらに記載される情報が、「現実」との関係で何をすくいとっているのか、何を無視し、排除しているのかなどの問題こそが問われるべきである。とくに重要なのは、まったく価値がなくなった資料が数百年後まで伝来するには、資料が生み出された環境とは異なる状況のもとでの新たな価値づけが必要であったはずであり、いわば勝手な「活用」や「受容」の問題を無視して、現在伝来する資料について考えることはできないのである。一言でいうなら、資料とは、歴史家が自分の望むものを勝手に引き出す便利な宝箱である前に、様々な偶然や必然が絡まり合いながら、ときに血みどろの闘争を経て私たちの前まで生き延びてきた、それ自体が歴史そのものなのであって、そのような「資料現象」自体を研究せねばならないというわけである。歴史学は、いま「史料」についてより深い省察を求められているのである。

本書において、私たち執筆者一同は、歴史資料、情報資源の問題が、たんなる記録保存を超える射程をもっていることを示したいと考えた。この問題は、行為と構造をめぐる哲学や社会学上の議論との親近性を有する超領域の理論的課題であるとともに、市民生活と密接に関係した実践の学でもある。そして何より、学問それ自体のあり方の根本的な省察を要求する性格をもっている。本書が、さらなる活発な議論の端緒となれば、その目標の一端は果たされたことになる。

本書は、三部からなる。

第Ⅰ部は、「文化遺産管理の現場で」と題して、二つの論考を収める。読者は、ここで、文化遺産の管理と「活用」をめぐる諸問題の最前線に触れることとなろう。「対馬宗家文書の近現代」と題する古川祐貴の論考は、タイトルにみえるように、長崎県対馬の旧藩主、宗家が代々保存してきた文書群の保存と利活用をめぐる近年の状況を素材として、文化遺産をめぐる「現場の」諸問題が総括的に提示される。川西裕也が、現在の韓国政府による文化遺産政策について紹介する「歴史学とデジタル化」においては、この領域における最近のキーワードである情報化問題が焦点となっている。

「資料、市民、公共性」と題する第Ⅱ部では、資料の価値付けをめぐる現代的問題が取り扱われる。ここでのキーワードは「市民」と「公共性」である。「文化遺産の継承そして創造へ」と題する村野正景の論文は、中南米を舞台とした公共考古学のある極限の姿を、私たちに提示してくれる。そこにおいて学問とは、「客観性」の砦に立てこもることではなく、ヒトの「発展」に奉仕する何かである。清原和之が取り扱うアーカイブズに関する論考は、公文書記録管理の「当事者」とは誰かを正面から問う(「アーカイブズ資料情報の共有と継承」)。そこでは、民主主義の基盤としてのアーカイブズ管理の根拠自体が俎上に載せられているといえるだろう。第Ⅱ部を締めくくる吉永暢夫の論考は、中等教育における世界史教育の現場報告である(「高校世界史と教科「情報」」)。そこでは、情報教育、資料リテラシー教育としての歴史教育の可能性が提示される。

最後に位置する第Ⅲ部「資料を越えて」においては、本書の射程の理論的位置づけ、および提起された諸問題の総括と展望を含む論考が配置される。ここでは本書の射程が「資料を越える」ものであることが、本格的に示されるであろう。「公共考古学の可能性」において、溝口孝司は、資料の価値をめぐる問題は、普遍的・自明な問題ではなく、世界システムにおける政治・経済的諸要因に規定された構造的問題であることを提示したうえで、学問がなしえる貢献の意味をあらためて問う。再びアーカイブズを対象とする中島康比古の論考では、現在無数に生み出されている「生」の痕跡を未来に遺すことの意味が、本格的に問われている(「現代の記録を未来へ」)。資料と情報資源の管理の問題は、決して「過去」にかかわることだけではなく、「今を遺す」、あるいは「捨てる(忘れる)」ことにもあるのだ。本書を締めくくる市沢哲の論文は、公共を冠する様々な学問的省察に言及しながら、人々が織り成す生の現場が、多様な眼差しと行為との触合いのなかで、新たな公共圏を生み出していく可能性を論じる(「歴史資料をめぐる「よそ者」と「当事者」」)。そこでは、専門職としての歴史研究者や資料管理者たちの存在のあり方が、あらためて問われている。

最後に、とくに触れておきたい問題がある。本書の執筆者の何人かは、資料や情報の管理機関に所属、あるいは関係する研究者である。わが国では、研究はもっぱら（本来は教育機関である）大学所属の教員が担っているという通念（あるいは誤解）があるが、真の研究は、所属やポストが決めるものではない。他方、周知のように、少子化と財政難という構造的要因のもと、ほとんどが教育職として位置づけられてきた研究職の将来、とりわけ人文学の将来は暗い。その原因の一つが、高度成長期に形成された特殊な大学（および大学人）のあり方にあるとしても、大きな問題は、歴史研究が社会的な信頼を失っている状況そのものにあるといえる。ここでは、文化遺産や情報資源をめぐる諸問題を理論的に議論し、適切な実践に結びつけるためには、それなりの長く深い思索と経験が必要であること、つまり専門的な研究と教育が必要であることを強調したい。そして、そのために歴史学も有用だとするなら、歴史学は「公共的な」学問に変わる覚悟と準備をもたねばならない。他方、歴史学の本質が他者理解にあるとするなら、公共的任務を果たす専門領域としての一つの可能性は、（解釈の整合性に戯れることではなく）資料情報認識、つまり資料とは何なのか、その情報の信頼性や価値は誰がどのように決めてきたのか、などの議論の専門家として自認することにこそあるのではないだろうか。そして、その最前線で活躍しているのは、むしろ、資料をめぐる様々なせめぎ合いのなかで、日々格闘している資料管理専門職員なのではないだろうか。彼らのますますの活躍とともに、情報管理専門職の社会的意義の認知を切に期待する所以である。

◆註

1　本稿では、「史料」を、過去に関心を寄せる者が、過去の復元を自称する行為に際して、材料として認識するもの。「資料」を、特定の社会・人間集団が、意味や価値を共有するために、主として眼に見える媒体を支持体として構成する物理的実体、とそれぞれ定義して区別する。

第Ⅰ部　文化遺産管理の現場で

対馬宗家文書の近現代

――「宗家文庫」の伝来過程から

古川　祐貴

はじめに

対馬《つしま》は、九州本土と朝鮮半島との間に位置する「国境の島」である（**図1**）。行政区域は長崎県に属しており、二〇〇四年に六町（厳原《いづはら》町・美津島《みつしま》町・豊玉《とよたま》町・峰町・上《かみ》対馬町・上県《かみあがた》町）が合併したことで対馬市が誕生した。博多まで航路にして一四〇キロ、釜山《プサン》まで五〇キロであり、より朝鮮半島に近い。島の九〇％は山地で占められ、農業生産に乏しいことから、古くから朝鮮半島との関係を築いてきた。その対馬を長きにわたって治めていたのが対馬宗家である（十三世紀末〜十九世紀半ば）。「鎖国」で知られる江戸時代においては、幕府が設定した「四つの口」（長崎口・対馬口・薩摩《さつま》口・松前口）の一つを担い、日朝関係史上、重要な役割を果たしてきた。朝鮮との外交・貿易は、とくに故事や先例が重んじられたことから、厖大かつ「国際」性に富んだ対馬宗家文書が生み出されることになったのである〔田代 一九九八〕。

現在、宗家文書は、日本国内外七カ所の収蔵施設に分割保管されている（**図2**）。その七カ所とは、⑴九州国立博物館（約一万四〇〇〇点）、⑵長崎県立対馬歴史民俗資料館（約八万点）、⑶韓国国史編纂委員会（約二万八〇〇〇点)、(4)国立国会図書館(約一六〇〇点)、(5)東京大学史料編纂所(約三〇〇〇点)、(6)慶應義塾図書館(約一〇〇〇点)、(7)東京国立博物館(約一六〇点)である。これらの施設が有する宗家文書は、じつに一二万点を超えており、現存する大名家文書のなかでも国内最大級といわれている。今でこそ七カ所に分割保管される宗家文書であるが、それぞれの収蔵施設を遡ると、A対馬藩庁(府中《ふちゅう》)・B倭館《わかん》(朝鮮釜山)・C対馬藩江戸藩邸に行き着く。この三カ所は、江戸時代における対馬藩の「拠点」であり、各地では宗家文書の作成・管理がおこなわれていた〔田代 二〇一一a〕。しかし、江戸時代が終わると、各「拠点」に残された宗家文書は、様々な理由から移動を余儀なくされる。そのなかで最大の点数を誇り、宗家文書の中核を占めたのが「宗家文庫」であった。

「宗家文庫」は、明治時代以降、A対馬藩庁(府中)の資料の大部分と、B倭館(朝鮮釜山)・C対馬藩江戸藩邸の資料の一部が、府中(厳原)にあった桟原屋《さじきばらや》

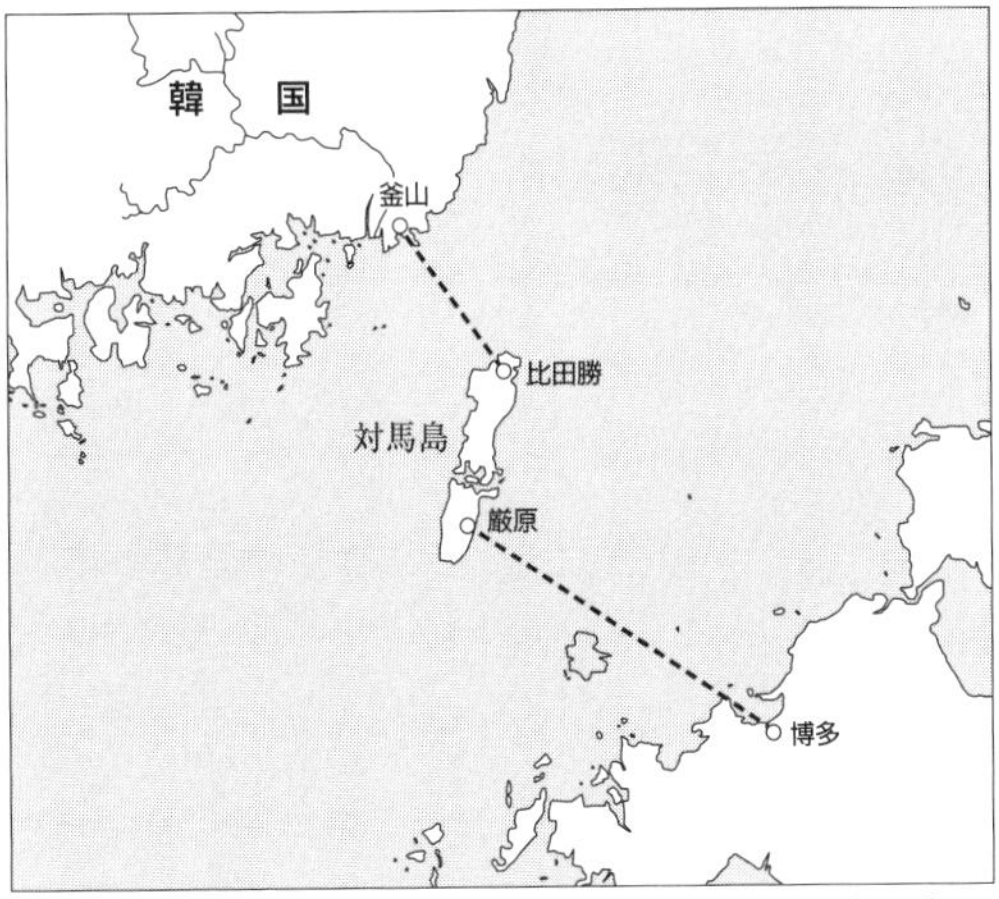

▲**図1　対馬島(長崎県対馬市)の位置**　地理的には九州本土よりも朝鮮半島に近い。

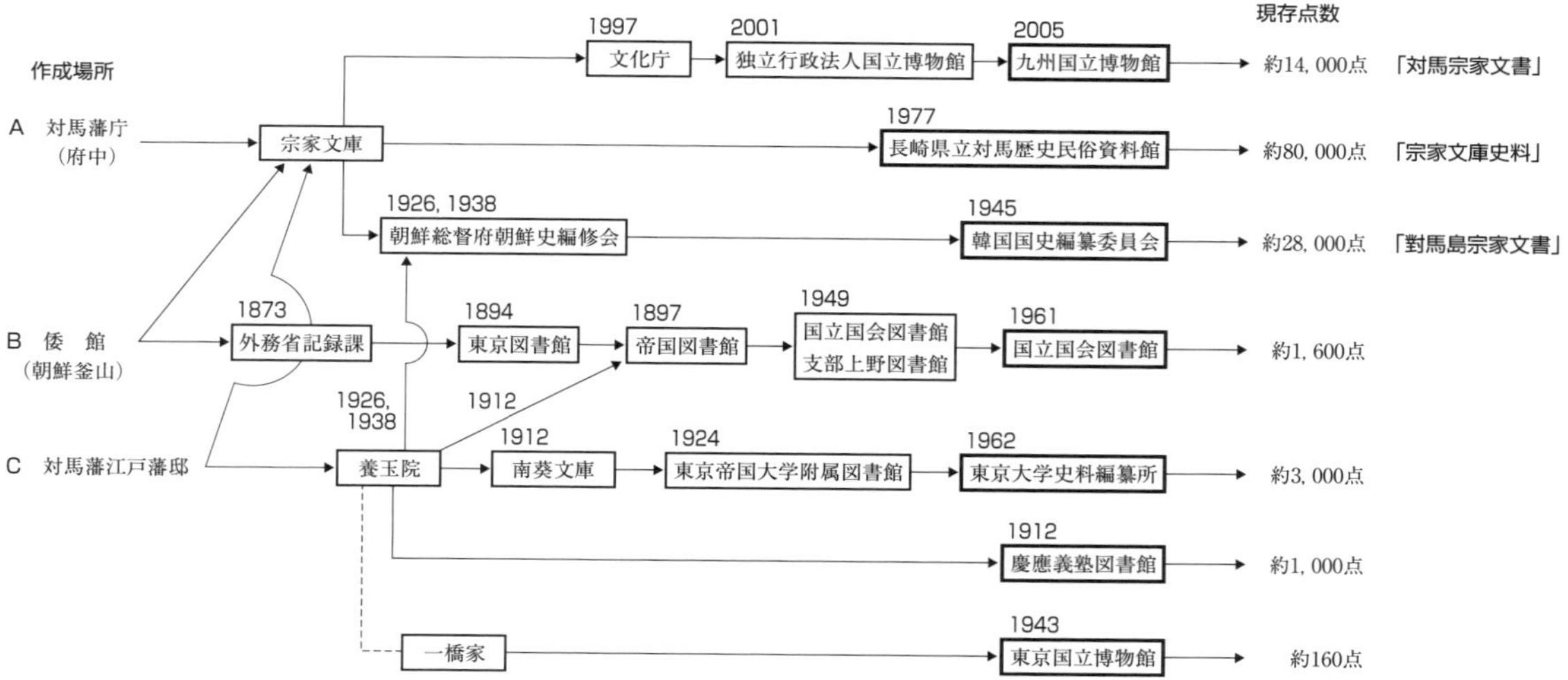

▲図 2 対馬宗家文書保管所の変遷

出典：[田代 2015 5頁], 一部加筆

形《かた》(江戸時代、対馬藩主の「居城」として機能)に集められたものである[田代 二〇一二b]。桟原屋形の「宗家文庫」は、同じく厳原にあった根緒《ねお》屋敷跡、萬松院《ばんしょういん》(対馬宗家菩提寺)境内倉庫へと移転し、その大部分が現在、長崎県立対馬歴史民俗資料館に引き継がれている(**図3**)。しかし、途中で分かれてしまったものもあり、それらが九州国立博物館収蔵分・韓国国史編纂委員会収蔵分を形成している。つまり、九州国立博物館・長崎県立対馬歴史民俗資料館・韓国国史編纂委員会が収蔵する宗家文書は、「宗家文庫」の流れを汲む資料群、ということができるのである。[1]

このように**図2**を概観しただけでも、宗家文書が様々な変遷を経てきたことが明らかだが、それでもこれほど多くの宗家文書が現存している背景には、何らかの事由が想定されなければならないだろう。そして、そうした事由を解明することこそが、他の歴史資料を後世へと伝えていく「よすが」にもなると思われるからである。本章では、宗家文書の大部分を占める「宗家文庫」の伝来過程を、(1)島外流出問題、(2)重要文化財指定、(3)「日韓図書協定」の三つの画期から検討し、

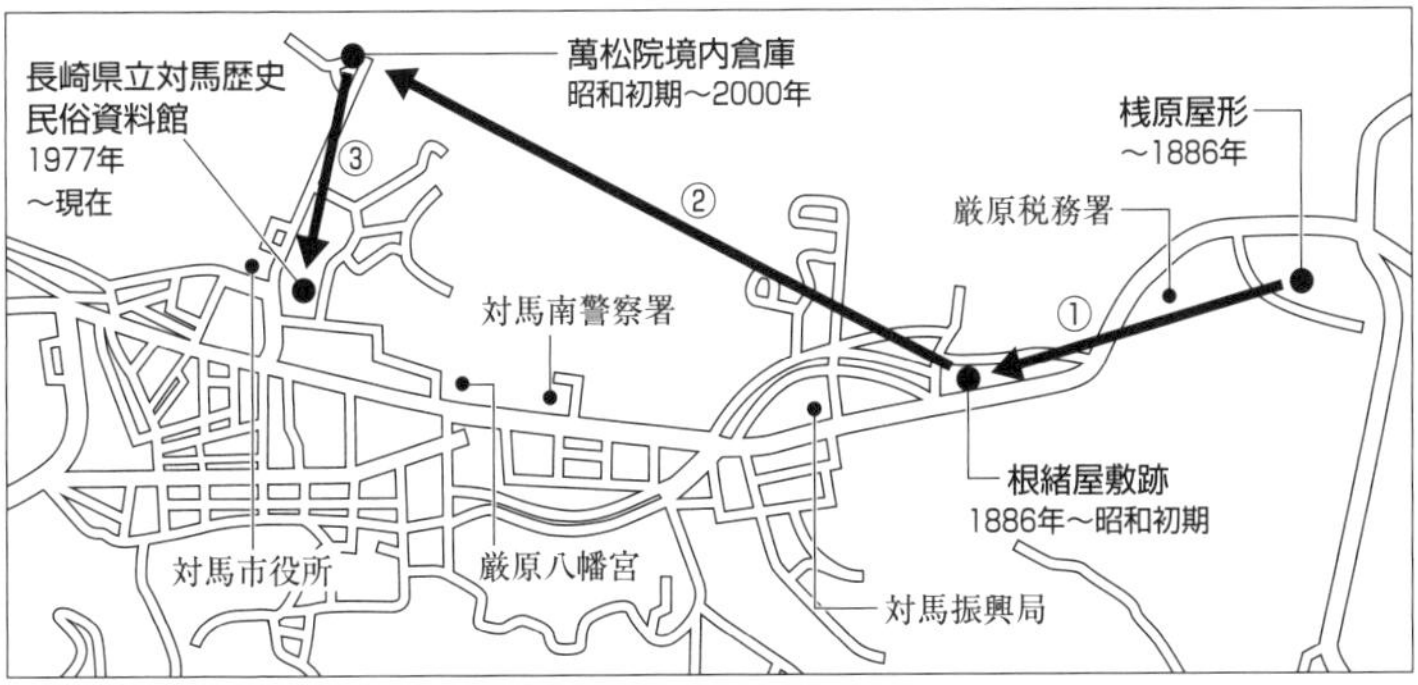

▲**図3**　「宗家文庫」の移転　桟原屋形→根緒屋敷跡→萬松院境内倉庫→長崎県立対馬歴史民俗資料館と3度移転した。

その「よすが」について考えてみたい。

一 「宗家文庫」の島外流出問題

事件の経過

一九九三年十二月、千葉県に在住する対馬宗家現当主が、急遽、対馬に来島し、萬松院境内倉庫に保管されていた「宗家文庫」の一部（約一万四〇〇〇点）を島外に搬出した。「宗家文庫」は、昭和初期に根緒屋敷跡から萬松院境内倉庫へと移転しており、さらにそのうちの日記類、記録類、典籍類と呼ばれる資料群が、一九七七年以降、段階的に長崎県立対馬歴史民俗資料館へ寄託されていた（**図3**）。島外流出した資料は、同館へ寄託されずにそのまま萬松院境内倉庫に残されていた資料群の一部であり、なかには江戸幕府（徳川将軍・幕閣《ばっかく》など）より対馬藩主へ発給された御内書《ごないしょ》・奉書類も含まれていた。このような事態に対して、長崎県と対馬は早急に対応したものの、どこに資料が流出したのか、その所在をつかめずにいた。しかし、翌一九九四年六月、佐賀県からの情報提供により、流出した資料が民間業者によって「売り」に出されている事実を知ることになる（一九九六年六月一日付『長崎新聞』）。

佐賀県が資料に関する情報をもっていたのは、その民間業者から売却をもちかけられていたためである[2]。この当時佐賀県は、県立名護屋《なごや》城博物館を開館させたばかりであり（一九九三年十月）、目玉となるような収蔵品を探していたという経緯があった（一九九六年十二月二十日付『西日本新聞』）。佐賀県と民間業者との交渉は、いったんはまとまりかけたものの、情報提供を受けた長崎県の働きかけと、文化庁の仲裁によって佐賀県は、民間業者との交渉権を長崎県へ譲ることとなる。以後、長崎県は対馬とともに交渉を進めていくが、民間業者側が一貫して提示する「五億円」という金額に手を出せずにいた（**図4**）。結局、交渉は平行線をたどることとなり、一九九六年に決裂する（一九九六年十一月三十日付『長崎新聞』）。民間業者は資料の売却先として国内はおろか、海外までも示唆していたことから、事態を重くみた文化庁は、民間業者のもとへ調査官を派遣して島外流出分を調査するとともに、その結果を踏まえ、資料の買取りを決定した（一九九七年二月九日付『長崎新聞』）。購入された資料は、しばらく文化庁が保管していたものの、九州国立博物館の開館（二〇〇五年）に合わせ、そのすべてが独立行政法人国立博物館（現独立行政法人国立文化

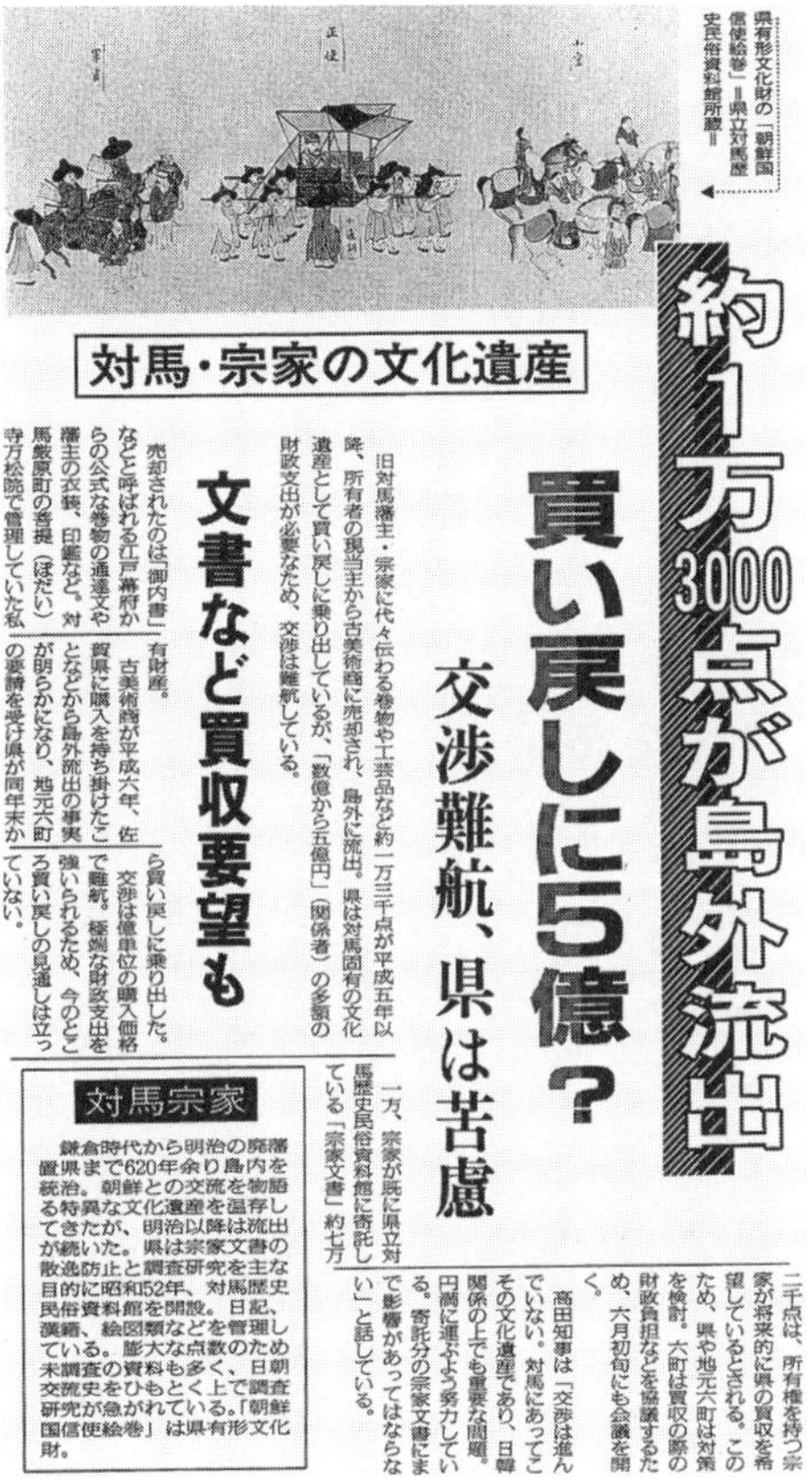

県有形文化財の「朝鮮国信使絵巻」＝県立対馬歴史民俗資料館所蔵＝

対馬・宗家の文化遺産

約1万3000点が島外流出

買い戻しに5億？

交渉難航、県は苦慮

旧対馬藩主・宗家に代々伝わる巻物や工芸品など約一万三千点が平成五年以降、所有者の現当主から古美術商に売却され、島外に流出。県は対馬固有の文化遺産として買い戻しに乗り出しているが、「数億から五億円」（関係者）の多額の財政支出が必要なため、交渉は難航している。

文書など買収要望も

売却されたのは「御内書」などと呼ばれる江戸幕府からの公式な巻物の通達文や藩主の衣装、印鑑など。対馬厳原町の菩提（ぼだい）寺万松院で管理していた私有財産。

古美術商が平成六年、佐賀県に購入を持ち掛けたことなどから島外流出の事実が明らかになり、地元六町の要請を受け県が同年末から買い戻しに乗り出した。

交渉は億単位の購入価格で難航。極端な財政支出を強いられるため、今のところ買い戻しの見通しは立っていない。

一方、宗家が既に県立対馬歴史民俗資料館に寄託している「宗家文書」約七万二千点は、所有権を持つ宗家が将来的に県の買収を希望しているとされる。このため、県や地元六町は対策を検討。六町は買収の際の財政負担などを協議するため、六月初旬にも会議を開く。

高田知事は「交渉は進んでいない。対馬にあってこその文化遺産であり、日韓関係の上でも重要な問題。円満に運ぶよう努力している。寄託分の宗家文書にまで影響があってはならない」と話している。

対馬宗家

鎌倉時代から明治の廃藩置県まで620年余り島内を統治。朝鮮との交流を物語る特異な文化遺産を温存してきたが、明治以降は流出が続いた。県は宗家文書の散逸防止と調査研究を主な目的に昭和52年、対馬歴史民俗資料館を開設。日記、漢籍、絵図類などを管理している。膨大な点数のため未調査の資料も多く、日朝交流史をひもとく上で調査研究が急がれている。「朝鮮国信使絵巻」は県有形文化財。

▲**図4**　1996年6月1日付『長崎新聞』（長崎新聞社提供）　島外流出分の買戻しは5億円にものぼった。

財機構)へと移管された(九州国立博物館収蔵分＝「対馬宗家文書」約一万四〇〇〇点)。

ところが事件はこれだけでは収まらなかった。島外流出分の交渉がおこなわれる一方で、すでに長崎県立対馬歴史民俗資料館へ寄託されていた資料群についても、現当主によって売却される恐れがでてきたためである。すなわち、長崎県と対馬はいちどきに島外流出分の交渉(対民間業者)と、資料館寄託分の交渉(対現当主)を強いられたのであり、前者については交渉が決裂した(前述)。資料館寄託分の交渉においても、長崎県と対馬は協力しておこない、二〇〇三年にようやく現当主からの買取りにこぎつける(**図5**)。購入金額は、長崎県と対馬で応分負担することに決し(長崎県七〇%、対馬三〇%)、資料館寄託分は引き続き長崎県立対馬歴史民俗資料館で保管されることとなった(長崎県立対馬歴史民俗資料館収蔵分＝「宗家文庫史料」約八万点)。

「宗家文庫」の島外流出問題に対して対馬では、一九九六年頃から民間の動きが活発となっていた。例えば、対馬郷土研究会など地元四団体は、「宗家文庫史料に関する緊急アピール」を、対馬島内・長崎県・対馬宗家に表明したし(一九九六年十一月十五日付『長崎新聞』)、厳原町観光協会は、島内外の文化・商工関係約七〇団体とともに、宗家古文書を守る運動推進本部を立ち上げ、「私達の力で宗家古文書を守りましょう!」とのスローガンのもと、署名活動と募金活動を開始した。とくに署名は、約二カ月間で二万五七三六名(島内九六九三名＋島外一万五九三一名＋国内電子メール五八名＋海外電子メール五三名)分が集まり、長崎県知事宛に提出された(一九九七年一月二十九日付『西日本新聞』)。署名活動終了後、同推進本部は予算獲得に時間のかかる行政の支援を目的として、対馬古文書整備保存募金活動推進委員会へと発展し、募金活動への取組を本格化させている(一九九七年十一月十八日付『長崎新聞(県内ワイド版)』)。

長崎新聞

県立対馬歴民資料館の第一級史料

宗家文書県が購入へ

7万2000点 数億円の見込み

散逸を防ぐ

▲図５　2003年１月10日付『長崎新聞』(長崎新聞社提供)　現当主との交渉のすえ，長崎県と対馬が長崎県立対馬歴史民俗資料館寄託分を購入した。

対馬「宗家文書」保全

日本歴史学協会も要望書

首相らに送付

「散逸は国家的損失」

◀図６　1997年１月８日付『長崎新聞』(長崎新聞社提供)　内閣総理大臣・衆参両院議長・文化庁長官らに要望書を送った日本歴史学協会。

運動は民間だけに留まらず、学界にまでおよんだ。長崎大学を中心とした長崎県下の大学関係者有志や、全国の大学教職員へ署名を呼びかけた九州大学文学部は、島外流出分の買戻し、資料館寄託分の流出防止(買取り)を求める要望書を、署名とともに長崎県知事宛に提出した(一九九六年十二月六・十日付『長崎新聞』)。また、この年に開催された九州史学会総会(事務局＝九州大学大学院人文科学研究院)では、資料館寄託分の流出防止を求める要望書を、同じく長崎県知事宛に提出することが決議された(一九九六年十二月十五日付『西日本新聞』)。さらに七八歴史学関係団体や大学研究者らで構成される日本歴史学協会は、「〔「宗家文庫」の〕散逸は国家的損失」とした要望書を、内閣総理大臣・衆参両院議長・文化庁長官らに提出した(**図6**)。このように島外流出問題は、行政(文化庁・長崎県・対馬)だけでなく、民間や学界をも巻き込む事態に発展したのである。

事件の背景と意義

「宗家文庫」の島外流出問題を考えるうえで、現当主の父親にあたる前当主(宗武志《そうたけゆき》)について触れておく必要があろう。前当主(一九〇八〜八五年)は、東京で生まれ、そのほとんどを東京や千葉で過ごしてきたが、旧制中学が対馬だったこともあり、対馬に対する「国元意識」をもっていたことで知られる(一九九六年十二月十八日付『西日本新聞』)。一九七七年に長崎県立対馬歴史民俗資料館が建設され、当時、萬松院境内倉庫に保管されていた「宗家文庫」の収蔵について関係者が協議した際には、「〔「宗家〕文庫の資料は対馬の物なので、対馬にあげるが、〔長崎〕県にやるのではない」「〔「宗家文庫」の中には〕私が貰う分もあるでしょう」〔永留 二〇〇八〕と発言したという。

しかし現実的な問題として、「宗家文庫」を「対馬帰属分」と「宗家帰属分」に分けることは容易ではなく、このときは二階建ての萬松院境内倉庫のうち一階保管分を「対馬帰属分」、二階保管分を「宗家帰属分」とする「紳士協定」が結ばれるに留まった（**図7**）。「対馬帰属分」と判断された一階保管分は、主として日記類や記録類、典籍類からなり、段階的に長崎県立対馬歴史民俗資料館へ寄託（「永久寄託」）されていったのに対して、御内書・奉書類を含む「宗家帰属分」は、そのまま萬松院境内倉庫二階に留め置かれたのである。[3] ただ「紳士協定」は、あくまで前当主との信頼関係に基づくものであり、のちに証憑《しょうひょう》となる書面も交わしていなかったことから、当主の代替わりなどで簡単に覆される可能性があった。[4] 島外流出問題が発生したのは、まさに前当主が死去し（一九八五年）、現当主へと代替わりを果たした後であった点に注意する必要がある。まず対象となったのは、萬松院境内倉庫二階に保管されていた御内書・奉書類など、「宗家帰属分」約一万四〇〇〇点であり、続いて長崎県立対馬歴史民俗資料館に寄託されていた資料群（「対馬帰属分」）についても、現当主は所有権を主張したのである。

　現当主が島外流出問題を引き起こした背景には、旧大名家（旧華族）としての格式を重んじる生活、前当主の死去にともなう相続税や葬儀、墓の費用の問題、家屋敷の修復など、様々な理由が報じられた（一九

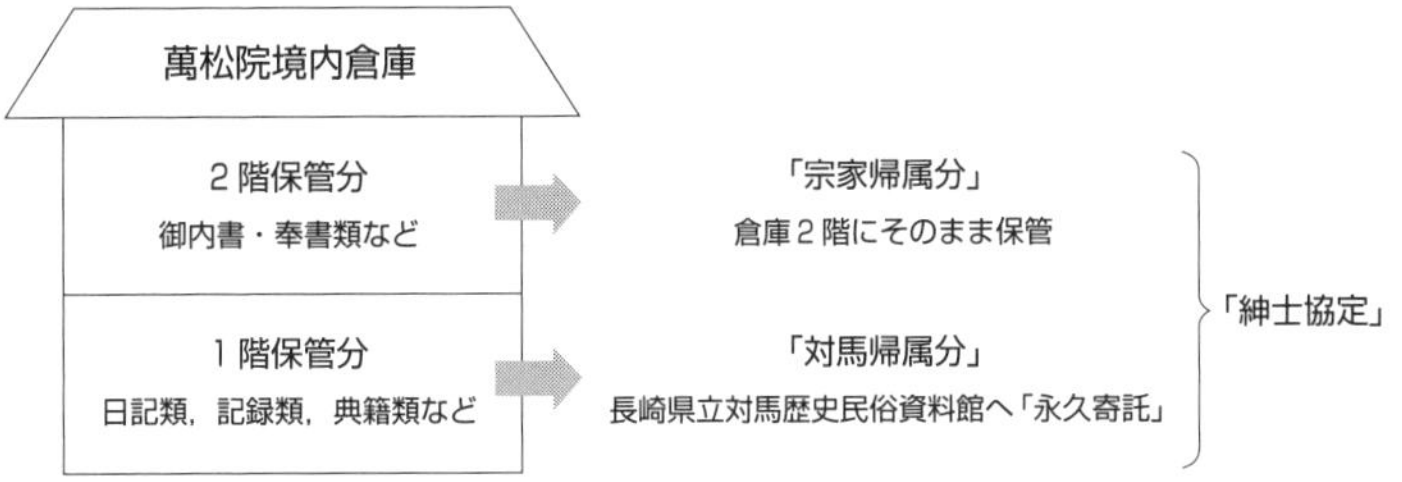

▲**図7**　「紳士協定」の内容　前当主との信頼関係に基づき長崎県立対馬歴史民俗資料館関係者との間で結ばれた。

九六年十月二十六日・十二月十八日付『西日本新聞』)。しかし、事件の原因は必ずしも現当主にのみ帰されるべきではなく、例えば「宗家帰属分」が保管されていた萬松院境内倉庫は、老朽化で雨漏れや虫害が心配されていたし、倉庫自体、総木製でありながら、防火対策などが十分にとられていなかった。また、倉庫から資料が無断で持ち出され、売却されている、といった噂もあり、現当主はこうした現状に対して不信感を抱いていたともいわれている。一方、「対馬帰属分」が寄託されていた長崎県立対馬歴史民俗資料館にしても、資料を適切に扱うことができる専門学芸員が不在であったことから、収蔵資料目録は未整備のものが多く、展示も劣悪な環境のもとになされていたという(一九九七年四月七日付『朝日新聞』)。こうした、多くの事象が折り重なり合い、発生したのが島外流出問題だったのであり、それゆえ事件の解決にも一〇年という歳月を要した(一九九三〜二〇〇三年)。島外流出問題は、「紳士協定」によっていったんは曖昧《あいまい》となっていた「宗家文庫」の所有権を明確にする意味をもったが、同時に誰がいかに保存・活用していくのかという問いも提起した。事件によって不備が明るみにでた長崎県立対馬歴史民俗資料館は、こののち、学芸員を含む正規職員の配置[5]、展示室などの改修工事、古文書補修員の増員、といった対策をとることになる(一九九五年四月十三日付『西日本新聞』・一九九七年四月四日付『長崎新聞(県内ワイド版)』・六月四日付『長崎新聞』)。

二 「宗家文庫史料」の重要文化財指定

宗家文書のなかには、文化庁によって国の重要文化財に指定されたものがある。**表1**によれば、一二万点を超える宗家文書の半数が指定を受けている計算になるが、それは同文書に価値を見出した文化庁が、積極的に文化財指定をおこなってきた結果である。[6] ここでは、長崎県立対馬歴史民俗資料館収蔵分(「宗家文庫史料」)を例に、いかに指定がなされ、保存・活用[7]の方途が考えられているのかについて言及したい。

「宗家文庫史料」の調査

一九七〇年頃、対馬—福岡間の交通アクセスが改善され、古物商らが自動車に乗って対馬に来島するようになると、旧家に残されていた歴史資料が大量に島外へ持ち出された〔泉 一九八九〕。こうした事態に対して対馬では、資料保存の機運が高まり、収蔵施設の建設運動が開始される。地元有志の団体や対馬町村会を中心に、「島民の総意」として実施された運動は、一九七二年以降、たびたび長崎県や同県議会に陳情や請願を繰り返す(当初は長崎県立美術博物館の分館を誘致する運動)。これによって長崎県立対馬歴史民俗資料館が建設されることとなり、一九七七年三月に竣工、翌一九七八年十二月に開館した。[8]

対馬の運動は一方で、文化庁と長崎県による学術総合調査の実施(一九七三年)をも促した。その過程で萬松院境内倉庫に保管されていた「宗家文庫」の重要性が認識され、**表2**にみられるような調査がおこなわれていった。一九七五年から厳原町教育委員会(宗家文庫調査委員会へ委託)を事業主体として開始された調査①は、「宗家文庫」のなかでも日記類、記録類を対象とした。これは前当主との「紳士協定」で「対馬帰属分」(萬松院境内倉庫一階保管分)と判断されたものであり、調査を終えたものから順次、新築されたばかりの長崎県立対馬歴史民俗資料館へ「永久寄託」されていった。調査は一九八九年まで約一五年間続き、その経過は『宗家文庫史料目録』〔宗家文庫調査委員会編 一九七八・一九八二・一九八五・一九八九・一九九〇〕に詳しく記されている。

宗家文庫調査委員会は、調査①を終えると、引き続き文書類(いわゆる一紙物)の調査にとりかかる予定

点　数	収蔵施設(所有者)
1万4033点	九州国立博物館(独立行政法人国立文化財機構)
1593点	国立国会図書館(国)
895点	慶應義塾図書館(慶應義塾大学)
第1期：1万6667点 第2期：3万5279点 合計：5万1946点	長崎県立対馬歴史民俗資料館(長崎県・対馬市)

報告書・成果物	備　考
宗家文庫史料目録(日記類) 宗家文庫史料目録(記録類Ⅰ) 宗家文庫史料目録(記録類Ⅱ) 宗家文庫史料目録(記録類Ⅲ) 宗家文庫史料目録(記録類Ⅳ・和書漢籍)	典籍類のうち漢籍は、岡村繁九州大学教授(当時)が文部省科学研究費(当時)を取得して，また和書については，諸藩旧蔵和書研究会が調査を実施した。つまり典籍類は，宗家文庫調査委員会が調査したわけではなかったが，その成果は,宗家文庫史料目録(記録類Ⅳ・和書 漢籍)に盛り込まれている。
対馬宗家文庫史料―紙物目録(1) 対馬宗家文庫史料―紙物目録(2) 対馬宗家文庫史料―紙物目録(3)	1995年までは長崎県立対馬歴史民俗資料館の研究員(非常勤)による調査，1996～97年までは，関西大学の調査チームによる予備調査がおこなわれた。
対馬宗家文庫史料冊子物目録第1巻 対馬宗家文庫史料冊子物目録第2巻 対馬宗家文庫史料冊子物目録第3巻	調査①の補充調査。調査①で採録されていなかった指定調査に必要な情報を採るために実施された。
対馬宗家文庫史料絵図類等目録	これまで調査されてこなかった資料の悉皆調査。

表1　対馬宗家文書の文化財指定状況(2015年9月現在)

指定名称	文化財区分	指定年月日
対馬宗家関係資料	国指定重要文化財	2005年6月9日
対馬宗家倭館関係資料	国指定重要文化財	2007年6月8日
対馬宗家関係資料	国指定重要文化財	2008年7月10日
対馬宗家関係資料	国指定重要文化財	第1期：2012年9月6日 第2期：2015年9月4日

出典：国指定文化財等データベース(URL=http://kunishitei.bunka.go.jp/bsys/index_pc.asp)をもとに作成

表2　「宗家文庫史料」の調査　1975年以降，2011年まで断続的におこなわれた。

	期　間	対　象	事業主体
調査①	1975～1989年	日記類・記録類(・典籍類)	厳原町教育委員会(宗家文庫調査委員会へ委託)
調査②	1998～2002年：県費補助事業 2004～2008年：国庫補助事業	文書類	長崎県教育委員会(関西大学の調査チームへ委託) 国(関西大学の調査チームへ委託)
調査③	2007～2011年	日記類・記録類・典籍類	長崎県教育委員会
調査④	2009～2011年	絵図類等	長崎県教育委員会(宗家文庫史料絵図類等調査委員会へ委託)

であった。文書類はその多くが書状・書簡からなり、萬松院境内倉庫一階から長崎県立対馬歴史民俗資料館へ段ボール五九箱分(約三五〇キロ)として運び込まれていた。しかし、文書類調査については厳原町の理解を得ることができず、宗家文庫調査委員会はそのまま解散することとなる〔泉 二〇〇九〕。一方で長崎県は、一九九七年に開館二〇周年を迎える長崎県立対馬歴史民俗資料館の記念事業報告の一環として「文書類の目録化」を掲げていた。そのため、資料館の研究員(非常勤)がしばらく調査にあたったものの、あまりに大量かつ難解であったことから、急遽、関西大学の調査チームに文書類調査を委託することになったのである(調査②)。調査の指揮をとったのは、解散した宗家文庫調査委員会で調査員を務めた泉 澄一《ちょういち》関西大学教授(当時)であり、その経緯は『対馬宗家文庫史料一紙物目録』〔泉 二〇〇九〕に詳述されている。

二〇〇七年以降は二つの調査が並行しておこなわれた。その一つが調査③である。文化庁は早くから「宗家文庫」の価値に言及していたが、点数があまりに厖大で、かつ全貌が明らかでなかったこともあって、指定調査を開始できないでいた。そうしたなかで島外流出問題(一九九三年〜)が起こり、「宗家文庫」が散逸の危機にさらされたのである。長崎県は二〇〇三年に長崎県立対馬歴史民俗資料館寄託分を対馬とともに現当主から買い取ると、二〇〇七年には正規専門学芸員を採用し、指定調査が本格的に開始できる態勢を整えていった。まずは目録が刊行されて久しい日記類、記録類、典籍類の補充調査が五カ年の県費補助事業として実施され、あわせて文化庁の指定調査も進められた。文化庁との協議の結果、指定は二段階でおこなわれることが決定していたから、第一期分として日記類、記録類のうち一万六六六七点が、二〇一二年に重要文化財に指定された。また、ほぼ並行しておこなわれた調査④では、いまだ本格的な調査がなされてこなかった絵図類などの調査に着手し、その過程で対馬藩主「図書《としょ》」(銅印)などの貴重な資料も発見された(二〇〇九年十一月四日付『長崎新聞』)。調査④でもって一九七五年以来、三七年にもおよぶ「宗家文庫史料」調査が完了することとなり、こののち実施された文化庁の指定調査を経て、二〇一五年に重要文化財の追加指定がなされた(第二期分)。

指定後の取組(保存・活用)

「宗家文庫史料」のなかには、虫損や経年劣化によって利用に耐えないものがあり、今後広く活用していくためには、修復が必要である。現在、長崎県と対馬市が進める修復事業は、修理専門技術者がおこなう本格修理と、長崎県立対馬歴史民俗資料館所属の古文書補修員がおこなう保存行為の二つに分けられる。通常、国宝や重要文化財の修復には、文化庁が認定した修理専門技術者でなければ携わることができない。しかし、対馬島が海に囲まれ、かつ「宗家文庫史料」が厖大であることに鑑み、資料を損傷レベルに応じて分類し、損傷の激しいものを本格修理、比較的軽微なものを保存行為することが文化庁によって認められている。

まずは本格修理について、先に宗家文書の修復をおこなった慶應義塾図書館の事例〔倉持 二〇〇八・二〇〇九〕を紹介しておこう。同館が収蔵する宗家文書のうち八九五点が重要文化財に指定されているが、さらにそのうちの三分の二が、何らかの修復を要すると文化庁から指摘を受けた。そのため慶應義塾大学では、三カ年(二〇〇八〜一〇年)の修復事業計画を策定し、とくに緊急性の高い資料一〇点を選出した。総事業費は約四八〇〇万円であり、修復したすべてが重要文化財であったため、国と東京都から補助を受けることができた(国五〇%、東京都二五%、慶應義塾大学二五%)。しかしそれでも高額であったことから、今後継続的に費用を捻出できるかが課題とされている。

一方、長崎県と対馬市の場合、重要文化財指定を受け、かつ本格修理を要するものは、いまのところ一六〇〇点である。長崎県と対馬市は、二〇一三〜一四年の二カ年を修復事業計画の策定期間と位置づけ、二〇一五年から本格修理を開始している。事業期間は数十年、総事業費は数十億円となる見込みであり、今後長らく長崎県と対馬市の継続事業となることは間違いない。事業費についても、重要文化財であることに鑑み、国から五〇％が補助されるが、残りを長崎県と対馬市で負担しなければならず、慶應義塾大学同様、継続的な費用の捻出が課題となっている。

　修復事業のもう片方の保存行為は、重要文化財指定以前（一九九〇年）から長崎県と対馬（市）が取り組んできた事業の延長ととらえることができる。長崎県は、一九九二年にはじめて古文書補修員一名を採用し、資料の裏打ち補修（修復箇所の和紙裏全体に別の和紙を貼付する方法）や、デジタルデータの作成・管理といった業務に従事させてきたが、島外流出問題が起こると、さらに二名の古文書補修員を増員した。しかし、重要文化財指定に向けた動きが具体化するにともない、これまでおこなわれてきた裏打ち補修が文化庁によって中止されることになる（資料の原形を著しく変更するものであるとの判断から）。そのため、二〇〇九年以降は、修理専門技術者から定期的な技術指導を受けることで、損傷の比較的軽微な資料の取扱い＝保存行為（埃《ほこり》払い、折れ・皺《しわ》延ばし、糊《のり》継ぎなど）が、古文書補修員に認められることとなった。

　このように長崎県と対馬（市）は、これまで様々な場面で協力体制を築いてきたが、「宗家文庫史料」の活用をめぐっては方向性が異なっている。長崎県は県立対馬歴史民俗資料館の開館以来、研究が不十分であることをたびたび指摘されてきた。そのため、重要文化財指定（第一期分）を機に、三カ年（二〇一二〜一四年）の事業を策定し、⑴展示会および講演会の開催、⑵ハングル・漢字混交書簡調査を実施した。⑴は二〇一二年の単年度事業であったが、「日朝交流の軌跡——対馬宗家文書八万点の調査を終えて」と題した展示会を、九州国立博物館と長崎県立対馬歴史民俗資料館の二カ所で開催し、会期中には専門家を招いた講演会もそれぞれの会場でおこなった（**図8**）。また、(2)は二〇一三年から二カ年の調査として開始されたものである。「宗家文庫史料」のなかには、ハングルと漢字の両方で記された書簡が一〇〇点余り存在しており、これまではその一部が紹介されるに留まっていた。しかし、こうした書簡自体、ほかに例のない貴重な資料であり、また現用ハングルを用いていない箇所も存在することから、長崎県は、日韓両国の大学研究者によるチームを組織し、調査を委託したのである。調査は二〇一四年に完了し、『朝鮮訳官発給ハングル書簡調査報告書』（長崎県立対馬歴史民俗資料館編 二〇一五）として

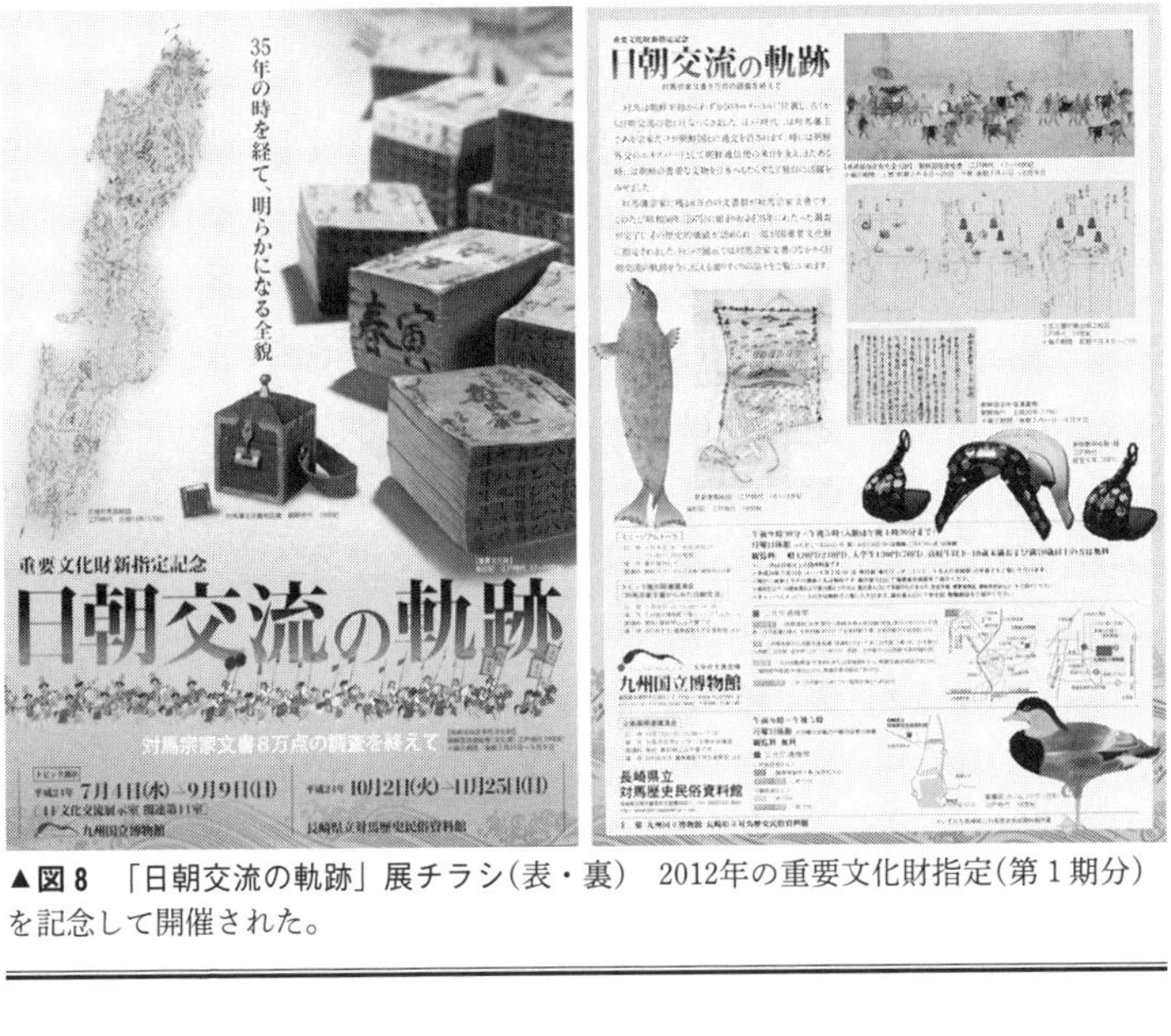

▲**図8**　「日朝交流の軌跡」展チラシ（表・裏）　2012年の重要文化財指定（第1期分）を記念して開催された。

成果が公表されている。

一方で対馬市は、現在、「宗家文庫史料」を収蔵の目玉とする「博物館建設構想」をもっている。その目的は大きく二つに分けられよう。一つは島内の文化財を守るためである。長崎県内において対馬市は、保有する文化財が多いことで知られている。しかし、人口流出も深刻な問題であり、二五年後には、現在の人口の六〇%程度に留まるとの試算もある(二〇一五年二月八日付『長崎新聞』)。このような状況で数ある文化財を守っていくのは容易なことではなく、これまでも二度、盗難事件が発生している(二〇一二・二〇一四年)。対馬市としては、これ以上被害に遭わぬよう保管機能を充実した博物館の建設をめざしているようである。二つ目として考えられるのは、観光振興のためであろう。二〇一三年に対馬を訪れた韓国人観光客は一八万人に達し、翌二〇一四年には一九万人を超えた(二〇一五年一月二十日付『長崎新聞』)。現に対馬市が作成した博物館基本計画のなかでも、「国内外の多くの自然・歴史愛好家や観光客に来ていただくことにあります。……その結果宿泊客の増加、物品販売等によって対馬の振興にも寄与できるのではないでしょうか」[対馬市教育委員会編 二〇一二]とあり、博物館建設によってさらなる観光客の増加を見込んでいるようである。

三 「對馬島宗家文書」と「日韓図書協定」

韓国にある宗家文書＝「對馬島宗家文書」

宗家文書の一部が、韓国国史編纂委員会に収蔵されている事実は先に述べた。日本の大名家文書がまとまって海外に存する例はほかにはなく、こうした点にも宗家文書の特異な歴史(伝来過程)を読み取ることができる。では、なぜこれほど多くの宗家文書が韓国に保管されているのであろうか。その理由を説明するためには、日本統治下の朝鮮(一九一〇〜四五年)でおこなわれた、朝鮮総督府の修史事業に触れなければならない。

総督府による最初の修史事業として知られる『朝鮮半島史』の編纂は、一九一五年に開始された。その目的は、「内鮮人カ他ノ新旧群書雑史ノ誑惑《きょうわく》スル所トナルヲ防遏《ぼうあつ》シ、彼等ヲシテ日鮮関係ノ真相ヲ了解セシメ、以テ朝鮮統治ノ同化方針ヲ円満且迅速ニ成就スルノ便ヲ図ラントスルニ在リ」〔朝鮮総督府編 一九一六〕とあるように、当時上海で出版されていた朴殷植《パクウンシク》『韓国痛史』に代表される、民族独立の機運を高める著作・著述活動に対抗するためであった。しかし、一九一九年に三・一独立運動が勃発すると、大韓民国臨時政府が刊行した『韓日関係史料集』が国際連盟へと提出され、日本の侵略行為が国際社会に告発される事態となった〔箱石 二〇〇七〕。もはや『朝鮮半島史』の編纂では所期の目的を達しえないと考えた総督府は、「学術性」「専門性」をむきだしにした、権威的な『朝鮮史』の編纂を志向するようになる〔桂島 二〇一〇〕。朝鮮史編纂委員会の発足である(一九二二年十二月四日、朝鮮総督府訓令第六四号：朝鮮史編纂委員会規定)。『朝鮮半島史』の編纂とは別に組織された朝鮮史編纂委員会は、のちに官制の交付を受け、朝鮮史編修会へと改組される(一九二五年六月六日、勅令第二一八号：朝鮮史編修会官制)。編修会によって編纂された『朝鮮史』は、一九三八年までに全三五巻が刊行された[9]。

『朝鮮史』編纂のなかでとくに注力されたのが史料採訪である。朝鮮史編修会(朝鮮史編纂委員会を含む)は、史料採訪を『朝鮮史』編纂の基幹的な業務と位置づけ、朝鮮各道のほか、日本(内地)、中国(満州・華北・華中など)において、精力的な採訪活動をおこなってきた。一九二三年には、対馬島の史料採訪が実施され、当時、根緒屋敷跡に保管されていた「宗家文庫」もあわせて調査された。「宗家文庫」の一部は、その後、対馬宗家側と交渉がまとまり、一九二六年に養玉院《ようぎょくいん》（対馬宗家東京菩提寺）保管分と合わせ、「古文書類六万一四六九枚、古記録類三五七六冊、古地図類三十四枚、古画類十八巻及び五十三枚」〔朝鮮総督府朝鮮史編修会編 一九三八〕が、編修会によって購入されることとなった。編修会では、『朝鮮史』の編纂・刊行業務の傍ら、中村栄孝《ひでたか》修史官（当時）、そして黒田省三修史官補（当時）らが、購入した宗家文書の整理にあたっていた〔中村 一九五三〕。しかし、その途上で終戦を迎え、申奭鎬《シンソクホ》修史官（当時）に編修会の一切が引き継がれる（一九四五年九月。総督府は翌一九四六年五月に廃庁）。彼はソウルに国史館を立ち上げ、編修会が蒐集してきた資料の保存を図ったことで知られるが、一九五一年に韓国国史編纂委員会（**図9**）が設立されると、宗家文書を含むすべての資料を移管したのである〔黒田 一九七三〕。同委員会が収蔵する「對馬島宗家文書」は、その後、一般的に公開されることはなかったものの、一九八八〜九六年の整理・調査を経て〔李薫 二〇〇二〕、現在ではマイクロフィルムによる閲覧のみ可能となっている。

朝鮮半島由来文化財の引渡し

二〇一〇年八月、菅直人《かんなおと》首相（当時）は、韓国併合一〇〇年を前に、日韓関係に関する内閣総理大臣談話を閣議決定し、そのなかで「日本が統治していた期間に朝鮮総督府を経由して〔日本へ〕もたらされ、日本政府が保管している朝鮮王朝儀軌《ぎき》等の朝鮮半島由来の貴重な図書」を韓国政府へ引き渡すことを表明した（二〇一〇年八月十日、内閣総理大臣談話）。朝鮮王朝儀軌（以下、儀軌）とは、朝鮮王朝の財政支出をともなう国家儀礼（例えば、冠婚葬祭や行幸、造営・建築、冊封《さくほう》など）の一切を、文字や色彩豊かな絵図で示した記録物の総称であり、通常、同じものが五部以上製作され、朝鮮半島にかつて存在した四史庫（鼎足山《チョンジョクサン》・五《オ》台山《デサン》・太白山《テベクサン》・赤裳山《チョクサンサン》)に分割保管されていた。[10] しかし、日本統治時代に入り、併合によって誕生した朝鮮王公族の儀軌を新たに編纂する必要から、宮内省が既存の儀軌の無償譲渡(寄贈)を朝鮮総督府に依頼したのである。宮内庁に儀軌(五台山史庫本)が保管されていたのはまさにこのためであり、他の図書についても様々な理由によって日本へもたらされていた〔NHK取材班編 二〇一一〕。

日本政府が朝鮮半島由来図書の引渡しを表明した背景には、韓国国内での動きと関係があろう。日韓国交正常化(一九六五年)の際に締結された「文化財及び文化協力に関する日本国と大韓民国との間の協定」によって韓国政府は、事実上、日本政府に文化財返還を要求できなくなっていた。[11] しかし、一九九一年に盧泰愚《ノテウ》大統領(当時)の要望に応えるかたちで日本政府が李方子《イバンジャ》[12]の婚礼衣装など二二〇点余りを韓国政府に引き渡してからというもの、桜圃《おうほ》寺内文庫の一部(一九九六年)・北関大捷碑《ほっかんだいしょうひ》(二〇〇五年)・朝鮮王朝実録(二〇〇六年)が、立て続けに韓国(政府)へ引き渡されたのである〔中内 二〇一一b〕。とくに朝鮮

▲**図9**　韓国国史編纂委員会(長崎県立対馬歴史民俗資料館収蔵写真資料)　1987年に「韓国史史料および研究の総本山化」を図り，収蔵資料の整理・調査を本格化した。

王朝実録は、慧門《ヘムン》(韓国・奉先寺僧侶《ボンソンサ》)を中心に結成された朝鮮王朝実録還収委が、朝鮮仏教徒連盟(北朝鮮の団体)、在日本居留民団などと連帯し、東京大学に返還を迫った結果、ソウル大学校への引渡し(寄贈)が実現したものであり、慧門らは表立って文化財返還を要求することができない韓国政府に代わって、積極的に日本(政府)に返還運動を展開してきたことで知られる[慧門 二〇一二]。儀軌を含む朝鮮半島由来図書も、二〇〇六年に朝鮮王朝実録還収委から改称した朝鮮王室儀軌還収委による「チェジャリ探し」の一環として位置づけられており[13]、それに便乗する形で韓国政府も、儀軌の即時返還を求める決議案を二度、国会採択したと考えられる(二〇〇六・二〇一〇年)。日本政府は、日韓両政府間の文化財返還の問題が「解決済み」との立場から、儀軌などの引渡しを日本側の一方的な行為と位置づけているが、談話以前に展開していた韓国国内での動きを踏まえれば、必ずしもそうではなかった事情が浮かび上がってくる。

「日韓図書協定」の成立

談話表明後、日本政府は朝鮮半島由来図書の引渡しに向けて具体的な準備に入った。しかしここで問題となったのは、財政法(最終改正二〇〇二年十二月十三日、法律第一五二号)という日本の法律である。同法第九条第一項では、「国の財産は、法律に基く場合を除く外、これを交換しその他支払手段として使用し、又は適正な対価なくしてこれを譲渡し若しくは貸し付けてはならない」(電子政府の総合窓口 e-Gov)と規定されており、「国の財産」にあたる宮内庁が保管する儀軌などの朝鮮半島由来図書は、新たな法律を制定するか、条約を批准するなどの手続きをとらない限り、韓国政府へ引き渡すことができなかった。そのため日本政府は、韓国政府との間に協定(国会承認条約)を締結することに決し、財政法上の問題をクリアしようとしたのである。

二〇一〇年十一月八日の日韓外相電話会談で実質的合意にいたると、そののち開催された日韓首脳会談で前原誠司《まえはらせいじ》外務大臣(当時)と金星煥《キムソンファン》外交通商部長官(当時)は、「図書に関する日本国政府と大韓民国政府との間の協定」(いわゆる「日韓図書協定」、**図10**)に署名した〔中内 二〇一一a〕。残るは国会での承認を経るのみとなったが、同協定をめぐっては日本国内で様々な議論が噴出した。なかでも新藤義孝《しんどうよしたか》衆議院議員(自由民主党)は、日本政府(民主党政権)が、韓国国史編纂委員会などに日本由来の図書が多数存在することを承知していなかった事実を追及するとともに、儀軌を含む朝鮮半島由来図書の引渡しに際して、韓国政府からも日本由来図書を引き渡すよう要求することを求めた[14]。この日本由来図書のなかには、「〔韓国〕国史編纂委員会に所蔵される対馬藩の宗家古文書約三万点」が含まれており、「對馬島宗家文書」は一気に脚光を浴びることとなったのである(**図11**)。

そのため、二〇一一年四月二十七日に開かれた第一七七回国会外務委員会においては、近世日朝関係史に造詣の深い田代和生《かずい》慶應義塾大学名誉教授が参考人として出席し、研究者の立場からつぎのような意見を述べた(二〇一一年四月二十七日、第一七七回外務委員会議録第九号)。

宗家文庫、特に韓国にあります宗家文庫は、日本にあるほかの本、朝鮮本とありようが異なってあります。……そういったことで、非常に事情が違っているということで、韓国側のこの資料に対する思い入れは非常に複雑なものがあると思います。そのころ、日本の資料で韓国の歴史を見ることなど、タブーで非公開になっておりました。……まず、この資料のことについて韓国側に何かを持ちかけるときは、日本人としてやるべきこと、大切にこれを保管管理していただいた韓国側に深い感謝と尊敬の念を抱くべきだと思っております。まずそこからスタートしていただかないと、再び非公開になる、これが研究者が最も恐れるところであります。……日朝関係史の研究者は、かつての植民地時代の政策の負の遺産ともいうべきいろいろなものを抱えております。特にこの〔對馬島〕宗家文書は、韓国でいまだに十分に利用できない状態に置いてあります。……しかし、その〔韓国政府との〕交渉の仕方を間違えますと、研究者は再びこの資料から遠ざけられてしまいます。どうぞ、この〔日韓図書〕協定を契機に文化交流を一層促進し、そしてアクセスがもっとできるように、特にお願いしたいことは、マイクロフィルムな

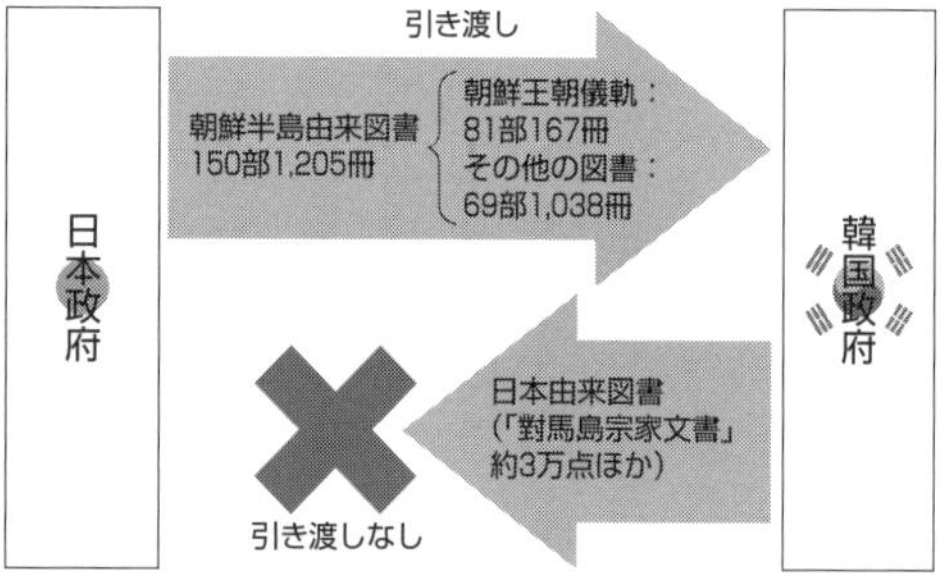

▲**図10**　「日韓図書協定」の内容
出典：しんどう義孝(URL=http://www.shindo.gr.jp/2010/11/211.php)をもとに作成

▲**図11**　「對馬島宗家文書」(長崎県立対馬歴史民俗資料館収蔵写真資料)　韓国国史編纂委員会が公表する点数は28,783点である［李薫 2001］。

どの複製資料によって、これに研究者がアクセスできるような環境を整えていただきたいということにあります。

つまり、(1)「對馬島宗家文書」は儀軌を含む朝鮮半島由来図書とは伝来の事情が異なることから、引渡し云々以前に、まずは韓国に対して敬意の念をもつべきこと、(2)同協定の締結を機に、韓国とより一層文化交流を図り、現在の研究環境が少しでもよくなるよう改善すべきことの二点を、田代名誉教授は主張したのである。

「日韓図書協定」は、二〇一一年五月二十七日に賛成多数で参議院を通過し、六月十日に発効する。対象となった朝鮮半島由来図書は、宮内庁が保管する儀軌八一部一六七冊と、それ以外の図書六九部一〇三八冊の計一五〇部一二〇五冊であり、十二月六日までに韓国政府への引渡しを完了した[15]。ちなみに急遽注目されることとなった「對馬島宗家文書」を含む日本由来図書は、結局引き渡されることなく、現在も韓国で保管されている。

おわりに

これまで「宗家文庫」の伝来過程について、島外流出問題（第一節）・重要文化財指定（第二節）・「日韓図書協定」（第三節）から明らかにしてきた。すべての画期に共通していえることは、宗家文書を取り巻くステークホルダー（利害関係者）が存在し、彼らがそれぞれに宗家文書に対する価値を見出していた点であろう。その価値に注目しながら本章をまとめると次のようになる。

一九九三年に対馬宗家現当主が引き起こした島外流出問題は、様々な問いを提起した。その最たるものは所有権の問題であり、同時に誰の責任のもとにいかに保存・活用していくのかという問題でもあった。大名家文書である宗家文書は、法律的には対馬宗家に帰属する（「家宝」としての価値）。しかし、宗家文書自体、対馬藩という機構で作成・管理されてきたことから、社会通念的には島民のものと認知されていたのである（「島民の宝」としての価値）。そのため前当主は、対馬宗家に帰属するといえる御内書・奉書類など、萬松院境内倉庫二階保管分を「宗家帰属分」とする「紳士協定」に合意し、それに従って「対馬帰属分」と判断された一階保管分の（長崎県立対馬歴史民俗資料館への）「永久寄託」を決定した。

　ところが状況は前当主の死去によって一変する。現当主が「紳士協定」を「反故《ほご》」にし、「宗家文庫」の所有権を全面的に主張したためである。まず現当主は、萬松院境内倉庫二階保管分を民間業者に売却すると、続いて長崎県立対馬歴史民俗資料館寄託分についても売却しようとした（「売買の対象」としての価値）。そのため、文化庁と長崎県・対馬が、それぞれに島外流出分（「宗家帰属分」）と資料館寄託分（「対馬帰属分」）の買取りを決定し、これ以上の散逸を防止する手立てをとったのである。二〇〇五年以降、各地で宗家文書の重要文化財指定が相次ぐが、長崎県と対馬が購入した「対馬帰属分」については、点数が厖大であることなどが影響して、文化庁の指定調査が開始できない状態であった。それでも文化庁は、何年にもわたって調査官を対馬に派遣し、指定のための調査を徐々に進めていったのである。その結果、「対馬帰属分」のうち五万点余りが重要文化財に指定され（第一期分二〇一二年九月、第二期分二〇一五年九月）、一二万点を超える宗家文書の半数が、文化財保護法によって守られることとなった（「文化財」としての価値）。

　島外流出問題を経たことで曖昧となっていた所有権の問題は解決したが、同時に提起された保存・活用の問題はそのままである。むしろ、文化財指定を受けたことでより一層保存・活用に励まなければならなくなったのであり、「宗家文庫史料」の所有者となった長崎県と対馬市はその途上にあるといえるだろう。そのうち保存については、利用に耐えない資料の修復(本格修理・保存行為)事業を策定し、その費用を長崎県と対馬市で応分負担しているのに対して、活用については両者で方向性が異なっている。長崎県立対馬歴史民俗資料館は、以前から研究の不備を指摘されてきたことから、展示会・講演会を開催したり、調査事業を企画し、その成果を公表したりしているが(「研究対象」としての価値)、対馬市は重要文化財指定に沸く「宗家文庫史料」を中核とする博物館建設を構想している。対馬市の動きは明らかに急増しつつある観光客(とくに韓国人)を見据えたものであることはいうまでもない(「観光資源」としての価値)。長崎県と対馬市が今後どのような活用をおこなっていくかは依然として大きな課題である。

また宗家文書は日韓外交の表舞台で脚光を浴びたこともある。日本統治時代における文化財返還の問題は、一九六五年の日韓国交正常化の時点で「解決済み」とされてきたが、一九九〇年代以降、急速な経済成長を背景に歴史の見直しが進んだ韓国では、日本に対する文化財返還要求を本格化させている〔荒井 二〇一二〕。これまでに李方子服飾・桜圃寺内文庫の一部・北関大捷碑・朝鮮王朝実録が引き渡されたのであり、朝鮮王朝儀軌を含む朝鮮半島由来図書も、この流れのなかで二〇一一年に引渡しがなされた。韓国(政府)への引渡しは、あくまで日本側の一方的な行為であり、ゆえに日本ではこれまでも返還という言葉は使われていない。しかし、このたびの日本政府の動きに対しては、日本の国会議員から韓国に所在する日本由来図書(「對馬島宗家文書」を含む)の引渡しを要求する声があがった(「外交ツール」としての価値)。「日韓図書協定」の成立は、日本の研究者が国会で意見陳述するなど、多くの波紋を呼んだが、最終的には日本由来図書の引渡しがおこなわれることはなかったのである。

以上、述べてきたステークホルダーや価値は、宗家文書に見出されるもののなかでも代表的かつ特徴的なものである。したがって、このほか多くのステークホルダーや価値が想定されなければならないが、ひとまず得られた知見から考えれば、基本的に宗家文書は所有者の価値が優先される傾向にあるといえるだろう。それはたんに所有権を有するからというわけではなく、保存や活用といった管理責任を、所有者自身が負っている場合が多いからだと考える。[16]しかし、ひとたび外的な要因によってある価値が肥大化すると、他の価値にも影響をおよぼすようになる。現に「宗家文庫」の島外流出問題では、前当主の死去などによって現当主の「売買の対象」としての価値が肥大化し、「島民の宝」「研究対象」「観光資源」としての価値が圧迫されたために、行政（文化庁・長崎県・対馬）だけでなく、対馬島内の民間団体や国内外の研究者が運動（島外流出分の買戻し、資料館寄託分の流出防止）を展開したのである（**図12**）。

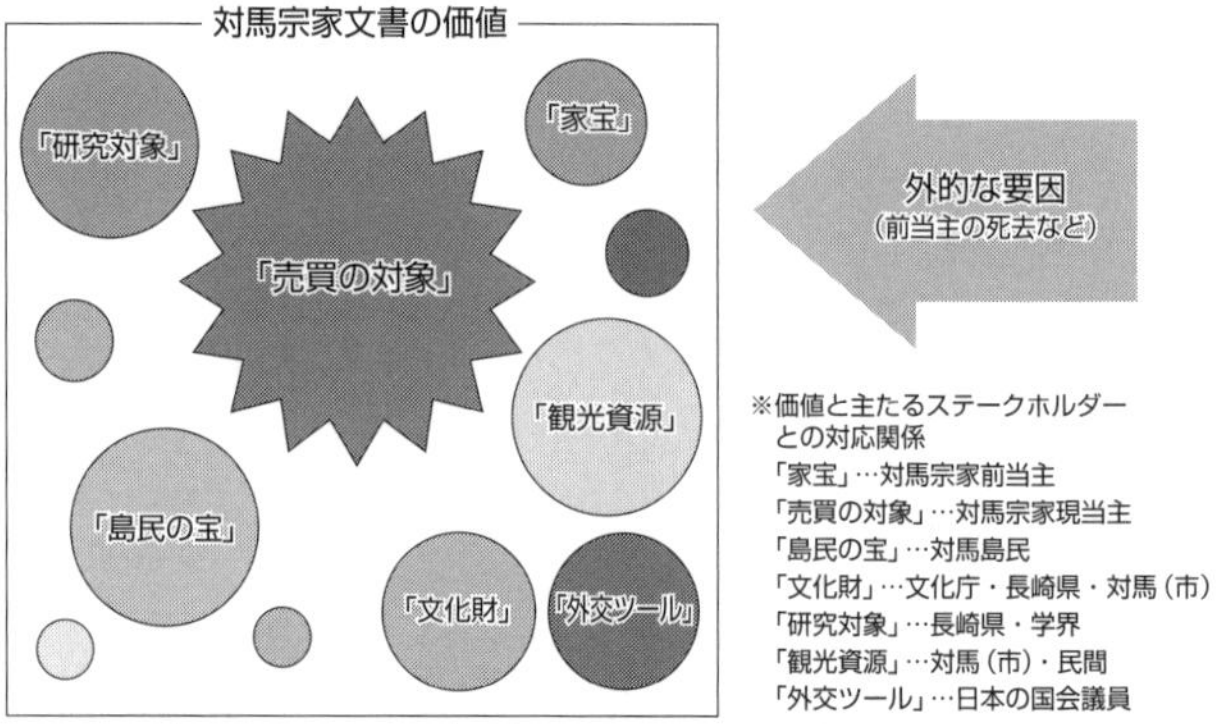

▲**図12**　対馬宗家文書の価値（島外流出問題の場合）　前当主の死去などによって肥大化した「売買の対象」としての価値。

つまり宗家文書は、つねにこうした価値のパワーバランスのうえに成り立っていることから、まず各ステークホルダーは、見出しうるすべての価値をしっかりと認識する必要がある。そして、やむをえず価値の肥大化が起こった際には、それぞれの立場から侃々諤々《かんかんがくがく》の議論をおこない、肥大化した価値を抑制するよう働きかけなければならない。宗家文書はこのような営みの繰返しによって、その多くが失われることもなく伝来してきたと考えられるのであって、これは他の歴史資料についても敷衍《ふえん》できる事柄であろう。肥大化を抑制し、価値の「均衡」が保たれている状態こそが、歴史資料を安定的に後世へと伝える一条件とも考えられるからである。

◆註

1　ここで宗家文書の概念について、本章に関わる限り説明しておこう。対馬藩が作成・管理してきた文書全体、あるいは一般的に文書名を示す場合は宗家文書とし、そのなかでも明治時代以降、対馬藩庁(府中)の資料の大部分を中心に形成された資料群を「宗家文庫」とする。また、「宗家文庫」から派生した資料群に、九州国立博物館収蔵分・長崎県立対馬歴史民俗資料館収蔵分・韓国国史編纂委員会収蔵分が存在するが、行論上、厳密な区別を要する際は、それぞれ「対馬宗家文書」「宗家文庫史料」「對馬島宗家文書」と、各施設での呼称を用いて表記することとしたい。

2　現当主は当初、「長崎県へは売らない」という意向を示しており、民間業者もそれに従って長崎県以外のところで売却先を探していた。

3　「対馬帰属分」と「宗家帰属分」に分ける「紳士協定」の根拠は、管見の限り明らかでない。しかし、御内書・奉書類が「宗家帰属分」として分類された事実に鑑みれば、対馬宗家のものといってもおかしくない資料が、「宗家帰属分」と判断された可能性が高い(御内書・奉書類には「宗対馬守殿」といった宛名が記されている)。前当主が「私が貰う分もあるでしょう」と発言したのは、まさにこのような事情を想定していたからではなかったか。逆に萬松院境内倉庫一階保管分（日記類、記録類、典籍類など）については、必ずしも対馬宗家に帰属するものとはいえなかったために、「対馬帰属分」と判断されたのであろう（日記類や記録類は対馬宗家というより対馬藩という機構で作成・管理されたと考える方が適切である）。

4　中村質《ただし》九州大学教授（当時）によれば、大名家文書は江戸時代の終焉《しゅうえん》にともなって法律的には旧大名家の私有に帰すこととなったが、その反面、旧領内で作成・管理されてきたことから、多分に公的な性格をもつという（一九九六年十二月十七日付『西日本新聞』）。こうした事実を踏まえれば、前当主との協議は「紳士協定」に留まらざるをえなかったし、のちに証憑となるような書面も交わせなかった（より正確には、交わすことができなかった）と考えることができるだろう。

5　このとき配置された学芸員は、長崎県の正規職員という意味では従来からの転換ではあったが（これまでは非常勤）、大学院などの高等教育機関で専門的に歴史学を学んできた専門学芸員ではない点に注意を要する。長崎県の正規専門学芸員の配置は、二〇〇七年まで待たなければならない（後述）。

6　一九九九年八月、文化庁は「近世文書一般の調査と指定はおくれている」との認識から、彦根藩井伊家文書（国指定重要文化財、一九九六年六月二十七日、二万七八〇〇点）に次ぐ近世文書（群）指定を促進することを課題として掲げた（有形文化財〈美術工芸品〉の保存・活用に関する検討協力者会議〈報告〉八月〈URL=http://www.bunka.go.jp/bunkazai/houkoku/yukeibunkazai/kakubumon.html〉）。二〇〇五年の九州国立博物館収蔵分に始まる宗家文書の重要文化財指定は、こうした文化庁の指定方針の流れのなかに位置づけられよう。

7　文化財保護法（最終改正二〇一四年六月十三日、法律第六九号）第四条第二項には、「文化財の所有者その他の関係者は、文化財が貴重な国民的財産であることを自覚し、これを公共のために大切に保存するとともに、できるだけこれを公開する等その文化的活用に努めなければならない（傍点は筆者）」（電子政府の総合窓口 e-Gov〈URL=http://law.e-gov.go.jp/htmldata/S25/S25HO214.html〉）とある。

8　対馬から長崎県へ陳情・請願がなされたこと、対馬島内の資料(とくに「宗家文庫」)を収蔵する施設であることなどが考慮され、運営費は長崎県六〇%、対馬四〇%と定められた。現在もこの割合に基づき、予算編成時には必要な予算をそれぞれの議会へ要求している。

9　『朝鮮史』とは、朝鮮古代より一八九四(高宗三十一)年の甲午《こうご》改革にいたる編年体の歴史書である。内容は、第一編・新羅統一以前(三巻)、第二編・新羅統一時代(一巻)、第三編・高麗時代(七巻)、第四編・朝鮮時代前期(一〇巻)、第五編・朝鮮時代中期(一〇巻)、第六編・朝鮮時代後期(四巻)の六編三五巻(巻首・総索引を加えると全三七巻)、二万四〇〇〇頁余りからなる。編纂に際して、図書四九五〇冊、写真四五一〇点、文巻・画像・扁額など四五三点が蒐集され、総額九七万五五三四円が投入された(「朝鮮史」〈田川孝三執筆〉『国史大辞典』)。

10　複数製作された儀軌は、朝鮮国王用の「御覧用」と、それ以外の「分上用」に区別される。重厚な装飾が施された「御覧用」儀軌は、四史庫のうち鼎足山(外奎章閣《ウエギュジャンガク》)に保管されていたが、一八六六年に起こった丙寅洋擾《ピョンイニャンヨ》の際にフランス軍によって略奪された。

11　同協定に基づき日本政府は、東京国立博物館や宮内庁などに保管されていた一三〇〇点余りの朝鮮半島由来文化財を韓国政府へ贈与した。その結果、日韓両政府間の文化財返還問題は「解決済み」とみなされた。

12　李方子は、一九〇一年に梨本宮守正《なしもとのみやもりまさ》親王の第一王女(梨本宮方子《まさこ》)として生まれ、一九二〇年に韓国李王家皇太子・李垠《イウン》と結婚した人物である。一九四七年に朝鮮王公族としての身分を失うも(臣籍降下)、李承晩《イスンマン》政権下の韓国へは戻ることができず、朴正熙《パクチョンヒ》政権となった一九六三年にようやく帰国を果たした。韓国では、精神薄弱児のための教育機関である慈恵《チャヘ》学校《ハッキョ》や、身体障害者福祉財団・明暉園《ミョンフィヨン》の設立に尽力するなど多くの功績を残した。一九八九年、ソウルにある昌徳宮楽善《チャンドックンナクソン》斎《ジェ》で死去するが(享年八十七)、生前の功績が認められ、韓国国民勲章槿《むくげ》賞(勲一等)が追贈された[小田部　二〇〇七]。

13　チェジャリとは、「本来あるべき場所、存在がもとめる完全無欠の場所」[慧門　二〇一一、一〇頁]を意味する仏教用語である。慧門はこのチェジャリを大義名分として、「解決済み」とされてきた文化財返還問題を克服しようとしている。

14 「朝鮮王朝儀軌等の韓国政府への引き渡しに関する質問主意書」(二〇一〇年十二月一日、衆質一七六第二三八号〈URL=http://www.shugiin.go.jp/internet/itdb_shitsumon.nsf/html/shitsumon/a176238.htm〉)。これ以前に佐藤正久《まさひさ》参議院議員(自由民主党)も「朝鮮王朝儀軌についての内閣総理大臣談話に関する質問主意書」(二〇一〇年十月二十二日、参質一七六第五十八号〈URL=http://www.sangiin.go.jp/japanese/joho1/kousei/syuisyo/176/syuh/s176058.htm〉)を提出していた。

15 「日韓図書協定」が参議院で承認を受けたのと同じ二〇一一年五月二十七日、フランス政府が保管していた「御覧用」儀軌(鼎足山史庫本)のすべてが韓国政府へ引き渡された。同儀軌は、丙寅洋擾(一八六六年)の際にフランス軍によって略奪され(註10)、その後長らくフランス政府が保管していたものの、金泳三《キムヨンサム》大統領(当時)の返還要請(一九九三年)や、韓国民間団体の返還訴訟などを受けて、ついに引渡しを決定したものである。しかし儀軌は、日本同様、政府が保管する国有文化財となっていたことから、五年期限の貸与を繰り返す「永久貸出」の措置がとられた。

16 例えば、明治時代以降、実質的に「宗家文庫」を守ってきたのは、対馬に在住する旧家臣たちであったが(一八七一年の廃藩置県によって、藩主＝知藩事は東京へ移住)、こうした事実も対馬宗家の委託を受けてのものと理解すれば、やはり「宗家文庫」は対馬宗家によって管理されてきたといわざるをえないだろう。

◆参考文献

[荒井 二〇一二] 荒井信一『コロニアリズムと文化財——近代日本と朝鮮から考える』岩波書店

[泉 一九八九] 泉澄一「対馬島・宗家文書の分析研究——大韓民国国史編纂委員会所蔵の記録類(六五九二点)を中心にして」(『国史館論叢』第七号、韓国)

[泉 二〇〇九] 泉澄一「解題」(長崎県立対馬歴史民俗資料館編『長崎県文化財調査報告書第二〇〇集 対馬宗家文庫史料一紙物目録』長崎県教育委員会)

[李薫 二〇〇一] 李薫(米谷均訳)「韓国所在の前近代韓日関係史資料について——国史編纂委員会所蔵資料と活用を中心

に」(『東京大学史料編纂所研究紀要』第一一号)
[NHK取材班編 二〇一一]『朝鮮王朝「儀軌」百年の流転』NHK出版
[小田部 二〇〇七] 小田部雄次『李方子——一韓国人として悔いなく』ミネルヴァ書房
[桂島 二〇一〇] 桂島宣弘「植民地朝鮮における歴史書編纂と近代歴史学——『朝鮮半島史』を中心に」(『季刊日本思想史』第七六号)
[倉持 二〇〇八] 倉持隆「対馬宗家文書の重要文化財指定——その来歴と指定まで」(『MediaNet』第一五号)
[倉持 二〇〇九] 倉持隆「重要文化財の保存と活用——対馬宗家関係資料の修理事業を中心に」(『MediaNet』第一六号)
[黒田 一九七三] 黒田省三「在韓対馬史料について」(『古文書研究』第六号)
[宗家文庫調査委員会編 一九七八]『宗家文庫史料目録(日記類)』厳原町教育委員会
[宗家文庫調査委員会編 一九八二]『宗家文庫史料目録(記録類Ⅰ)』厳原町教育委員会
[宗家文庫調査委員会編 一九八五]『宗家文庫史料目録(記録類Ⅱ)』厳原町教育委員会
[宗家文庫調査委員会編 一九八九]『宗家文庫史料目録(記録類Ⅲ)』厳原町教育委員会
[宗家文庫調査委員会編 一九九〇]『宗家文庫史料目録(記録類Ⅳ・和書 漢籍)』厳原町教育委員会
[田代 一九九八] 田代和生「『対馬宗家文書』について」(同監修『マイクロフィルム版 対馬宗家文書 第Ⅰ期朝鮮通信使記録 別冊上』ゆまに書房)
[田代 二〇一二a] 田代和生「対馬宗家文庫の調査を振り返って」(長崎県立対馬歴史民俗資料館編『長崎県文化財調査報告書第二〇九集 対馬宗家文庫史料絵図類等目録』長崎県教育委員会)
[田代 二〇一二b] 田代和生「対馬宗氏と宗家文書」(九州国立博物館・長崎県立対馬歴史民俗資料館編『重要文化財新指定記念 日朝交流の軌跡——対馬宗家文書八万点の調査を終えて(展示会図録)』)
[田代 二〇一五] 田代和生「国立国会図書館所蔵『宗家文書』の特色」(『参考書誌研究』第七六号)

［朝鮮総督府編　一九一六］『朝鮮半島史編成ノ要旨及順序〈附〉朝鮮人名彙考編纂ノ要旨及順序』
［朝鮮総督府朝鮮史編修会編　一九三八］『朝鮮史編修会事業概要』
［対馬市教育委員会編　二〇一二］『対馬博物館(仮称)～国際交流ミュージアム～――基本計画』
［中内　二〇一一a］　中内康夫「日韓図書協定の作成経緯と主な内容――『朝鮮王朝儀軌』等の韓国政府への引渡し」(『立法と調査』第三一四号)
［中内　二〇一一b］　中内康夫「日韓間の文化財引渡しの経緯と日韓図書協定の成立――国会論議を中心に振り返る」(『立法と調査』第三一九号)
［長崎県立対馬歴史民俗資料館編　二〇一五］『長崎県文化財調査報告書第二一二集　朝鮮訳官発給ハングル書簡調査報告書』長崎県教育委員会
［永留　二〇〇八］　永留久恵「宗家文庫収蔵までの経緯」(『対馬歴史民俗資料館報』第三一号)
［中村　一九五三］　中村栄孝「朝鮮史の編修と朝鮮史料の蒐集――朝鮮総督府朝鮮史編修会の事業」(黒板博士記念会編『古文化の保存と研究』吉川弘文館、のち中村栄孝『日鮮関係史の研究　下』吉川弘文館、一九六九年に再録)
［箱石　二〇〇七］　箱石大「近代日本史料学と朝鮮総督府の朝鮮史編纂事業」(佐藤信・藤田覚編『前近代の日本列島と朝鮮半島』山川出版社)
［慧門　二〇一一］　慧門(李素玲訳)『儀軌――取り戻した朝鮮の宝物』東國大學出版部、韓国

付記　本章の執筆にあたり、田代和生先生(慶應義塾大学名誉教授)・佐伯弘次先生(九州大学大学院教授)・阿比留德生氏(長崎県立対馬歴史民俗資料館元館長)より多大なるご助言を賜りました。また、画像の掲載にあたっては、山口紗佳氏(長崎新聞社報道部)にご尽力いただきました。末筆ながら心より感謝申し上げます。

歴史学とデジタル化

——韓国の事例から

川西　裕也

はじめに

昨今の人文学では、デジタルテクノロジーを用いた新たな研究手法(デジタル人文学)の開発が試みられ[小野 二〇一三・楊ほか編 二〇一三]、また、人文学をいかに現実社会と連結させるか、その方途が模索されている[菅 二〇一三・松田／岡村 二〇一二・山下編 二〇一四]。歴史学分野でも、史料のデジタル画像化やデジタルテキスト化、データベースの構築、それらのインターネットでの公開(以下、「史料デジタル化」と総称)が急速に進められている。加えて近年では、以前にも増して、研究者が歴史学の存在意義に対する説明を求められる機会が多くなっており、研究成果をどのように社会に還元していくかという課題に、真剣に向き合わなければならなくなってきてもいる。

本章では、こうした近年の歴史学を取り巻く状況に展望を見出すためのモデルケースとして、韓国における史料デジタル化とその社会還元の動向を取り上げ、特徴と問題点をみていくことにしたい。

現在、韓国は世界でも有数のＩＴ先進国として成長しており、デジタルテクノロジーが社会の隅々に浸透している。その流れは歴史学にもおよんでおり、史料デジタル化が非常におこなわれ、多くの研究機関や大学図書館によって関連ウェブサイトが構築・運営されている。また韓国では、史料デジタル化の事業に多額の公費が投じられているため、その成果を社会に還元することが責務として強く意識されている。

韓国における史料デジタル化の規模は世界でも有数のものであり、その現状を知ることは、今後、日本で同様の事業を展開していく際、参考になるものと思う。

本章の構成を示せば、おおよそつぎのようになる。第一節ではまず、韓国における史料デジタル化事業の経緯と現況を整理する。続く第二節では、史料デジタル化が歴史学におよぼした影響を考える。第三節では、史料デジタル化の成果が一般社会にどのように還元されているのか、現状を確認したうえで問題点を析出する。最後に、史料デジタル化の展望を述べて結びとしたい。

なお本章では、朝鮮半島を指す地理名称として「朝鮮」を使用し、朝鮮の歴史を「朝鮮史」、朝鮮の人々が使う言語を「朝鮮語」と称している。

一 「韓国歴史情報統合システム」と韓国の情報化政策

韓国歴史情報統合システム

韓国における史料デジタル化について語るときに欠かせないのが、朝鮮史の総合ポータルサイト「韓国歴史情報統合システム」[1](以下「歴統」と略称)の存在である(**図1**)。ポータルサイトとは、各個が独立して存在しているウェブサイトを探すための入り口・玄関(ポータル)の役割を果たすサイトである(著名なポータルサイトの例としては、グーグルやヤフーなどがあげられる)。

「歴統」は国史編纂委員会によって管理・運営されている。国史編纂委員会は、教育部(日本の文部科学省に相当)に属する国立機関であり、朝鮮関連史料の調査・研究・編纂、歴史教科書の検定などをおこなっている。

現在、「歴統」は、韓国国内の三〇の朝鮮史関連ウェブサイトと連携しており、それらのサイトの横断検索を可能としている(**表1**)。なお、「歴統」は、連携先のウェブサイトのメタデータ(書誌情報)を収集しているだけで、「歴統」それ自体に史料のデジタル画像やテキストがアップされているわけ

▲**図1**　「韓国歴史情報統合システム」　史料はそれぞれ大まかに分類されているため，テキスト検索のほか，ディレクトリ検索も可能である。

ウェブサイト名称	運営機関	概　要
基礎学問資料センター	韓国研究財団	人文学系研究にかかわる成果物(書籍・論文・データベース)の目録
奎章閣韓国学研究院	ソウル大学校	史料・地図のデジタル画像・テキスト
功勲電子史料館	国家報勲処	植民地下朝鮮の独立運動にかかわる史料のデジタル画像・テキスト
湖南記録文化システム	全北大学校博物館	全羅道地域の古文書のデジタル画像・テキスト
古文献原文検索サービス	鍾路図書館	植民地期に製作された朝鮮各地の地図(外邦図)のデジタル画像
古文書生活史博物館	韓国国学振興院	生活史にかかわる史料のデジタル画像
儒教ネット	韓国国学振興院	史料のデジタル画像・テキスト
承政院日記	国史編纂委員会	『承政院日記』(朝鮮王朝の編年体の公的記録)のデジタルテキスト
朝鮮王朝実録	国史編纂委員会	『朝鮮王朝実録』(朝鮮王朝の編年体の公的記録)のデジタル画像・テキスト・現代朝鮮語訳文
朝鮮総督府官報活用システム	国立中央図書館	朝鮮総督府官報のデジタル画像・テキスト
デジタル古文献室	釜山広域市立市民図書館	史料・古新聞のデジタル画像
東学農民革命総合知識情報システム	東学農民革命記念財団	東学農民戦争にかかわる史料のデジタル画像・テキスト
東北亜歴史ネット	東北亜歴史財団	史料・地図のデジタル画像・テキスト
南冥学古文献システム	慶尚大学校文泉閣	慶尚道地域にかかわる史料のデジタル画像・テキスト
民主化運動アーカイブズ	民主化運動記念事業会	韓国民主化運動にかかわる史料・写真のデジタル画像，関係者のインタビュー動画
メディアガオン古新聞	韓国言論振興財団	古新聞のデジタル画像
陸軍軍史研究所軍史研究誌	陸軍軍史研究所	『軍史研究』(学術雑誌)のデジタルブック

表1 韓国歴史情報統合システム連携ウェブサイト

ウェブサイト名称	運営機関	概　要
王室図書館蔵書閣デジタルアーカイブ	韓国学中央研究院	史料のデジタル画像・テキスト，インタビュー音声，歴史事典
外奎章閣儀軌	国立中央博物館	儀軌（朝鮮王朝の重要儀式・行事について記した公式記録）のデジタル画像・テキスト
韓国歌辞文学	潭陽郡韓国歌辞文学館	歌辞（詩歌の形式の一種）にかかわる史料のデジタル画像・テキスト
韓国関連西洋古書DB	明知大学校国際韓国学研究所	西洋で刊行された朝鮮関連古書のデジタル画像・テキスト
韓国金石文総合映像情報システム	国立文化財研究所	金石文・拓本のデジタル画像・テキスト
韓国経学資料システム	成均館大学校尊経閣	経学（儒教経典の研究・註釈をおこなう学問）にかかわる史料のデジタルテキスト
韓国古典籍総合目録システム	国立中央図書館	韓国の各図書館（一部,国外の図書館も含む）が所蔵する典籍の総合目録
韓国古典総合DB	韓国古典翻訳院	史料のデジタルテキスト・現代朝鮮語訳文
韓国史データベース	国史編纂委員会	史料のデジタル画像・テキスト・現代朝鮮語訳文，古写真・古新聞のデジタル画像，図書・雑誌・資料集のデジタルテキスト
韓国族譜資料システム	成均館大学校尊経閣	族譜（系譜記録）のデジタル画像・人物データ
韓国独立運動史情報システム	独立記念館	植民地下朝鮮の独立運動にかかわる史料のデジタル画像・テキスト・現代朝鮮語訳文，関係者のインタビュー音声・動画
韓国仏教文化総合システム	東国大学校中央図書館	『韓国仏教全書』（朝鮮仏教関連史料集）・ハングル大蔵経のデジタルテキスト，仏教事典
韓国歴代人物総合情報システム	韓国学中央研究院	朝鮮史上の人物・官職名事典，高麗・朝鮮時代の科挙及第者データ

ではない点に注意が必要である。

「歴統」の連携先の各ウェブサイトは、朝鮮関連の様々な史料を掲載しており、その範囲は、典籍・文書・写真・地図の画像やテキスト、インタビュー音声・動画にまでおよんでいる。アップされている史料のデジタル画像の多くは、フルカラーかつ高精細なもので、史料集や図録、マイクロフィルムなどで見るよりも、はるかに詳細に史料を観察することができる。また、『三国史記』『高麗史』『朝鮮王朝実録』『備《び》辺《へん》司《し》謄録《とうろく》』『承政院日記』など、各時代の基本的史料や、韓国文集叢刊(朝鮮歴代の文集を集成した叢書)などの典籍がデジタルテキスト化されており、全文検索が可能である。このなかには、原文テキストとともに現代朝鮮語の翻訳文が付されているものも多く、こちらもフルテキスト検索ができる。「歴統」とその連携ウェブサイトは、無料かつ会員登録不要であり、誰でも簡単に利用が可能である。

「歴統」では、そのほか、朝鮮史にかかわる研究書・学術論文の目録データベースや、図書館・研究機関が所蔵する典籍の書誌情報データベース、関連学会・研究会・イベントの告知なども閲覧することができる。

ここで試みに、「歴統」の検索窓に「金玉均《キムオッキュン》」(一八五一～九四。朝鮮王朝の近代的改革をめざした開化派の中心人物)と打ち込んでみよう。すると、検索結果の総数は一七五〇件にのぼった(**表2**)。金玉均にかかわる典籍・古文書・金石文・新聞記事・写真のデジタル画像やテキスト、金玉均について言及した研究文献・事典も多数ヒットしている。個々の検索結果は断片的なものであるとはいえ、金玉均に関係する史料や研究文献を一挙に見渡すことができるという利点はきわめて大きい。「歴統」とその連携ウェブサイトは、朝鮮史研究において強い存在感をもっているといえる。

表 2 「歴統」における「金玉均」の検索結果

「歴統」における分類	分類の概要	検索ヒット数	検索結果の典拠
古図書	前近代の典籍のデジタル画像・テキスト	593	『承政院日記』『日省録』『梅泉野録』『正軒集』『尹致昊日記』『羅巌随録』『響山日記』など
古文書	前近代の古文書のデジタル画像・テキスト	2	「慶州崔氏龍山書院古文書」「豊山柳氏北村宅古文書」
図書	近代以降の図書のデジタル画像・テキスト	90	『韓国独立運動史資料』『高宗時代史』『玄洋社社史』など
文書	近代以降の記録・帳簿・文書のデジタル画像・テキスト	343	『駐韓日本公使館記録』『統監府文書』『日韓交渉略史』「韓国亡命者金玉均の動静関係雑件」「京畿関草」など
連続刊行物	近代以降の雑誌・新聞・官報のデジタル画像・テキスト	337	『独立新聞』『大韓毎日申報』『皇城新聞』『毎日申報』『開闢』『別乾坤』『三千里』など
古典国訳書	前近代の典籍の現代朝鮮語訳文	92	『国訳備辺司謄録』『高純宗実録』『梅泉野録』『使和記略』『東槎漫録』『勉菴集』など
研究資料	研究論著の目録(一部デジタル画像化)	93	『韓国近代社会思想史研究』『近代韓日交渉史研究』『金玉均の研究』「韓末ナショナリズムと金玉均」「金玉均の政治と思想」など
目録・解題	研究機関・図書館の蔵書目録・解題	19	『甲申日録』『治道略論』『金玉均先生実記』「金玉均書簡」「金玉均写真」など
人物	ウェブサイト上に構築された人物事典	67	「韓国歴代人物資料」
地図	地図のデジタル画像	0	
事典	ウェブサイト上に構築された各種事典	2	「韓国史基礎事典」
年表	ウェブサイト上に構築された各種年表	22	「貨幣年表」「戦争年表」「近代史年表」など
マルチメディア資料	写真・絵画などのデジタル画像，インタビューなどの音声・動画	88	金玉均の肖像画・写真・ガラス乾板など
遺物・遺跡	朝鮮各地の遺物・遺跡	0	
金石文資料	金石文史料のデジタル画像・テキスト	2	「徐光範墓碣」「金炳始墓碣」

韓国の情報化政策の推進過程

それでは韓国において、このように大規模で充実した史料デジタル化は、はたしてどのように進められたのだろうか。これは、二十世紀末以来、韓国政府が国をあげておこなってきた情報化政策と密接な関連がある。ここで、韓国政府による情報化政策、および史料デジタル化事業の経過と現状について、かいつまんで述べておくことにしよう〔イ 二〇〇三・金容媛 二〇〇一・二〇〇六・コほか編 二〇一二、五〇〇〜五四三頁〕。

一九九九年三月、韓国政府は、インターネットテクノロジーの急速な発展にともなう社会情勢の変化に対応するため、「サイバーコリア二十一」という計画を打ち立てた。情報化推進の方針を定めた本計画に基づいて、行政のデジタル化の促進、インターネットの高速化といった情報インフラの構築や、それを活用した新しい産業の育成などが試みられることになった。

こうした流れのもと、二〇〇〇年一月に、国および地方自治体が保有する「知識情報資源」を体系的に保存・管理し、その活用を推し進めるための法律「知識情報資源管理法」が定められ、同年七月に施行された。「知識情報資源」とは、「国家的に保存および利用価値があり、学術・文化または科学技術などに関するデジタル化された資料、またはデジタル化の必要性が認定される資料」(「知識情報資源管理法」第二条)をいう。この法律によって、歴史史料のみならず、行政や文化などにかかわる様々な資料がデジタル化の対象となったのである。

二〇〇〇年九月、知識情報資源管理委員会で「知識情報資源管理基本計画および二〇〇一年施行計画」が策定された。二〇〇四年までの五年間にわたり、五八二〇億ウォン(当時の為替レートで約五八二億円)もの公費を投入し、知識情報資源をデジタル化したうえで体系的に管理し、これらを能率的に検索・利用できるような仕組を整えることになった。このようにして、科学技術・教育学術・文化・歴史・情報通信・産業・建設技術・海洋水産という、主要八分野の知識情報資源データベースの構築と、各分野のポータルサイトの開設が進められた。このときつくられたポータルサイトのうち、歴史分野に該当するのが「歴統」である。

知識情報資源管理法に基づく「歴統」構築作業と並行して、研究機関や図書館が所蔵する朝鮮関連史料をデジタル画像・テキスト化する事業も多額の公費を投じておこなわれ、『朝鮮王朝実録』『承政院日記』『備辺司謄録』など、大部な史料のデジタル化が一挙に進んだ〔コほか編 二〇一二、四四八〜四七七頁〕。二〇〇四年度からは、全国の主要な大学図書館が所蔵する典籍のデジタル画像化や総合的な書誌情報データベース構築の事業も進行している〔教育人的資源部編 二〇〇五、三〜一一頁〕。

また近年には、韓国国立中央図書館や高麗大学校海外韓国学資料センターによって、韓国国外の研究機関や図書館に所蔵されている朝鮮関連史料のデジタル画像を収集・公開する事業が推進されてもいる。史料撮影とデジタル化の費用を韓国側が負担し、デジタル画像のデータは韓国側と提供機関で分け持つ、という形をとっているが、国内に存在しない貴重な朝鮮関連史料を収集したい韓国側と、デジタル化に割く予算と労力がない提供機関側の双方にとって有意義な試みといえる。二〇一四年末現在、ハーヴァード燕《イエン》京《チン》図書館やトロント大学図書館などが所蔵する朝鮮の典籍や古文書のデジタル画像が韓国国立中央図書館のウェブサイトに[2]、また、東洋文庫やカリフォルニア大学バークレー校図書館の所蔵にかかる朝鮮関連史料のデジタル画像が高麗大学校海外韓国学資料センターのウェブサイト[3]にアップされている。

韓国社会における歴史学の位置づけ

二十世紀末以降、多額の公費を投じて進められてきた、韓国の史料デジタル化事業の核心が、朝鮮史研究の促進にあったことはいうまでもない。ただ、事業の推進動因の一つとして、当時、韓国社会が直面していた特殊事情もあったことが指摘される。

韓国では二十世紀末から、博士号取得者が過剰供給の状態にあり、とくに歴史学系ポストドクターの大多数は、常勤のアカデミックポストを得ることができず、時間講師(非常勤講師)や塾講師などのアルバイトで糊口をしのぐほかなかった。日本における若手研究者問題と同様の事態が、大学・大学院進学率の高い韓国でも生じていたのである。さらに、一九九七年に起こったアジア通貨危機により、韓国経済は大打撃をこうむり、その後数年間にわたって失業率は大幅に増加した。結果として、つぶしがきかない歴史学系のポストドクターの就職状況はさらに悪化の一途をたどることになった。こうしたさなか、韓国政府は、公共勤労事業の一環として、史料デジタル化をはじめとする各種の情報化事業に着手し、失業者の雇用機会の促進と就業能力の向上を図った。その結果、知識情報資源管理法に基づく事業全体のうち、人件費が約七〇%にも達したという[金容媛 二〇〇六、二二頁]。任期つきの契約職とはいえ、歴史学や情報学など高度な専門知識をもちながら、研究にかかわる職を得られなかった人材が雇用されたことの意義は大きい。

実際、史料デジタル化には、史料に精通する専門家と潤沢な運用資金の存在が欠かせない。例えば、古文書をデジタルテキスト化してデータベースをつくろうとすれば、くずし字で書かれた史料の原文を正確に読み解き、一点一点の史料に対して成立年・作成者・内容などのメタデータを適切に付与することが必須の作業となる。史料に関する深い知識と経験が求められるのである。また、専門家雇用の人件費、史料の撮影費、ウェブサイトの構築・運営費をはじめとして、史料デジタル化に必要な資金は相当に膨大なものになる。政府や財団の助成金などの大規模な財政的支援がないと、史料デジタル化を本格的におこなうことは困難であるといってよい。

韓国の史料デジタル化事業は、多大な公費を投じて、歴史学のインフラ整備と研究者の雇用創出を促進したという点で注目に値する。こうしたことが公共事業として積極的に推進されるのは、歴史学が韓国社会で比較的高く位置づけられているためと思われる。[4]

日本でもよく知られているように、韓国では歴史にかかわる話題が大きく取り上げられることが多い。「日帝(日本帝国主義)」「植民地統治」「強制連行」「従軍慰安婦」「独島(竹島)」「歴史教科書」「東北工程」「民主化運動」などの単語が連日のようにメディアをにぎわせている。これらの歴史問題とかかわって、歴史学を専門とする研究者、あるいは学会や研究会が積極的に発言することも、しばしばみられる光景である。二〇〇六年には、日本や中国など、周辺国との間で生じた歴史問題を解決し、「正しい歴史」を教育・広報することを目的に、東北亜歴史財団が教育部の傘下機関として設立された。東北亜歴史財団では、朝鮮史、および朝鮮と周辺国との関係史を専攻する、多数の歴史学研究者を研究員として雇用している。

さらに近年には、歴史学を含む人文学を集中的に支援する大型事業も韓国政府によって始められた。ここで、二〇〇七年以降、現在まで進められている「人文韓国(Humanities Korea)」という事業についてみてみよう〔馬越 二〇一〇、八六～九二頁〕。

「人文韓国」は、韓国国内の人文学系の研究所を選定し、その研究所が課題として設定したプロジェクトを遂行する費用(主として専任研究員を雇用する人件費)を支援する事業である。研究所一つ当りの支援額は年間三億〜一五億ウォン(約三〇〇〇万〜一億五〇〇〇万円)、支援期間は一〇年と決められている。そして、一〇年後の事業終了時には、研究所が所属する大学の自助努力で専任研究員を正規教員(定年保証付雇用)に組み込むことが義務として課されている。この義務は非常に厳格であり、二〇一〇年の中間評価では、専任研究員の正規教員雇用化にかかわる、大学の人事規則の改定が果たされていないとして、数カ所の研究所に対する支援が中断されるという事態も生じた(『韓国大学新聞』二〇一〇年十一月三十日付)。本事業では、選定された研究所が課題に対して高い成果をあげるのはもちろんのことだが、専任研究員を適切に雇用することが非常に重視されているのである。これに加え、二〇〇八年度には、人文学関係書籍の出版助成を目的とする「人文叙述支援事業」、市民向けの人文学講座などへの助成を目的とする「人文学の社会化・大衆化事業」が「人文韓国」の事業に追加された。

このように、韓国における歴史学への公的支援は非常に手厚いものがある。韓国の史料デジタル化事業では多くの公費が投入されたが、その推進の背景には、歴史学を重んじる社会的風潮があったものと考えられる。

以上みてきたように、韓国の史料デジタル化事業は、中長期計画に基づく政府の全面的なバックアップのもとにおこなわれたことがわかる。そしてこの事業は、歴史学や情報学などの研究者の雇用創出という、公共事業としての側面をもっていたが、その背景には、歴史学を重視する韓国の社会風土があったことが指摘される。

二　史料デジタル化と歴史学への影響

歴史学を促進する史料デジタル化

韓国で進められた史料デジタル化は、歴史学研究にどのような変化をもたらしたのだろうか。本節では、主として日本の朝鮮史研究者の視点から、その特徴と問題点について述べてみたいと思う。

研究者にとって史料デジタル化の最大のメリットは、何よりも史料へのアクセスが圧倒的に容易になったことにある。とりわけ韓国国外に住む研究者にとって、史料調査に要する時間と費用の大変な節約になったことはいうまでもない。史料に記されたわずか数文字を確認するために、多大な時間と費用をかけて韓国の図書館や研究機関に出向くことなく、自宅や研究室のパソコンで気軽に史料を閲覧できるようになったのである。調査旅費を私費でまかなうことの多い学生や若手研究者にとって、史料デジタル化の恩恵はいくら強調してもしすぎることはないだろう。史料デジタル化は、キャリア間・研究室間の格差をある程度解消し、朝鮮史研究の活性化をもたらすものとして、おおいに歓迎される。

「歴統」の連携先のウェブサイトにアップされた史料のデジタル画像は、大部分が高精細フルカラーで撮影されているため、パソコン上で画像を相当に拡大しても比較的明瞭に文字を読み取ることができる（**図2・図3**）。筆者は朝鮮の古文書学を専門としており、朝鮮時代（十四世紀末〜十九世紀末）の初期の辞令書に捺された印跡を網羅的に調査したことがあるが［川西 二〇一四a］、従来のように、史料集や図録に掲載されている小さな写真をもってしては、こうした古文書の細部を扱う研究は不可能だった（朝鮮時代初期の古文書は、韓国の国宝・重要文化財に指定されていることが多いため、実見調査は困難）。筆者の研究成果はまさしく史料デジタル化の賜物といえる。

加えて、「歴統」の連携先のウェブサイトには、史料集や図録に未収録の史料が大量に掲載されている点も見逃せない。史料デジタル化事業の進展にともない、従来、所蔵者(とくに個人)が抱え込んでおり、一般の研究者がまったくアクセスできなかった史料が、デジタル画像化されてウェブサイトにアップされるようになったのである。こうした新史料の発掘と関連して、史料のデジタルテキストの横断検索が可能となったという点も特筆に値する。先にみたように、「歴統」を用いれば、古代から現代まで、典籍・古文書から日記・

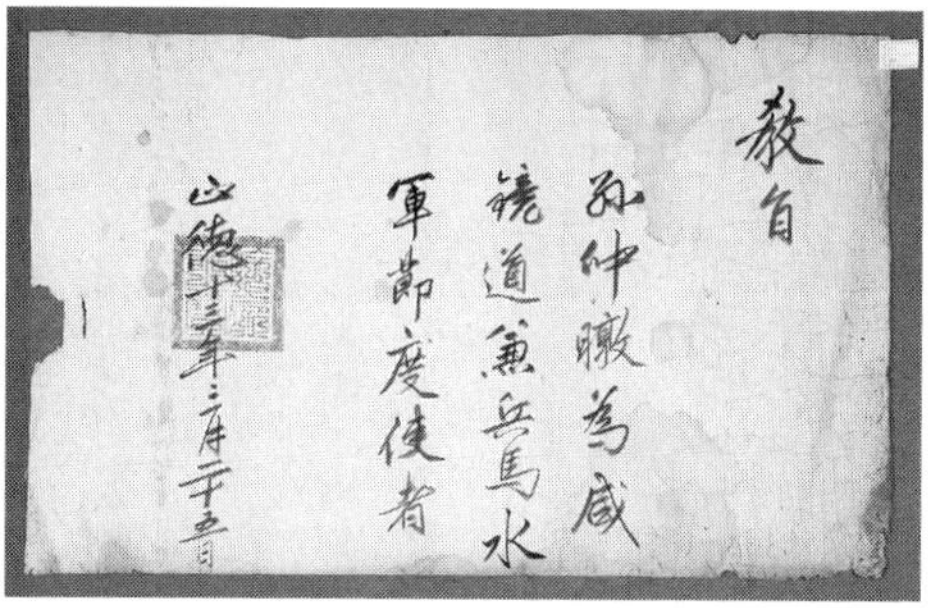
▲図2 「孫仲暾官教」「王室図書館蔵書閣デジタルアーカイブ」(URL = http://yoksa.aks.ac.kr/main.jsp)より転載。1518年，孫仲暾(1463-1529)という官僚を地方軍官に任命した辞令書。

▶図3 「孫仲暾官教」(部分) 図2の捺印部分を拡大したもの。朝鮮国王が用いた王印「施命之宝」が捺されている。

書類・新聞にいたるまで、多種多様で膨大な量の史料の記事を短時間で一挙に検索することできる。再び筆者の経験を例にとれば、「歴統」で中期朝鮮語の語彙を検索していた知人の言語学研究者が、十八世紀末のある文集に高麗《こうらい》時代(十世紀初め〜十四世紀末)の古文書の録文が転載されていることを偶然発見し、筆者にその存在を教えてくれたことがある[川西 二〇一四b]。高麗時代の古文書はきわめて事例数が少なく、この録文は大変貴重な史料であるが、十八世紀末の文集に高麗時代の古文書が載録されているとは思いもよらないことであり、デジタルテキストの横断検索の威力をまざまざと感じさせられた。

このように、史料デジタル化が大規模に進められた結果、史料へのアクセスが容易になり、また個々人の力では到底不可能だった新史料の発掘が活発におこなわれるようになった。最近では、多様な史料を横断検索して数多くのデータを収集し、その結果に基づいて計量的分析をおこなう研究が試みられてもいる。史料デジタル化は、朝鮮史研究に新たな展望を開くことになったと評することができるだろう。

史料デジタル化が歴史学にもたらす問題

右に述べたように、史料デジタル化が朝鮮史研究にとって非常に有益なものであることは疑いない。だが一方で、研究に少なからぬ弊害を引き起こしていることもまた事実である。

膨大な量の史料を容易に検索することができる「歴統」の利便性は非常に高いとはいえ、当然ながら万能のツールではない。例えば、「金天富《キムチョンブ》」という人物を「歴統」で検索すると、ヒット数はわずか六件にすぎない。しかし、「歴統」の連携先の各ウェブサイトで一つ一つ「金天富」を検索にかけてみると、一八件もヒットした。両者の検索結果にこれほど差がでてしまうのは、おそらく、「歴統」が連携先ウェブサイトのメタデータの収集に失敗しているためと思われる。結局、検索が二度手間となり、「歴統」のポータルサイトとしての意義を損なってしまっているといわざるをえない。こうした事情を知らずに、「歴統」の検索を利用する研究者も多いと思われることから、早期の修正・改善が望まれる。

史料の原文データベースを構築する際に生じた過失も決して小さな問題ではない。デジタルテキストは人の手によって入力されているため、単純なタイプミスは相当な量に達する。また、史料原文のデジタルテキストには、利用者に便宜を図るため、原史料に本来ない句読点が振られていることが多いが、その句読点が誤って振られている場合が散見される。データベースでは、わずか一文字・一箇所をミスしただけでも、検索にヒットしなくなってしまう。このような誤りは、史料データベースに対する信頼を大きく損なうものである。

史料デジタル化の結果、研究者が史料の原物に接近することが困難になっていることも、見過ごせない問題点である。カメラやスキャナで撮影された画像では、史料の紙質や寸法、切貼・抹消された痕跡などを正確に把握することがきわめて難しい。そのため、古文書学や書誌学など、史料のモノとしての側面を重視する研究分野では、原史料の実見調査が必要となることが多い。ところが、史料デジタル化事業が本格的に開始されて以降、韓国の研究機関や大学図書館で原史料を実見調査することが非常に難しくなってきているのである。研究機関や大学図書館側では、すでにデジタル画像化されてウェブサイトにアップされている史料の原物を、わざわざ閲覧者に提供することが想定されていないようで、原史料の閲覧には煩瑣な申請手続きが必要で、極端な場合には申請をいっさい受けつけないところも多い。その結果、研究機関や大学図書館に所属する教職員に何らかのコネクションがないと、原史料を閲覧することがほぼ不可能という事態も起こっている。原史料の調査研究の機会に不平等が生じているのである。

そもそも、研究者の原史料へのアクセスを遮断することは、史料原物に対する習熟度を低下させ、やがては歴史学の質的衰退を招くことになると懸念される。筆者がかつて耳に挟んだところでは、ある朝鮮史研究の大家(故人)は古文書や典籍の紙を舐めることでその史料の作成年代を判別することができたという。もちろんこれは、学界でなかば冗談として語られる武勇伝にすぎないのかもしれないが、史料にじかに接して「勘どころ」を養うことが、歴史学研究にとっていかに重要なものと考えられているかをよく伝えてくれる。しかと心に刻むべき逸話ではないだろうか。

デジタルリソース教育の必要性

史料デジタル化が歴史学にもたらす問題のうち、最も深刻なのは、歴史学研究者の研究姿勢の変化を引き起こしていることであろう。

近年韓国で発表された朝鮮史関連の論文をみてみると、高麗時代や朝鮮時代初期など、史料数がかなり限られる時代についても、ウェブサイト上のデータベースで史料を検索し、そこでヒットした記事だけをもって研究をおこなっていると察せられるものが増加傾向にあるように感じる。そうした論文の場合、引用した記事の前後に目を通していないため、文脈を無視した強引な史料解釈に陥ってしまっていることがある。一つの史料を初めから終わりまで通読していないことから、関連記事を網羅的に収集できていないという問題点も指摘される。また、史料を引用する際、デジタルテキスト化された原文や現代朝鮮語訳文を、データベースから丸ごとコピーアンドペーストするなど、歴史学の作法として明らかに問題のある論文も見受けられる。このように、デジタルリソースに過度に依存し、史料をなおざりに扱う論文が増えてきたのは、生まれたときからデジタル機器に囲まれて育ち、学生時代より豊富なデジタルリソースを使用することのできた、新世代研究者が登場してきたことと密接な関連があると考えられる。

歴史学の核ともいえる史料を軽視する若手研究者の増加という状況を改善するための方途は、やはり大学での教育に求めるほかない。史料の原文テキストを検索できるデータベースは、索引と同様、あくまで工具書の一種にすぎず、それに全面的に依拠して研究することは非常に危険な振舞いである、と徹底して教え込む必要があるだろう。こうした基本的な心構えを身につけたうえで、各種のデジタルリソースを適切に取捨選択し、自分の研究に活用できる力を育むことが求められる。

とはいえ、筆者の知る限り、日本や韓国における朝鮮史の専門教育課程で、こうした教育に正面から取り組んでいる大学や大学院は存在しない。それどころか、授業では、「歴統」などのデジタルリソースについて、ほとんど触れられることのない場合が大半のようである。もちろん、デジタルリソースの存在を教えることが学生の安易な研究態度を招くのではないか、という教員の危惧は理解できないわけではない。しかし、今後、史料デジタル化の対象範囲が拡大することは間違いなく、デジタルリソースの有用性はますます高まっていくだろう。紙媒体ではなく、デジタル媒体でのみ公開される史料も一層その数を増し続けるに違いない。研究の最先端をとらえるためには、実際に自分の研究に利用するかどうかはともかくとして、最新のデジタルリソースを把握しておくことが重要となる。そもそも、学生は自分の手間を少しでも省いてくれるツールを探る嗅覚に優れているため、教員の知らぬ間に便利なデジタルリソースを見つけてきて利用するものである。その際、デジタルリソースの性格に関する基本的知識を身につけておかなければ、先に触れたような問題が生じる憂慮はきわめて大きい。今後、専門教育課程において、史料デジタル化の有用性と危険性を学生に周知させることが切実に求められるだろう。

三　史料デジタル化の公共性

史料デジタル化の社会還元

この間、韓国で進められてきた一連の史料デジタル化事業は、ほぼ公費によってまかなわれてきた。そのため、事業成果を研究者の専有物とせず、社会に還元することが当然の責務とされている。本節では、史料デジタル化の公共的側面についてみてみたい。

史料デジタル化の社会還元の成果としては、まず史料に対する市民のアクセスを高めたことがあげられる。歴史学を専門としているわけではない一般市民が史料の閲覧を求めるのか、と疑問に思うかもしれないが、じつは、韓国では歴史(朝鮮史)に対する一般市民の需要は非常に高いものがある。朱子学思想の影響がいまだ色濃い韓国社会では、父系血縁関係に基づく先祖と子孫の結びつきが大変重んじられており、一族の系譜を綴った記録である「族譜」には、新羅《しんら》時代(四〜十世紀)や高麗時代から現在にいたるまで、父系の先祖が連綿と記されている。もちろん、「族譜」には創作や改竄《かいざん》された部分が多く、その記述が歴史的事実を全面的に反映しているとは到底いいがたい〔宮嶋 二〇一〇〕。しかし、多くの韓国人にとって、「族譜」とそこに掲載された先祖たちは、自己のアイデンティティを保証してくれるものとして、きわめて重要視されている。そのため、現在でも「族譜」は編纂され続けているし、子孫が歴史的に著名な先祖を顕彰するため、先祖の事績を刻んだ碑を建立したり、研究者を招聘して関連のシンポジウムを開いたりするといったことも、しばしばおこなわれている。そうした作業に本格的に取り組もうとすれば、様々な史料にあたって先祖の事績を細かく調べる必要が生じる。一般市民であっても史料の閲覧に対する需要が高いのには、このような理由があるのである。

また、史料デジタル化の社会還元の例として、歴史・文化的事象をコンテンツ化する際の素材としての利用ということがあげられる。韓国では、歴史・文化的な事物を一般市民向けにデジタルコンテンツ化し、創作・観光資源や教材として利活用させることが国策として奨励されている。文化体育観光部（日本の文化庁に相当）傘下の特殊法人である韓国コンテンツ振興院では、二〇〇二年より「文化原型デジタルコンテンツ化事業」を推進している［イ 二〇〇九］。この事業は、歴史・文学・国楽・民俗などの素材をデジタルコンテンツ化し、映画・ドラマ・マンガ・アニメ・ゲーム・ファッション・音楽・公演などの創作活動に利活用できるようにするために始められた。そして、本事業のプラットフォームとして二〇〇四年に開設されたのが、ウェブサイト「文化コンテンツドットコム」[5]である（**図4**）。

「文化原型デジタルコンテンツ化事業」は、つぎのような手順に沿って進められている。まず、文化産業に従事している企業が「朝鮮時代の宮殿の３Ｄ復元」「高麗時代の八関会《はちかんえ》（仏教儀式）の解説」などの課題を設定し、事業に応募する。審査に通過すれば、企業は応募課題に沿って一般市民にもわかりやすくパッケージングしたデジタルコンテンツを開発するが、製作費は韓国コンテンツ振興院が負担する。完成した成果物は「文化コンテンツドットコム」に掲載され、映画会社などがそのコンテンツを利用したいという場合、一定の対価を支払い、使用の権利を受け取る。対価は、韓国コンテンツ振興院を経由して、コンテンツを開発した企業に還元される。学校の授業に使うなど、営利目的でない場合は無料で利用できるというものである。

本事業には、二〇〇二年から〇六年までに五五〇億ウォン（約五五億円）が投資され、多数のコンテンツ

▲図 4　「文化コンテンツドットコム」 それぞれのコンテンツは，政治・衣食住・美術・音楽など，テーマ別に分類されている。

が開発された(現在も進行中)。それらのコンテンツは、映画『王の男』やドラマ『朱蒙《チュモン》』などの製作、地方自治体での観光コースや祝祭《チュクチェ》(フェスティバル)の企画立案の材料として活用されたという。

こうした歴史・文化的コンテンツを開発する過程で、デジタル化された史料が素材として利用されることになるのである。韓国の大学では、最近、歴史・文化的コンテンツをどのように産業に応用するかを研究する専門学科(文化コンテンツ学科)が続々と新設されており[金垠慶 二〇一二]、産業・教育・文化振興の各分野における史料デジタル化の需要は高くなりつつある。

ところで、歴史学を専門としない人々に史料を提供しようとすれば、その提供形態が問題となる。誤解されやすいことだが、前近代の朝鮮の文献は大部分が漢文で書かれている。現在、韓国で一般的に使用されている国字「ハングル」は十五世紀半ばに創作されたものだが(当時、「訓民正音《くんみんせいおん》」「諺文《オンムン》」などと呼ばれた)、女性や庶民のための文字として卑賤視されていたため、ハングルで記された史料の種類と数は限られている。前近代における朝鮮の史料を読み解こうとすれば、漢文の素養が必須となるのである。しかし、現在の韓国では、漢字は日常的にほとんど使用されておらず、専門家を除いて、一般市民は漢文で書かれた史料の内容を理解することができない。そのため、漢文史料を一般市民向けに広く公開しようとする場合、現代朝鮮語への翻訳が求められることになる。「歴統」の連携ウェブサイトが漢文史料の現代朝鮮語訳文を掲載しているのは、必ずしも研究者のためだけではなく、市民の需要に応えるという理由も大きいのである。

さらに近年では、大部な文献史料を英訳してインターネット上で公開するという事業も企てられている。二〇一〇年、国史編纂委員会によって、朝鮮王朝の編年体の公記録である『朝鮮王朝実録』を全文英訳するという、壮大な事業計画が発表された。予算四〇〇億ウォン(約四〇億円)余りを割き、二〇三三年の完訳を目標として、英語圏と韓国の専門家が翻訳実務にあたるという(『中央日報』二〇一二年一月九日付)。当時の国史編纂委員会委員長(李泰鎮《イテジン》)は、「どの国の歴史記録より豊富な内容を有している実録を通じて、外国人は韓国がどれほど悠久な文化民族であるのか知るようになります。とくに自然災害などの気象記録は、グローバルな資料であるため、外国の学者も充分に興味をもつことでしょう。実録の英訳はまた、大衆文化から始まった韓流を人文学の次元にアップグレードする契機となります」(『朝鮮日報』二〇一〇年十月十三日付)と語っている。英訳された朝鮮関連史料をインターネット上に広く公開し、世界に向けて朝鮮の歴史や文化を発信することで、国際社会における韓国の存在感を高めることも、史料デジタル化の目標として掲げられているのである。

史料デジタル化と大衆化の問題

史料がデジタル画像やテキストに変換され、現代朝鮮語訳文つきでウェブサイト上に公開されることによって、誰もが簡単に史料に接近できるようになった。この史料へのアクセスの容易さこそ、史料デジタル化の最大の利点であるといえようが、同時に大きな問題もはらんでいる。

デジタルテキスト化された史料は語句の検索が簡単にできるため、歴史学の専門教育を受けていない一般市民であっても、自分が望む史料の記事にたどりつくことができる。さらに、コピーアンドペーストが可能であることから、多くの史料記事を収集してリスト化することもたやすい。これは、特定の傾向をもった史料記事を寄せ集め、偏った歴史像をつくりあげて普及させることが容易にできるということを意味している。

朝鮮時代末期(十九世紀)における朝鮮の場合を例にとって、この問題を考えてみよう。十九世紀後半に入ると、多くの日本人や西洋人が、朝鮮に関する概説書を刊行したり、実際に朝鮮を訪れて紀行文や報告書を著したりするようになった(**図5**)。そうした書籍には、朝鮮や朝鮮人を形容する表現として、「悲惨」「凄涼」「不毛」「腐敗」「貧困」「極貧」「停滞」「衰退」「落後」「不潔」「醜悪」「愚鈍」「無気力」「怠惰」「無知」「不正直」「不誠実」「迷信的」「卑屈」「狡猾《こうかつ》」「陰険」「卑劣」「虚言」「貪欲」「野蛮」「破廉恥」「因循姑息《いんじゅんこそく》」「頑迷固陋《がんめいころう》」「面従背違」といった言葉が頻出している〔金学俊 二〇一四・趙 二〇〇一、七七頁〕。もちろん、右にあげた一連の表現は、当時の朝鮮の時代的・社会的な背景を無視した、外部からの一方的なレッテル貼りにすぎない。しかし、これらの朝鮮や朝鮮人に対する侮蔑的・差別的な表現を史料データベースから抽出し、コピーアンドペーストを繰り返してリストアップすることにより、「落後・停滞・堕落した朝鮮」や「不潔・怠惰・卑劣な朝鮮人」という、偏っ

▶**図5**　朝鮮人のスケッチ　ウィリアム・グリフィス(1843–1928)『Corea, the hermit nation(隠者の国，朝鮮)』(1894年)より。明治政府のお雇い外国人として著名なグリフィスも，朝鮮に関する概説書を著している。

た歴史像を築き上げることが可能になってしまうのである。

厄介なのは、こうした歴史像が、まがりなりにも同時代人の著した史料に基づいて形成されているため、朝鮮史に対する知識が浅く、史料批判という手続きになじみのない市民に対して、一定の説得力をもってしまうことにある。このような偏向性の強い歴史像が、インターネット上の掲示板やブログに書き込まれ、さらにツイッターやフェイスブックなどのＳＮＳ（ソーシャル・ネットワーキング・サービス）で拡散され、広く社会に普及してしまうことは憂慮すべき事態といえるだろう。とくにインターネットに日常的に接している若年層には、その影響がきわめて大きいことが懸念される。

また、史料デジタル化によるプライバシー侵害も決して小さな問題ではない。「歴統」の連携ウェブサイトの史料データベースには、植民地期（一九一〇〜四五年）の新聞や公文書などの史料も多数掲載されている。そのため、ある韓国人の直近の先祖が当時どのような活動をしていたかを探り当てるのは、それほど難しいことではない。極端な場合、犯罪者や親日派（植民地期、日本の統治政策に迎合的な行動をとった人々）であったかどうかを突き止めることすらできてしまう。現に韓国では、政治家や著名人など特定の人物をおとしめる目的で、史料データベースが「活用」されていることもあるようである。史料データベースは一種の暴力装置ともなりうるといえよう。最近では、インターネット上にあげられたプライバシー情報の削除を求める権利、すなわち「忘れられる権利」が世界的に話題となっている。しかし、膨大な量の史料の収集・公開を使命とする史料データベースと、「忘れられる権利」は真っ向から対立するものである。両者の関係はいかに調整されるべきか、熟慮が求められるだろう。

史料デジタル化の成果が、少数の歴史学研究者の専有物とならず、社会に広く還元されることは、基本的に歓迎されるべきことである。しかし、史料デジタル化が今後も続けられる限り、恣意的な歴史像の形成・普及やプライバシーの侵害といった問題を避けては通れない。その際、どのように対処すべきであるのか、研究者と一般市民とを巻き込んだ十分な議論が必要とされる。

おわりに

本章の内容はおおよそつぎのように整理される。

韓国では史料デジタル化がさかんにおこなわれているが、その代表的な例として、朝鮮史の総合ポータルサイト「歴統」の存在があげられる。「歴統」は、多数の朝鮮史関連ウェブサイトと連携し、横断検索を可能としており、その利用にあたってはいかなる制限も課されない。多種多様で膨大な量の史料を一度に検索することのできる「歴統」は、朝鮮史研究に多大な貢献を果たしている。「歴統」の構築をはじめとする史料デジタル化事業は、二十世紀末以降、韓国政府の情報化政策の一環として推進された。事業の結果、歴史学のインフラ整備が進み、研究者の雇用状況に改善がみられたが、それらの費用はほぼ公費によってまかなわれた。こうした事業に多額の公費が投じられた背景には、歴史学(朝鮮史学)を重視する韓国の社会風土があるものと考えられる。

史料デジタル化は、研究者にとって非常に有益なものであるが、史料原物の閲覧が難しくなるなどの弊害を引き起こしてもいる。とりわけ、デジタルリソースに安易に頼りすぎる若手研究者が増加していることは大きな問題である。専門教育課程において、デジタルリソースの有益性とともに危険性を周知させるなどの指導が求められる。

韓国の史料デジタル化事業は、公費に基づいて進められたため、その成果の社会還元が強く意識されている。韓国では、子孫による祖先の顕彰や、歴史を素材にしたコンテンツの開発がさかんにおこなわれているため、一般市民であっても史料に対する需要が比較的高い。事業の結果、構築された史料データベースは、誰でも利用が可能で、漢文史料を現代朝鮮語に翻訳するなど、史料に対する一般市民のアクセスを大きく高めることに成功した。しかしその一方で、偏った歴史像の形成・普及、プライバシー侵害などの問題が憂慮されることもまた事実である。

今後の韓国において、史料デジタル化が加速度的な勢いで進められることは間違いなく、もはやその流れを押し留めることはできないだろう。史料デジタル化を一層充実したものにしようとすれば、内容のさらなる拡充はもちろんのことだが、それだけに留まらず、新たなビジョンをもつ必要もあると思われる。最後に、史料デジタル化の展望を述べて結びに代えたい。

東アジア各国に目を転じれば、中国や台湾でも、史料デジタル化が国家プロジェクトとして進められており、その発展は著しいものがある［漢字文献情報処理研究会編 二〇一二、一八六〜二〇一頁］。日本での史料デジタル化の現況は、他国にやや遅れをとっているようだが、文化庁やアジア歴史資料センター、国文学研究資料館、東京大学史料編纂所などが、それぞれ史料デジタル化を進め、大型ポータルサイトを構築しつつある。

このように東アジア各国では、史料デジタル化が活発におこなわれ、多くの有用な関連ウェブサイトがつくられているが、いずれの国も相互に連携がとれていないことは残念というほかない。いうまでもなく、東アジアの諸国は歴史的に密接なつながりをもっている。各国のデジタル化された史料を容易に検索・閲覧可能な仕組を整えることができれば、史料デジタル化と歴史学研究は大きく飛躍するものと期待される。

この点を考えるうえで参考となるのが、「ヨーロピアーナ(Europeana)」である。

「ヨーロピアーナ」とは、欧州連合の各加盟国にある図書館・文書館・博物館・美術館などの文化施設が連携して構築した巨大ポータルサイトである(**図6**)。「ヨーロピアーナ」への参加文化施設数は二三〇〇カ所余り、登録データ数は三〇〇〇万を超える規模をもつ〔生貝 二〇一四、八頁〕。登録されたデータは、

▲**図6** 「ヨーロピアーナ」 ヨーロッパ諸国の30カ国言語に対応。デザインや操作性が一般市民向けによく工夫されている。

書籍・文書・絵画・地図・写真・動画など、あらゆる史資料におよんでいる。

この「ヨーロピアーナ」に倣い、日本・韓国・中国・台湾、その他諸国が連携し、東アジアの史資料の横断検索が可能なポータルサイトを構築することはできないだろうか。こうした「東アジア版ヨーロピアーナ」の誕生は、歴史学研究者にとって有用なものであることはいうまでもない。それのみならず、各国の市民にとっても、近隣の国々に関する新たな知見をもたらしてくれるものと期待される。

◆註

1 URL=http://www.koreanhistory.or.kr/

2 URL=http://www.nl.go.kr/nl/

3 URL=http://kostma.korea.ac.kr/

4 ただし、ここでいう「歴史学」はすなわち「朝鮮史学」とほぼ同義である点に注意が必要である。韓国では、朝鮮史学以外の歴史学があまり盛んではなく、他国の歴史に対する社会の関心も高いとはいえない。韓国における史料デジタル化の対象も、ほぼ朝鮮関係史料に限られている。

5 URL= http://www.culturecontent.com/

◆参考文献

[イ 二〇〇三] イ・ナムヒ「人文学と知識情報化――「知識情報資源管理法」と「韓国歴史情報統合システム」を中心に」(『人文コンテンツ』創刊号) 一一七～一三〇頁(原題・原文韓国語)

[イ 二〇〇九] イ・ナムヒ「文化原型事業と公演文化コンテンツ――「宗教文化」デジタルコンテンツ化と関連して」(『円

仏教思想と宗教文化』第四二号）二六一〜二九八頁（原題・原文韓国語）
［生貝 二〇一四］ 生貝直人「デジタルアーカイブと利用条件」（『カレントウェアネス』第三二二号）八〜一二頁
［馬越 二〇一〇］ 馬越徹「「世界水準」の大学育成戦略――BK21・HK・WCUが目指すもの」（馬越『韓国大学改革のダイナミズム――ワールドクラス（WCU）への挑戦』東信堂）七五〜九五頁
［小野 二〇一三］ 小野俊太郎『デジタル人文学――検索から思索へとむかうために』松柏社
［川西 二〇一四a］ 川西裕也「朝鮮初期における官教の体式の変遷――頭辞と印章を中心として」（川西『朝鮮中近世の公文書と国家――変革期の任命文書をめぐって』九州大学出版会）一〇一〜一四九頁（初出は二〇〇七年）
［川西 二〇一四b］ 川西裕也「『頤斎乱藁』辛丑日暦所載の高麗事元期から朝鮮初期の古文書――官教・朝謝文書の新事例」（前掲『朝鮮中近世の公文書と国家』）三九〜六九頁（初出は二〇一〇年）
［漢字文献情報処理研究会編 二〇一二］ 『電脳中国学入門』好文出版
［教育人的資源部編 二〇〇五］ 『歴史資料情報化事業中長期発展方案に関する研究』教育人的資源部（原題・原文韓国語）
［金学俊 二〇一四］ 金学俊（金容権訳）『西洋人の見た朝鮮――李朝末期の政治・社会・風俗』山川出版社（原著は『西洋人が観察した後期朝鮮』西江大学校出版部、二〇一〇年、原題・原文韓国語）
［金垠慶 二〇一一］ 金垠慶「歴史文化コンテンツ専攻教育の現実と展望――祥明大歴史コンテンツ学科の事例を中心に」（『韓国文化研究』第二〇号）二〇三〜二四一頁（原題・原文韓国語）
［金容媛 二〇〇一］ 金容媛「韓国の知識情報資源管理法」（『レコード・マネジメント』第四二号）四三〜五二頁
［金容媛 二〇〇六］ 金容媛「韓国における知識情報資源管理の政策と現況」（『文化情報学』〈駿河台大学文化情報学部紀要〉第一三巻第一号）一五〜三二頁
［コほか編 二〇一二］ コ・ソンフンほか編『国史編纂委員会六十五年史』国史編纂委員会（原題・原文韓国語）
［菅 二〇一三］ 菅豊『「新しい野の学問」の時代へ――知識生産と社会実践をつなぐために』岩波書店

［趙 二〇〇二］ 趙景達「近代日本における朝鮮蔑視観の形成と朝鮮人の対応」（『歴史の中の差別――「三国人」問題とは何か』日本経済評論社）六七～一〇六頁
［松田／岡村 二〇一二］ 松田陽・岡村勝行『入門パブリック・アーケオロジー』同成社
［宮嶋 二〇一〇］ 宮嶋博史「朝鮮の族譜と「創られる伝統」――安東・権氏の族譜編纂史」（久留島浩・趙景達編『国民国家の比較史』有志社）五九～八七頁
［山下編 二〇一四］ 山下晋司編『公共人類学』東京大学出版会
［楊ほか編 二〇一三］ 楊暁捷ほか編『デジタル人文学のすすめ』勉誠出版

第Ⅱ部　資料、市民、公共性

文化遺産の継承そして創造へ

――参加型考古学を試みる

村野　正景

はじめに

正しい答えがいまだに見つかっていない課題は、世界中に多く存在する。「過去を伝え、今を遺すために、私たちは何ができるのだろうか」という本書の問いはその一つであろう。本章では、この問いにかかわる分野として近年考古学界で注目を集めている「パブリック考古学」を紹介しながら、筆者の実践をもとに「考古学は何ができるか」を考えてみたい。

ところで私たちが伝え遺そうとする過去や今は、環境問題や自然災害、家族、権力や国家、民族問題、戦争と平和といった現代ないし将来の課題解決に役立ちうると期待されてきた［都出 一九九四］。その意味で、過去や今を伝え遺すとは、過去や今を社会や人々の関心・期待のなかに位置づけることであり、たんに資料や記録を物理的に保存することではない。そこでこの位置づけをおこなうにあたりまず、「伝え遺したいもの」という私たちが向き合おうとしている対象がそもそもどんな特徴をもち、どう把握したらよいのだろうかという点を整理しておく必要があるだろう。

一　気づかぬ価値に気づく

文化遺産がもつ特徴

このことを考えるのに世界遺産の認定にかかわる動向は参考になる。私たちは、伝え遺したいものをしばしば文化遺産や文化財などと呼ぶ。なかでも世界遺産は顕著な普遍的価値を有した人類共通の遺産であり、まさしく私たちが伝え遺したい大切なものである。ここで注目したいのは、世界遺産は増えているという点である。たんに登録件数が増えているということではない。世界遺産と認定される中身が多様化しているのである。

「文化遺産」「自然遺産」「複合遺産」の三種類で一九七二年に始まった世界遺産は、なかでも「記念物」「建造物群」「遺跡」と条文で定義される文化遺産の概念をめぐって幾度となく検討され、更新されてきた。そのなかで一九九四年にユネスコは過去二十数年を振り返り、西洋中心的だった価値観をもっとグローバルな視点を取り入れたものとし、またモニュメンタルなものばかりを文化遺産として把握してきた見解と決別し、もっと複雑で多様な人類の文化的表現を文化遺産として把握していくことを明確にする［UNESCO 1994:3-7・七海 二〇〇六・田中 二〇〇九］。

そこで推奨されたのが、人間と土地の共存関係(人々の移動、居住、生活様式、技術革新)や社会における人間のあり方(人間間の相互関係、文化の共存、精神的・創造的表現)まで含めて文化遺産の対象としていくことであった。これはグローバル戦略と呼ばれる世界遺産委員会の方針のなかに明記され、この流れのなかで、「文化的景観」「産業遺産」や「二十世紀の建築」が新たな文化遺産の構成要素として加わっていく。

さらに、「水中遺産」や「文化の道」、世界遺産とは異なるけれども「無形文化遺産」や「記憶遺産」などと、遺産としての価値を認識する新たな枠組みがつぎつぎとできあがっていく。

この動きは、文化遺産と一口にいっても、特定の観点からではとらえきれないモノやコトがあることを如実に示している。そのため、別の見方から伝え遺すべきものに気づいた途端に遺産は増えていくのである。言い換えれば「文化遺産は創造されていく」〔西山 二〇一五、四九〜五一頁〕。遺産の継承や保全といったとき、遺産の消えゆく特徴ばかりを想定しがちであるが、「創造」という側面もあることを注意しておきたい。このことは、何も世界遺産のみにいえることではなく、私たちの身近な文化遺産にもあてはまるだろう。遺跡も考古遺物も同様に、多様な見方を用いることで新たな価値に気づくことができるのであり、本章でも遺産創造の側面に焦点をあてていきたい。

とはいえ、ユネスコのような専門組織の視点ばかりに気をとられるわけにはいくまい。私たちが気づくべき「別の見方」や「視点」はどこにあるだろうか。

市民の視点を取り入れる

鍵は、一般の市民が握っている。世界遺産で推奨されているように、文化遺産をモニュメンタルなものばかりでなく、そこで生活する人々との関係を含めて評価し把握すべきならば、それらの人々の見方や視点を看過してはなるまい。

そこで西山徳明は、文化遺産の総合的把握を主張し、既存の文化財保護法で価値があるというもの（＝文化財）を大きく超えて、例えば町家の町割りや商習慣といった「地域の空間や人の生活に埋もれて価値が顕在化していないもの」をも価値づける独創的な遺産概念（「空間遺産」「生活遺産」など）をつくりだした

［西山 二〇一四］。そのうえで、いわば、お上の声によって決められた価値づけを唯一とすることなく、そこでこぼれ落ちていながら、地域や住民にとっては大事なモノやコトを専門家らと共有できる場や機会を創出した。その具体例は、萩市の「萩まちじゅう博物館」［清水 二〇一二］や太宰府市の「太宰府市景観・市民遺産会議」［中島 二〇一二］などであり、例えば太宰府市では「木うそ」や「時の記念日の行事」「万葉集つくし歌壇」が市民自らの提案により遺産として認定されるにいたったのである。また萩市の文化遺産を把握し保護・活用していく仕組は、いまやＪＩＣＡ（国際協力機構）が実施する事業手法の一つとなり、海外でも導入されている［村上 二〇一二］。文化遺産の総合的把握、言い換えれば遺産の創造に市民参加が不可欠という彼らの主張は、このような貴重な成果をあげている点で、非常に説得力をもっている。

市民参加は、文化遺産の認定や把握だけではなく、文化遺産を保護し活用する運営の面でも必要とされている。いうまでもないが、研究者や専門家だけでは文化遺産を護ることはできないし、昨今の社会・経済状況において行政だけに管理・運営を任せることも難しい。行政自身も、官と民が協働して公共サービスの担い手となる「新しい公共」をめざしている［稲畑 二〇一五、一一〜一二頁］。

市民参加は近年様々なところで必要とされ、ユネスコでも、世界遺産認定の要件の一つとしてコミュニティの参加が掲げられているし、二〇一二年の世界遺産条約採択四〇周年の記念会合で発表された京都ビジョンでは、「持続可能な開発」と「世界遺産の保護」の両立におけるコミュニティの重要性が明記された。博物館界でも、一九八〇年代後半頃から参加志向の博物館［伊藤 一九九一・布谷 二〇〇五］が望ましい姿として認識されるようになり、近年ではたんに「市民に開かれた」（博物館を使ってもよい）のではなく、「市民との協働」（博物館をともに創ろう）という、市民との結びつきを積極的におこなう態度へ変化が求められている［中川　一九九五・村野　二〇一二、三八頁］。学校教育でも、それまで学校教員や教育委員会などの専門家が担ってきた学校運営の場に、地域の人々も参画するコミュニティ・スクールのシステムを取り入れる学校が日本全国で増えてきた［文部科学省　二〇一四］。

このように国内外で市民参加を重視する背景には、社会経済的には、新自由主義の浸透による市場経済への依存と同時に市民の自主性や自律性が求められていること、先住民やマイノリティの権利の主張が地球規模で展開されるようになったこと、学問的にも文化や歴史を研究者が特権的に語ってきたことを批判し、研究者以外の人々の声をもっと評価するべきだとする動き、いわゆるポストコロニアル転回などがある［関　二〇一四a、二三〜二六頁］。このうち日本では経済的・政治的要因が大きいと思われ、また国や地域によって要因の種類や影響の程度に差異はあるものの、もはや市民参加はたんなる理想ではなく、現代社会に欠かせぬものとなりつつある。

とはいえ、「市民参加」を形式的・名目的なものとせずに、具体的な意義ある実践とするのは簡単ではない。博物館で「参加型」といえば、いまだ体験型の展示や学習を指すことが一般的で、一般の市民が博物館運営へ発言し参画するにはなかなかいたらない。学校でコミュニティ・スクールのシステムを導入する際にも、学校教育の「素人」の市民に運営を協力して担ってもらえるのかという不安や反発が大きかったと聞く。専門家と市民とが参加という権利とそれによって生じる責任をいかに分かち合えるかに見えにくさがあることは、市民参加が抱える不安要素の一つであろう。

このように専門家以外の市民が専門家の領域と思われるところに参加することの難しさを数え上げるならば、それこそ枚挙にいとまがないだろう。しかしそれでは前に進めない。一般の人々の参加はすでに理想ではなく存在するのだから、それらの取組の経験や知識を学び、自らの行動に活かすことで難しさを打開していくことが求められている。その意味で、考古学の分野でも、考古学者とそれ以外の一般の人々とのこれからの関係構築のあり方を構想することは必須となる。筆者の関心もそこにある。そこで様々なヒントやアイデアを与えてくれると期待をしているのがパブリック考古学である。

二　考古学を参加型にする

パブリック考古学の紹介

日本における考古学と市民の関係を振り返ると、両者はかなり深い関係を築いてきたといえる。例えば一九五〇～六〇年代に考古学者だけではなく、むしろ学校教員や生徒が主導する発掘調査が隆盛をみせ［市元 二〇一四］、七〇年代には地域住民を巻き込んだ市民運動ともいえる考古・歴史に関する調査が実施されていた［岡村 二〇一四a］。しかしその後、埋蔵文化財行政の仕組が安定化し、また研究が深化・専門化したことなどが、かえって誰もが参加しやすい雰囲気を制限してしまってきたことは否めない。こうした状況を打破するため、現地説明会や体験発掘、出前講座などの多くの取組がおこなわれ、近年ではさらに学校主体の考古学を再活性化しようという新たな展開［市元／池内 二〇一五・村野 二〇一五］もあらわれた。この動きはいわば、再び考古学を開放し、一般の人々の参加を促進しようとするものであり、考古学も新たな局面を迎えている。

こうした状況で期待を受けるパブリック考古学とは、考古遺物や遺跡といったモノを扱う研究分野というよりも、誤解を恐れずに単純化するならば、むしろヒトに焦点をあてた分野である。といっても、もの言わぬ古代人ではなく、考古遺産に直接・間接あるいは潜在的に関わりをもつ現在の人々ないし社会を指す。松田陽は「パブリック考古学は、考古学と現代社会との関係を研究し、その成果に基づいて、両者の関係を実践を通して改善する試み」と定義する［松田／岡村 二〇一二、二一頁］。要点は、(1)パブリック考古学が扱う対象は関係性であること、(2)研究のみでも実践のみでもなく、その両者の相互的かつ恒常的な複合・循環であること、(3)定義に「改善する」とあるように社会のなかで良い変化を起こすような運動ないし行動をともなう学である［岡村 二〇一四b、一〇頁］。

　ここでパブリック考古学がどのような課題に向き合おうとしているのかをもう少し説明しておこう。まず確認しておきたいのは、考古学や考古遺産に関する様々な課題に対して回答を見つけ、また課題解決のための意思決定をおこなうとき、そこで動員され、必要とされる知識や人員には位相差があることである。このことをラベッツらが自然科学を念頭において用いた図（**図1**）を応用して説明してみたい［Funtowicz and Ravetz 1993］。

　例えば、古墳を題材としてみよう。「この古墳の年代は？」という問いには、基本的には教科書的知識を用いて回答される。須恵器

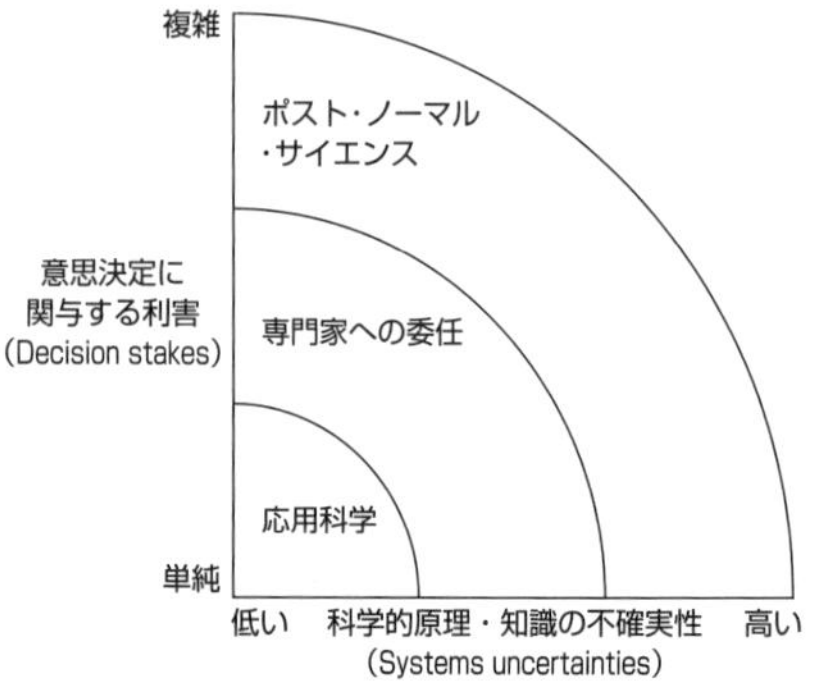

▶図1　問題解決の諸戦略
出典：Funtowicz and Ravetz 1993 の Fig.1を改変

などの編年的研究や出土遺物の理化学分析の成果が参照されるだろう。自然科学では科学原理がかなり明確に把握され、それが課題解決に利用可能なこの領域を「応用科学」と呼ぶ。自然科学に比べ考古学でこの領域はそれほど大きくないものの、確実に存在する。つぎに、「安全に発掘するにはどうしたらよいか？」という問いはどうだろうか。教科書だけ読めば、誰でもこの問いに答えられるわけではない。ここでは専門家の知識、とりわけ実践知や経験知の動員が必要となる。「専門家への委任」が有用な領域である。しかし「この古墳は保護すべきか？」という問いは、もはや教科書や考古学者のみで回答は見つからない。なぜなら考古学者は古墳の考古学的価値を示せても、その価値が他の何を差し置いても保護すべき水準のものであるかどうかは、考古学者間でも評価が分かれるからである。古墳に利害関係や関心をもつ様々な人々、すなわち考古学者のほか行政や住民、土地所有者、開発業者、あるいは自然愛護団体など、多くの人々の知識や判断を把握し、関連づけ、合意形成に結びつけることが必要になる。この領域は「ポスト・ノーマル・サイエンス」と呼ばれ、パブリック考古学が対応しようとしているおもな問いは、こうした範疇《はんちゅう》にある。

このようにパブリック考古学の議論の対象は、「一般の人々と交流する、あるいはその可能性がある、あらゆる範囲の考古学的活動」[Schadla-Hall 1999:147]であり、「経済的衝突や政治的葛藤の存在する現実の世界に考古学が入ったときに生じる問題群」[Ascherson 2000:2]となる。その問題は遺跡の保護問題ばかりではなく、教育、政治、観光、法律、倫理など多方面に存在する。それら各方面の問題意識や経験を集積し、総合的に議論し、他国や他地域でも参照可能なモデルや理論的枠組みをつくりあげるような、いわばフォーラムとしての役割がパブリック考古学には期待されている。そしてそこで得たヒントやアイデアを実際

表1　考古学者の立ち位置のモデル

	考古学に関する知識や情報の所在	考古学と対等に評価される知識や情報の所在	評価や意思決定への関与
教育タイプ	考古学者のみ	考古学者のみ	考古学者のみ
説得タイプ	考古学者／公衆	考古学者のみ	考古学者のみ
懐柔タイプ	考古学者／公衆	考古学者／公衆	考古学者のみ
参加タイプ	考古学者／公衆	考古学者／公衆	考古学者／公衆

の行動として具現化することが何より重要視される。

考古学者の立ち位置

ところで一般の人々と考古学者がより良い関係を構築する行動を起こすための前提として、自覚しておきたいことがある。それは、考古学者が一般の人々をどのような存在と認識しているか、ということである。人の認識と行動には関連性があり、人のとる行動を左右してしまう。自然科学分野の議論を参考にいえば〔藤垣／廣野編 二〇〇八〕、少なくとも四種類のタイプがある（**表1**）。一つ目（教育タイプ）は、例えば遺跡の保護問題でいえば、一般の人々は遺跡の価値を知らない、ないし理解していないという意識に基づいて、遺跡の学術的価値を教育・啓蒙《けいもう》しようとするタイプである。二つ目（説得タイプ）は、一般の人々は学術的価値をまったく知らないわけではないが、ほかの価値と秤《はかり》にかけようとしているという認識から、学術的価値の優位を示し、一般の人々を説得しようとする。三つ目（懐柔タイプ）は、一般の人々は考古学者が思いもつかない価値を知っているということを受け入れ、それは学術的価値と対等の価値があると認める。そこで教える・説得するという手段はとらずに、人々の意見や情報を聞き、それを取り入れながら懐柔する。ただしどう取り入れるかは考古学者が判断する。そのため、一般の人々の参加は形式的参加に留まる。四つ目（参加タイプ）は、一般の人々がもつ価値観や知識を認め、さらに意思決定や評価にも実質的参加を求める。ときにはさらに進んで、一般の人々が主人公となり彼らが主導して意思決定をおこなう。

「市民参加」や「多様な価値づけ」が重視される現代社会において、考古学においても今求められているのは「参加タイプ」といえ、私たちが取り組むべき重要な課題は、従来の考古学の取組に参加型の視点を一層組み入れることである。あるいは参加タイプを考古学の文脈においていかなる実践として新たに具現化できるかという課題といってもよい。その意味で、一般の人々は何も知らない、理解が間違っているとのみ認識してしまった場合、参加タイプにいつまでもたどりつけない。それのみならず、関雄二が再三にわたって指摘するように、例えば「悪霊がやどる」「危害を与える悪魔がいる」などと否定的意味を遺跡へ付与している人々に、専門家の価値観のみで教育や説得をおこなうならば、それはある種の抑圧や危害を人々に加えることに転化しかねない〔関 一九九六・二〇一四b〕。こうした危険に気づくためにも、一般の人々の知識や情報を意味あるものと認める態度が必要なのである。ただし、筆者は参加タイプ以外のタイプをすべての局面で否定しているわけではない。応用科学の領域の問いには、教育タイプは必要であり、専門的知識によって答える必要がある。

ところで自然科学の専門家は参加タイプをすでに採用している。例えばナノテクノロジーに関して一般市民が陪審員となり、専門家の情報提供を受けて、陪審員が「判決」をくだす「ナノジュリー」や、論争状態にある話題に対して素人が専門家に質問し、専門家の答えを聞いたあとで話題に関する合意を形成し、公表する「コンセンサス会議」などの具体的な実践がある〔小林 二〇〇七〕。こうした専門家の立ち位置や合意形成の手順は考古学における参加タイプの実践にも参考となるだろう。

ただしこれらの技術的側面ばかりの模倣に陥ってはなるまい。最も評価すべきは、市民が知りたい事案やこうあってほしいという要望や期待、すなわちニーズに向き合い、それに応えようとする研究者の態度ないし問題意識の幅広さではなかろうか。考古学者は、いったいどこまでを射程とすればよいのだろうか。

考古学者の射程

あらかじめ確認しておきたいが、考古学あるいは文化遺産を取り巻く社会環境は甘くはない。例えば、ようやく横ばいになったとはいえ文化財保護経費は減少傾向にあり、文化財の最後の受け皿、保管・収集場所として存在してきた博物館は、その収集費用をもたない館が大半である〔日本博物館協会 二〇〇九〕。経済状況一つとっても、市民のニーズへ応える以前に、資料保全すらままならない状況は明らかであろう。この状況が市民参加を必要とする背景であることは先述の通りだが、とはいえ日本はまだ良い環境といえる。筆者が研究活動をおこなってきた開発途上国では、もっと多くの課題を抱えている。考古学者自体が不足し、盗掘や不法売買が頻繁におこなわれるなど、いわば文化の消失や断絶が繰り返されていて、その主要な原因は歴史的、社会政治的につくられていった格差や貧困にある。

このような状況においては、考古学者は、たんに考古学界のみの目標達成をめざすのではなく、また考古学と社会の関係性のみの向上でもなく、向き合おうとしている社会や人々そのものの幸せをデザインし、そのなかに考古学を位置づけ、幸せの実現に貢献することまで射程に入れることが必要となってくる。もちろんそうすると、考古学者は何ができるかという問いへ答えることは、ますます難しさを増していくだろう。

その答えは、極論に聞こえるかもしれないが、考古学だけでは見つからないと筆者は思う。社会や人々の幸せという問いに向き合っている他分野にヒントを得る必要がある。そこで筆者が提案したいのは、開発学ないし国際協力論の導入であり、とりわけ「開発」の概念や実践事例が参考になると考える。「開発」が意味するのは一九六〇～七〇年代には国や地域の経済的成長であり、遅れた国は近代性が欠如しているため、大規模インフラを整備し、政府や市場、企業の活性化を図ることで国民総生産が向上し貧困層にその恩恵が行き渡るとする「近代化論」が主流であった［小田 一九九七］。しかし、「経済開発」のみでは格差が拡大するばかりで貧困解消につながらず、一九八〇年代以降は、教育や保健・衛生、人間生活などの「社会開発」が重視されるようになる［西川編 一九九七］。

同時に、近代化論では援助側から被援助側への援助は一方的で、被援助側が本当に必要とすることへの援助になっていなかった反省から、被援助側のそれぞれの事情を考慮し、ニーズに基づいた支援が模索されるようになる。そのなかで被援助側の人々が援助側に対しても発言し、支援事業の企画や実践、評価にも主体的に協力するシステムをとることで、支援そのものが改善され、将来的に被援助側が自律し、事業が持続的かつ効果的なものとなるという考えに基づく実践、すなわち「参加型アプローチ」［チェンバース 一九九七・二〇〇〇］が採用されていく。

こうして経済成長よりも人間中心の開発として社会開発が主流となり、それを端的にあらわす「人間開発」という概念が一九九〇年代以降普及する。ここにおいて「開発」とは、「人々が享受する様々の本質的自由を増大させるプロセス」［セン 二〇〇〇、一頁］を意味することとなる。自由な状態とは、基礎的な教育や医療を受ける機会、適切な栄養摂取、政治への参加、自尊心をもつなどの幅広い領域において、人々が自ら価値があると思うことを選択し、生きる価値があると思うような生活をすることができることを指す。「選択できる」ようになるには、選択肢そのものが生まれると同時に選択肢へのアクセスを阻害する要因が取り除かれねばならない。それが国際協力で開発をおこなう主要な目的の一つとなっている。

この意味で、開発学が描く人々の幸せの一つは、様々の自由が実現されている状態ということになろう。開発という言葉で、よく誤解されることがあるのだが、富や財産の増大のみを意味するのでは決してない。筆者は、この開発学の目標や手法に、考古学も寄り添う必要があり、とりわけ開発途上国ではあてはまると考える。

このようにいうと「遺物や遺跡を用いて人類の過去を研究する考古学が、いったいどこで開発学と関係しているのか」と思われるかもしれない。実際、筆者は何度も研究者や地元の人々から同様の質問を受けてきたが、いかがであろうか。

この質問に答えるためには、考古学という学問をある程度意識的にとらえ直す必要がある。つまり考古学を純粋な歴史研究と規定することを避け、文化資源化の実践研究をおこなっているという側面を強調するのである。すなわち「考古学は「廃墟」や「ゴミ」から、文化的価値や歴史的意義などの資源性を見出し、教育資源や観光資源などの「文化資源」として社会に役立てる学問」ということができ、その資源は人々の選択肢の一つとなるだろう。

ここで開発学が教えてくれるのは、資源を生み出すだけではなく、資源へ多様な人々がアクセスすることを保障する実践も必要ということである。筆者は、これこそ、パブリック考古学の役割だと思う。すなわちパブリック考古学は「考古学ないしそこで生み出される文化資源と人々の間の不自由の原因を取り除き、人々が知識、自由、楽しみ、啓示などを享受する本質的自由を増大する取組」ということができるだろう。この意味でパブリック考古学は、開発の一部だとさえいえるのではなかろうか。

したがって、筆者が考古学のできることとして提案するのは考古学とパブリック考古学の二つをあわせた実践的研究であり、これを「参加型考古学」(**図2**)と呼んでいる。参加型考古学では、資源を生み出し、そこへのアクセスを保障するという営みを、考古学者のみでおこなうのではない。考古学者以外の人々が、その営みのはじめから最後まで「参加」する状態が望まれる。したがって、参加型考古学の実践は、考古学の学術的課題だけの解決、すなわち学者の興味・関心のみによる文化資源の生成ではなく、一般の人々の期待や要望、抱えている問題などのパブリック・ニーズの充足にも目を向ける。それによって、考古学的課題とパブリック・ニーズの重なる領域、すなわち考古学が貢献できる領域(**図3**)を明らかにするとともに、実践への参加者が自律的に考古学や文化資源とかかわることを促進するだろう。

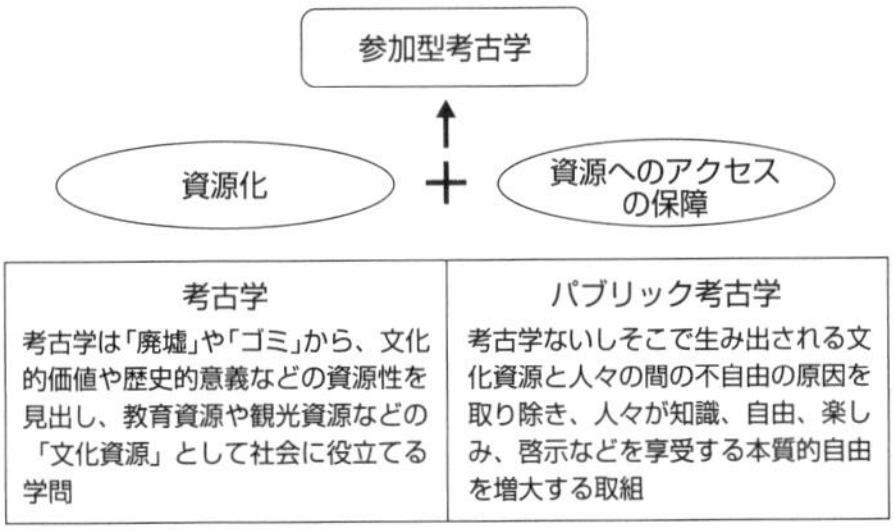

◀**図2**　参加型考古学の概念図

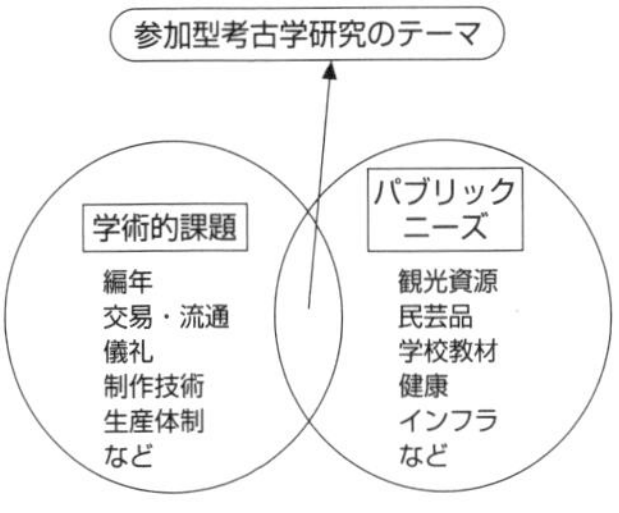

◀**図3**　参加型考古学研究のテーマの概念図

いずれにせよ、筆者が強調したいことは、考古学の学術課題の解決が終わったあとに波及効果として社会還元をめざすのではなく、研究プロジェクトのはじめから一般の人々がかかわり、考古学や考古遺産へのアクセスを促し、その活かし方を構想しともに実現をめざす、というあり方である。

このような考えに基づき筆者が取り組んでいる具体的な実践をつぎに紹介する。今後の向上のために読賢読者のご批判、ご教示をあおぎたい。

三　参加型考古学の実践――古代の土器再生と現代的活用プロジェクト

対象地域の概況

筆者はこれまで中米のエルサルバドル共和国(**図4**)で調査研究をおこなってきた。同国は、中米の太平洋岸に位置し、九州の約半分ほどの面積をもつ国である[細野／田中編 二〇一〇]。「中米の日本」と自認することもあるほどの親日国で、日本との関わりは深い。この地の歴史を遡ると、マヤやピピルといった様々な文化集団が時代や地域によって交錯しながら居住してきたが、他の中米諸国と同様、十六世紀前半にスペインの植民地となる。その後十九世紀前半に独立したものの、隣国との戦争や内戦が続き、ようやく内戦が終了したのは一九九二年である。しかし内戦終了後も度重なる大地震などが人々を苦しめてきた。また国内資源の乏しさもあって、国外への出稼ぎに国の経済はかなりの部分を頼っている。こうした諸事情が複合的に国を疲弊し、人間生活を不安定にさせている。世界銀行の分類では低位中所得国にあたり、開発援助の対象となる所以である。ただし、同国では国際社会の協力もあって、現在では政治的には安定をみせ、地理的な立地の良さを活かした物流や金融の中心としての地位を得つつある。

ところで、同国の文化をみると、近隣のメキシコやグアテマラで古代文明が自国のシンボルとなっているのに比べ、特徴ははっきりしない［村野 二〇一〇a］。その要因は慎重な検討が必要であるものの、他国による征服や内戦などに一因がある。なぜなら、それによって先住民の人口は減少し、なかには自らの文化を捨てる者も多かったからである。現在、先住民人口は全体の一割以下であり、他の中米諸国に比べても少ない。その他はいわゆるメスチソ（混血民）が八割強、白人系が一割程度である。

内戦終了のまぎわに発足した文化芸術審議会（現文化庁）は「最も緊急に必要なのはエルサルバドル人としての我々のアイデンティティの調査だ」とまで述べている［CONCULTURA 1994:5］。現在でも、エルサルバドルで「アイデンティティの模索」は文化行政関係者をはじめ、人類学者や博物館職員、考古学者などの研究者・有識

▲図4　エルサルバドルの位置

者に重要視され、それに基づく事業が実施されている［村野 二〇一二］。具体的には博物館の展覧会や学校の教科書で自国の文化を積極的に紹介したり、また一九九三年には早くも自国の文化財を法的に保護する制度をつくったり、自国で文化政策に携わる人材育成を開始し、例えば自国の大学におかれた考古専科から二〇〇〇年にはじめて修了者を出した。このように日本でいうところの埋蔵文化財行政や人材育成の仕組が安定をみせてきたのはごく最近である。

じつは、エルサルバドルの文化政策に日本が大きな貢献をおこなっている。とりわけ考古学に関しては、一九九五年から日本の京都外国語大学を中心としたチーム（代表は大井邦明）、ついで「エルサルバドル考古学プロジェクト」（代表は伊藤伸幸・名古屋大学）が同国で調査・研究を実施しており、二〇〇〇年の考古学専科修了者たちは日本の調査隊で考古学の基礎を学び、実践経験を得ていたのだ。そこでさらに同国は日本に対して協力要請をおこない、考古学的調査、考古遺産の修復・保護、考古学者の育成、教育普及や観光開発などの考古遺産の活用をエルサルバドルの人々とともに担う人材の派遣を求めてきた。そこでその役を担ったのが、JICAの青年海外協力隊であった。JICAは、日本の政府開発援助を一元的に扱う機関で、開発途上国への国際協力をおこなっている。日本の国際協力の手法は、技術協力、有償資金協力、無償資金協力があり、青年海外協力隊は技術協力の一形態である。青年海外協力隊（考古学隊員）は二〇〇三年から派遣され、筆者はその三代目であった。筆者は、それまでの日本人が積み重ねた信頼関係や学術的基盤を引き継ぎ、それを発展させるため、考古学調査を担当する傍ら、パブリック考古学の実践として、考古学と一般の人々との関係性に関する実態把握に取り組み、考古学の活かし方を明らかにするプロジェクトを始めたのである。

考古学者の営みを見直す

筆者は、質問票を用いた調査や、研究者の論文や新聞報道の分析、現地に長期滞在する協力隊の強みを活かした地域住民への聞取り・観察などを実施した。その過程で、考古学者側の言動およびそれを受け入れる地元の人々の認識のなかにいくつかの懸念が浮かび上がってきた。その一つが、「自国の考古遺産の軽視」という問題にかかわる懸念である。

同国の考古学者は、盗掘や不法売買に代表されるように、考古遺産保護がなかなか進まないことを問題視し、その要因として、一般の人々が自国の遺産の価値を軽視したり、あるいは知らなかったりすることをしばしば憂慮していた。軽視の具体例として例えば、遺跡公園前の民芸品店で売られている民芸品は、自国の出土品をモチーフにしたものは少なく、隣国のグアテマラなどからわざわざ輸入したものを販売していることを事例にあげていた。そのため教育や啓蒙的手法によって状況の打開を図ろうとしていた。確かに、同国では、文化遺産の学習機会のみならず、教育環境全般が十分にととのっていないことは明らかな問題で、その解決は緊急の課題であった。しかしながら、筆者には、この言動には「教育タイプ」の悪い面もあらわれているように思われた。なぜなら、教育タイプにありがちな一般の人々のほうに問題があるという視点は、考古学者側の問題を見えにくくするからである。

筆者が、考古学者側の課題として考えたのは、研究者の調査対象の偏りである。エルサルバドルでの発掘や考古調査の歴史は古く一九二〇年代に遡る。以来、とくに欧米の研究者による調査が実施されてきたが、その多くはピラミッド型の建造物が対象であった。かつての祭祀の舞台や王墓などと推測され、古代の文化を知るための最も重要な場所と認識されてきたからである。同国の文化遺産保護政策でも建造物に重きがおかれていて、極端な場合、建造物のみを点的に保護し、遺跡の他の部分は開発工事を認めるという判断を文化庁がくだしたことすらあった［村野 二〇一〇b］。この事例はのちに問題となるのだが、同国の専門家の価値観を象徴的に示した事件であった。筆者は建造物を研究対象としたり、保護対象にしたりすること自体を否定するつもりは毛頭ない。しかしながら、こうした建造物を重視する考古学者の姿勢が、一般の人々にも受け入れられていくことで、つぎのようなこの国特有の問題を生じていると考えている。

同国はいわゆるマヤ文明の周辺地域にあり、メキシコやグアテマラのような巨大な建造物が複数存在するわけではない。大きさや装飾という外見上の見栄えは劣っているというのが、一般の人々の感覚である。そのため、考古学者が考古遺産のなかで建造物を大事にすればするほど、いわばあたかも自国の文化遺産ランキングのなかで高位にあるとして扱えば扱うほど、一般の人々が自国の考古遺産は他国と比較して劣ると判断することにつながってしまうのである。言い換えれば、考古学者がよくある判断に基づいてよかれと思った行為の結果が、意図せざる結果として、自国の考古遺産軽視を招いてしまう回路が存在する［村野 二〇一〇b、二二八〜二二九頁］。極論すれば、一般の人々の考古遺産へのアクセスは、考古学者自身によって阻まれていたともいえるかもしれない。

もちろん同国の文化庁はピラミッド型建造物以外にも洞窟遺跡や墓地遺跡を保護し、また注目すべきことに、同国唯一の世界遺産は古代の一般成員の集落址が認定されている。こうした古代の文化全体を包括的に価値づけることが重要で、従来の文化遺産ランキングの補充・変革を図ることが考古学者の取り組めることだと考えた。その意味で考古学者が、建造物以外の調査研究を促進することが意味をもってくるのである。

ニーズを把握する

一方、パブリック・ニーズの調査では多くの声を聞いた。とりわけ、自国の遺産軽視の例としてあげられてしまった民芸品や美術品の制作者の声には注意した。ただし、制作者の声は考古学者だけでは拾い切れない。このときには、現地の大学生や芸術家から協力の申し出を受け、協働して調査をおこなうようになった。

筆者が、現地の制作者たちから聞かされた見解で、考古学が解決に一役かえると感じた問題が二つある。一つは「もっとたくさん売るためには、もっと手軽な材料や技術を使いたい」というものである。エルサルバドルには国内販売だけではなく、国外への輸出もおこなう陶器産業がある。しかし近年、首都近くの地域である材料や技術が流行している。それは陶器の表面に光沢をもたせるため用いられる釉薬《ゆうやく》である。その釉薬の材料が問題で、なんと鉛電池から鉛を抽出し釉薬として使うという。これは明らかに鉛病の危険がある。背景には、多少の危険を冒してでも、安価で手間の少ない方法が海外生産品(中国産など)との競争に勝つために必要なことや、この国独自の技術が育っていないことといった問題がある。

もう一つの見解が「自国の伝統技術や材料を用いるべきかもしれないが、他国と違って、もうわからなくなってしまっている」というものである。他国には存在するものの、自国には存在しないものがあるという意識は、他国と自国を比較していることを示し、それが自国の軽視へつながる危険性はすでに述べた。しかしこの見解からは、今は存在しないけれども、かつては存在していたというプラス方向の意識も読み取ることができるだろう。この意識は、エルサルバドルの有識者が課題としていた、自国のアイデンティティを求める姿とも重なってくる。

ほかにも、「販売場所が少ない」「自国民は作品を購入するだけの経済的余裕がない」「外国人に認めてもらうにはマヤ文明とか著名なもののほうが良い」などと様々な見解を聞いたものの、少なくともここであげた二つの見解に関しては、考古学が同国の古代の文化を、とりわけ古代の「ものづくり」に用いられた技術や材料を明らかにすることで、貢献することが可能なように思われた。

ともに実践をおこなう

筆者らは、こうした調査過程のなかで議論をおこない、古代の「ものづくり」の復元研究をおこなうことを決めた。なかでも、ウスルタン様式土器という古代のエルサルバドルを中心とした地域で生産されていた土器製作技法の復元をテーマに定めた。復元に成功すれば、新たな民芸品や学校教材を開発することになるし、もしかしたら陶芸家の課題解決へ貢献できるかもしれないと考えた。なぜなら古代の人々が扱っていた材料や技術ならば、今でも安価で安全なのではないか、また自国の独自の技術となるのではないかと期待を抱いたからだ。

ところでこの土器は、紀元前四世紀〜紀元後六世紀頃に生産され、北はメキシコ、南はコスタリカまで流通した広域分布土器である。地中から出土する際にも一目でそれとわかる特徴的装飾(オレンジ色の地色に褐色の文様)をもち、専門用語でネガティブ文様と呼ばれている(**図5**)。この文様装飾技法は、これまで数多くの研究者が挑みながら未解明のままだった。技法の復元は、考古学者にとっても重要な学術課題であったのだ。こうして、考古学者の学術課題と考古学者以外の人々のニーズが重複する領域から、プロジェクトのテーマを見出すことができた。

筆者らの復元研究は、いわゆる実験考古学的な手法をとった。研究者による出土品の観察や理化学分析の結果、陶芸家や地元の人々などの記憶、知識、経験などをもとにして考えたアイデアを、実際に試してみるというものである。当初は、理化学分析と明らかに異なる地元の人々のアイデアですらすべて取り入れた。アイデアは誰もが対等であることを示したかったからである。じつは、従来の仮説はほとんど誤りであることが早々に判明し、また理化学分析は材料などの元素組成などは示せても、具体的な素材や作り方までは教えてくれなかったため、地元の人々の知識や意見がものをいった。「どの植物のどの部分を用いればよい」「この時期ならばこれが使える」「土はどこでとれる」「昔の人ならばこうしたに違いない」。筆者もまた日本の伝統技術を探り、備前焼に特徴的にみられるオレンジ色ないし緋色の模様、いわゆる緋襷《ひだすき》を発色させる技術が有用であることを発見するなどがあった[村野 二〇一四]。

プロジェクトの予算的裏付はほとんどなかったため、土器の材料や焼成用の燃料などは参加者が持ち寄った。これも考古学者以外の人々が、自分たちの課題解決のためと考えていたからであろう。もちろん実験考古学という手法が、未知の謎を少しずつ解明していく楽しみを参加者に与えていたことも記してお

◀図5 ウスルタン様式土器(破片)の装飾

きたい。

この実践過程で参加者に変化がみられた。まず考古学者はどちらかといえばはじめプロジェクトの推進者であったが、次第に調整役ないしアドバイザーの立ち位置に変わっていった。地元の人々が、古老や技術者にアイデアを聞きにいったり、自ら調べたりと主体的にプロジェクトを進めるようになっていったのである。

立ち位置の変化とともに変化していたことで特筆したいのは、参加者各自がもつ「問い」の変化である。技法を復元するというプロジェクトのテーマは一見「応用科学」の問いにみえる。このプロジェクトも開始した当初は、参加者それぞれのニーズを取り入れるとしていたものの、実際には研究者が発した「この文様に用いられたかつての技法は何か」という正答を求める問いが重きをなしていたように思う。そのため、たんに正答を導くだけなら、科学的原理や知識で十分で一般の人々の見解は必要なかったのかもしれない。しかし実験の過程で、「この実験で得られる知識や発見は何に使えるだろうか」「古代のネガティブ文様と、実験で生じている文様とどちらがより芸術的価値があるだろうか」といった問いが増えてきた。実験途中で古代の文様とは異なる文様が出現したとき、考古学者の視点で失敗と判断することは簡単だったけれども、芸術家の視点では興味を引く文様であったのだ。正答だけ追求するなら、この価値に気づかなかっただろう。このようにプロジェクトは、多様な価値判断が生じうる「ポスト・ノーマル・サイエンス」の問いが重きをなすようになっていった。

成果を活用する

筆者らの実践は約七年続いている。現在では、ほぼ技術を復元することに成功し、オリジナルに近い復元品をつくることができている［村野 二〇一四］。古代のネガティブ文様の技法では、地元の土と身近な草木灰が用いられていた。このことのみをもって、現在流行の技術に取って代わるのは簡単ではないが、鉛病を回避する可能性は示せたのではなかろうか。ただし筆者の考える最も大きな成果は、陶芸家が自分たちを表現する技術ができた、と感じていることである。先述のとおり、エルサルバドルでは、マヤ文明の他地域と比べて、優れた文化遺産がないと感じている人々が少なくなく、自分たちの文化に誇りがもてないと言う者すらもいる。このような状況のなかで、復元した技術は、過去の文化に基づきつつ、他国にない独自の特徴ある芸術を生み出す潜在力があり、そして何より文化アイデンティティを表現する技としての可能性を生み出した。例えば、プロジェクトに参加した陶芸家は「断片化さ

▲**図6**　作品「Identidad Fragmentada」と陶芸家（Henry Sermeño 撮影）

れたアイデンティティ(Identidad Fragmentada)」という作品を、ウスルタン様式土器の技術を使いながら、それをアレンジして制作した(**図6**)。タイトルの切なさと裏腹に、タイトルで意味する内容を作品として表現できた自信を感じるのは筆者だけであろうか。

筆者は協力隊の活動を終え、帰国したため、一年中滞在することはできなくなった。しかし、地元の陶芸家が自らプロジェクトを引き継ぎ、芸術作品を試作するようになった。またエルサルバドル文化庁考古課の教育普及担当が、筆者のプロジェクトに参加していた陶芸家と協働し、学校の授業などにも活かせるよう学校教員と検討を進めている。ある地域(チャルチュアパ市)の住民は、ウスルタン様式土器の名称を地元の名称に変えて売り出せないか企画している。

筆者らの実践はあまりに長期間にわたり、現在の成果主義の時代に合わないという批判もあろう。しかし、どこにでもあるような実験考古学が参加者の自律性を生み、持続的な実践となり、かつ一定の成果を収めたのは、参加型だったからこそと考える。

おわりに——日本における参加型考古学の可能性

ここまで筆者は、「過去を伝え、今を遺すために考古学は何ができるか」という問いへ筆者なりの回答を見出すために、まず伝え遺したいものに不断に気づき、さらにまた新たな遺産がつくられるよう、多様な価値づけの仕組を構築することが重要であることを確認した。そのために考古学者は、考古学の営みのなかに、考古学者以外の一般の人々の参加を認める、あるいは局面に応じて人々に主導権を渡すというあり方を、開発途上国での実践を例として「参加型考古学」の名で提案した。これは考古学者の責任放棄を主張しているのではない。むしろ、考古学者が環境問題や国家・権力、民族問題などの現代の関心事を外から感じ取り、考古学の成果を社会に発信する行為以上に、社会のなかに入っていくことを主張しているのである。考古学者は考古学が生み出す資源に一般の人々がアクセスできるよう保障し、また誰が利益を得ているか、誰が損をしているかを繰り返し自問し、チェックする必要があり、それまで周辺にあったり、あとに回されていたりしていた人々そして考古遺産があれば、それを逆転しようということを主張したいのである。

参加型開発論の旗手であるロバート・チェンバースは新しいプロフェッショナルとして、「あとの者を先にする(Put the Last First)」を強い意思で実現しようとし、小農民や職人、労働者を自分と対等な専門家として認め、彼らから学ぼうという姿勢をもち、専門分野の境界を捨て去り多くの領域をカバーし、学問と実践の二つの文化にまたがって、学問から批判を、実践からビジョンと行動を引き出す専門家が、「開発」の実現には必要であるという[チェンバース 一九九七]。考古学にも、この主張は通ずるところがあるように思う。

このような参加型の取組を、日本で実現できるだろうか。いわば、参加型によって、それまで気づかなかった価値に気づき、遺産創造をおこなえるだろうか。筆者は様々な可能性があると思うが、なかでも「アートと考古(Art & Archaeology)」という取組には潜在力を感じている[村野/岡村 二〇一五]。筆者らは、定期的に考古学者と芸術家および考古学に関心のある人々とのフォーラムや会合を開催している。現在は相互理解やニーズの把握を進めている段階であるが、早くもできることがあることを知った。

例えば、遺跡の発掘によって検出された様々な穴(昔の人々が柱穴やゴミ捨て用の穴などとして用いた痕跡)

が陶芸家にとって器制作用の型として利用できること、遺跡の発掘によって生じる排土が芸術家にとって陶器の素地や絵の具の材料にもなりうることなどが芸術家から示された。このことは、考古学者が遺跡から必要な情報を取り上げたと思っても、見方を変えれば、まだそこには資源が残されていることがわかるし、さらに極論すれば、遺跡から本来得られる資源が、それを必要とする人々のところに届いていないことが指摘されたともいえる。

筆者は芸術家の作品制作を支援せよといいたいのではない。じつはすでに陶芸家によって、穴の型や遺跡の土を使った器制作に取り組んでもらっているが、その作品を見た人々が「どこからどうやって土をとったのか」「どんな遺跡の土なのか」などを質問し、語り合う状況が生まれている。つまり、器が契機となって考古遺産への興味を引き出し、そして器を媒介として遺跡や土地、あるいは発掘の歴史が一般の人々にも共有されていくという現象が生じている。このことは、考古学者が発掘した成果を論文や報告書にまとめ、歴史を語り継ぐこととお互いに響き合い、あるいは補完し、場合によっては芸術作品のほうが効果的に記憶を遺し伝えることにつながることを予感させる。すなわち、考古学者が果たしてきた役割や達成したい目標を芸術家と共有し、ときに立場を逆転させることで、考古学者の生み出す資源もより豊かになるのではなかろうかといいたいのである。このことはまた機会をあらためて報告したい。

芸術家と考古学者の協働は日本で可能な参加型考古学のほんの一例にすぎないだろう。今後も、参加型考古学によって、これまでの考古学を補完し、考古学のできることをさらに広げるよう取り組みたい。そのためにまずは小さな成功を積み上げたいと考えている。

◆参考文献

[伊藤 一九九一] 伊藤寿朗『ひらけ、博物館』岩波書店

[市元 二〇一四] 市元塁「高等学校と考古学」(市元塁・河野一隆編『全国高等学校考古名品展』九州国立博物館) 六～二七頁

[市元／池内 二〇一五] 市元塁・池内一誠「高校考古資料の調査――学校現場での活用を視野に」(『東風西声』第一〇号) 一～一〇頁

[稲畑 二〇一五] 稲畑航平「行政の中の博物館――これからの博物館には何が求められるか」(京都文化博物館学習普及外部連携室編『〃まち〃と〃ミュージアム〃の文化が結ぶ幸せなかたち』京都文化博物館地域共働事業実行委員会) 八～一六頁

[岡村 二〇一四a] 岡村勝行「古墳時代と市民社会」(一瀬和夫・福永伸哉・北條芳隆編『古墳時代の考古学10 古墳と現代社会』同成社) 四三～五六頁

[岡村 二〇一四b] 岡村勝行「現代考古学とコミュニケーション――日本版パブリック・アーケオロジーの模索」(『LINK』第六号) 一〇～一九頁

[小田 一九九七] 小田亮「発展段階論という物語」(『岩波講座 開発と文化3 反開発の思想』岩波書店) 六一～七八頁

[小林 二〇〇七] 小林傳司『トランス・サイエンスの時代』NTT出版

[清水 二〇一二] 清水満幸「NPOによる文化資源マネジメント 萩まちじゅう博物館」(『季刊まちづくり』第三五号) 五二～六〇頁

[関 一九九六] 関雄二「「盗掘者の論理」と「発掘者の論理」――ペルー北部の遺跡保護をめぐる諸問題」(『天理大学学報』第一八三号) 一九七～二一四頁

[関 二〇一四a] 関雄二「南米ペルーにおける文化遺産観光とその問題点――国際協力の現場から」(天理大学アメリカス

学会編『アメリカスのまなざし――再魔術化される観光』天理大学出版部）二〇～三四頁
［関 二〇一四b］ 関雄二『アンデスの文化遺産を活かす――考古学者と盗掘者の対話』臨川書店
［セン 二〇〇〇］ アマルティア・セン『自由と経済開発』日本経済新聞社
［田中 二〇〇九］ 田中俊徳「世界遺産条約におけるグローバル・ストラテジーの運用と課題」（『人間と環境』第三五巻第一号）三～一三頁
［チェンバース 一九九七］ ロバート・チェンバース『第三世界の農村開発 貧困の解決――私たちにできること』明石書店
［チェンバース 二〇〇〇］ ロバート・チェンバース『参加型開発と国際協力 変わるのはわたしたち』明石書店
［都出 一九九四］ 都出比呂志「現代に生きる考古学――社会とのかかわりを考える」（『考古学研究』第四一巻第三号）九～二二頁
［中川 一九九五］ 中川志郎「二十一世紀型博物館をめざして――自然系地方博物館の成立経緯とその展開」（『季刊ミュージアム・データ』第二八号）一～一〇頁
［中島 二〇一二］ 中島恒次郎「文化遺産から文化資源マネジメントへの展開 太宰府市民遺産」（『季刊まちづくり』第三五号）四二～四七頁
［七海 二〇〇六］ 七海由美子「世界遺産の代表性」（『外務省調査月報』第一号）一～三四頁
［西川編 一九九七］ 西川潤編『社会開発』有斐閣
［西山 二〇一四］ 西山徳明「文化資源からはじまる歴史文化まちづくり」（『季刊まちづくり』第三五号）四～一六頁
［西山 二〇一五］ 西山徳明「歴史文化まちづくりへのチャレンジ～遺産創造とエコミュージアム」（前掲『〝まち〟と〝ミュージアム〟の文化が結ぶ幸せなかたち』）四三～五八頁
［日本博物館協会 二〇〇九］ 日本博物館協会『日本の博物館総合調査研究報告書』
［布谷 二〇〇五］ 布谷知夫『博物館の理念と運営』雄山閣

[藤垣／廣野編 二〇〇八] 藤垣裕子・廣野喜幸編『科学コミュニケーション論』東京大学出版会
[細野／田中編 二〇一〇] 細野昭雄・田中高編『エルサルバドルを知るための55章』明石書店
[松田／岡村 二〇一二] 松田陽・岡村勝行『入門パブリック・アーケオロジー』同成社
[村上 二〇一二] 村上佳代「文化資源マネジメントとまちづくり」(『季刊まちづくり』第三五号) 二四～三二頁
[村野 二〇一〇a] 村野正景「スタンレー・ボッグスとエルサルバドル共和国の考古学――文化遺産の保護と活用のための論理構築にむけて」(『史淵』一四七号) 五九～九八頁
[村野 二〇一〇b] 村野正景「エルサルバドル共和国における遺跡保護に関する一考察――文化遺産国際協力の向上のために」(『遺跡学研究』第七号) 一二一～一三二頁
[村野 二〇一一] 村野正景「遺跡の訪問者と遺跡に対する認識――エルサルバドル・タスマル遺跡公園の第一回利用実態調査より」(『イベロアメリカ研究』第三三巻第二号) 一三～四四頁
[村野 二〇一二] 村野正景「学芸員や研究者の立ち位置についての素描――パブリック考古学と関連分野のモデルに着目して」(『朱雀』第二四集) 三五～五九頁
[村野 二〇一四] 村野正景「先スペイン時代の「ものづくり」に挑戦する――いわゆるウスルタン様式土器の復元と現代的再生プロジェクト」(『チャスキ』第四九号) 六～九頁
[村野 二〇一五] 村野正景「学校考古を支援する博物館のとりくみ――京都府内の学校所蔵考古資料に関する調査の概報」(『朱雀』第二七集) 一七～三七頁
[村野／岡村 二〇一五] 村野正景・岡村勝行「「アートと考古学」ってなに?」(『考古学研究』第六二巻第二号)
[文部科学省 二〇一四]「コミュニティ・スクールの指定状況」(www.mext.go.jp/a_menu/shotou/community/shitei/detail/1348142.htm)
[Ascherson 2000] Ascherson, Neal, Editorial, *Public Archaeology*, 1(1), pp. 1-4.

[CONCULTURA 1994] CONCULTURA, *Memoria de labors del Consejo Nacional para la Cultura y el Arte 1991–1994*, San Salvador, Ministerio de Educación.

[Funtowicz and Ravetz 1993] Funtowicz, Silvio and Jerry Ravetz, Science for the Post-Normal Age, *Futures*, 25(7), pp. 739–755.

[Schadla-Hall 1999] Schadla-Hall, Tim, Editorial: Public Archaeology, *European Journal of Archaeology*, 2(2), pp. 147–158.

[UNESCO 1994] UNESCO, *Expert Meeting on the "Global strategy" and thematic studies for a representative World Heritage List. WHC-94/CONF.001/INF.4*. Paris, UNESCO.

アーカイブズ資料情報の共有と継承

——集合記憶の管理を担うのは誰か

清原　和之

はじめに

情報社会といわれる現代、どれほどの情報が生み出され、また消滅しているのだろうか。日々の営みから創造的活動まで、そこでは無数の出来事が生じ、人々はときに「今」という時間にとらわれてしまいがちになる。その新陳代謝の速さに乗り遅れまいと必死でしがみついて、現代社会に埋め込まれた個としての我々は、自らがいかなる過去の連なりの上にあり、どのような時代《いま》を生き、未来に何を遺し、伝えるか、という視点をひととき見失っていたのかもしれない。こうした日常的な営みをいったん対象化し、過去—現在—未来へと連なる視座からあらためて問い直すことの意義を再認識するために、本章では、多様な人々の行為の記録をいかに管理していくかを根本から問うてきたアーカイブズ学の視点から、資料は誰によって、いかに遺され、伝えられていくべきかという問題を考えていきたい。

この問題を問うていくうえで、はじめに二〇一一年に起こった二つの象徴的な出来事に触れておきたい。それは、三月十一日の東日本大震災の発生と四月一日の公文書等の管理に関する法律(以下、公文書管理法)

の施行である。

まず、公文書管理法についてであるが、その「第一条　目的」では、つぎのように記されている。

この法律は、国及び独立行政法人等の諸活動や歴史的事実の記録である公文書等が、健全な民主主義の根幹を支える国民共有の知的資源として、主権者である国民が主体的に利用し得るものであることにかんがみ、国民主権の理念にのっとり、公文書等の管理に関する基本的事項を定めること等により、行政文書等の適正な管理、歴史公文書等の適切な保存及び利用等を図り、もって行政が適正かつ効率的に運営されるようにするとともに、国及び独立行政法人等の有するその諸活動を現在及び将来の国民に説明する責務が全うされるようにすることを目的とする。[1]

この条文は国家等の公的機関の活動の記録である公文書等がその作成者や保有者だけのものではなく、また研究者の専有物でもない「国民共有の知的資源」であると明記された点で画期的なものである。そして、現在の国民だけでなく「将来の」国民に対しても当該機関の諸活動を説明する責務を果たすべく、作成組織やその移管先である公文書館等には公文書等を適正に管理・保存していくことが求められている。こうした公文書の適正な管理によって、主権者である国民による主体的な利用が可能となりうるが、アカウンタビリティが「将来の」国民に向けても果たされねばならないとすれば、「知的資源」として位置づけられた公文書等を社会的に共有し、継承していく責務は現在の国民にも求められよう。しかしながら条文では、主権者たる国民は公文書を閲覧させてもらうだけのたんなる利用者として位置づけられており、記録の作成・管理・移管・保存・廃棄という一連の意思決定のプロセスには直接的に関与しうるわけではない。その一方で、条文には「民主主義」という言葉がみられるが、その根本的な原義は「民衆が自分たちで自分たちを支配し、統治すること」である、といわれる〔國分 二〇一三、一一頁〕。民主主義をこのようにとらえうるとすれば、統治の根幹を支える「国民共有の知的資源」としての公文書等を管理する主体とは誰であるのか、あるいは、現在の民主主義を補完していくために、統治の一担い手たる国民ないし市民には何ができるのだろうか。

さらに、未来への共有資源として遺されていくべきものは公的機関の記録である公文書に限らない。東日本大震災によって、多くのモノが失われたが、かろうじて残された建物や木々、船舶などの震災の爪痕が刻印されたモノを、出来事を伝える媒体として将来に「遺していく」べきかをめぐって、地域住民の間で意見が分かれた。辛い経験を想起させるモノを忘却してしまいたいという思いと、震災の経験を風化させまいとする思いとが直接的にぶつかり合ったためであろう。しかしながら、震災がもたらした被害の広範さ、当該地域に留まらず、日本、さらには世界に与えた影響力、また、世代を超えて引き継いでいくための費用や負担、等々を考えると、そうした出来事の意味を伝えるモノは当事者だけのものとは限らない。何が遺されるべきもので、何がそうでないのか、それは誰にとって、いかなる意味で遺されるものなのか。

以上のような現代の日本社会にかかわるアクチュアルな問いから、アーカイブズ資料を遺していくことの意味、すなわち、それは誰によって管理され、いかに共有され、どのように継承されていくべきかにかかわる諸問題を論じていくこととする。まず、アーカイブズとは何か、アーキビストとはいかなる存在であるのかを、記憶の問題を軸に批判的に検討していく。続いて、従来、アーキビストによって担われてきたアーカイブズ資料の管理のあり方を再考すべく、近年、アーカイブズ理論を刷新してきているレコード・コンティニュアム理論を取り上げ、資料は誰によって管理され、いかに共有され、継承されていくかを理論的に考察していく。そのうえで、最後に、アーキビストによって担われてきた資料情報管理をユーザーに開いていくツールとしてウェブ2.0を、さらに、文書館の外でおこなわれる実践として注目されているコミュニティ・アーカイブズを取り上げ、集合記憶の共有と継承をめぐる課題と展望を示したい。

一　アーカイブズ資料を遺す

アーカイブズとは何か

国や地方の行政機関から民間の企業、様々な団体から家族まで、あらゆる組織体はその活動の過程で文書を生み出し、利用し、それらは何らかの必要性ゆえに保存・蓄積され、あるいは廃棄される。また、いわゆる「年金記録問題」が社会問題化したように、組織体の記録は個々人が社会生活を営んでいくうえでも不可欠なものである。このように、社会のなかで日々営まれる業務や活動の記録の総体がアーカイブズといわれる。一九四八年に設立された国際文書館評議会監修による用語集[Walne 1988:22]では、アーカイブズは以下のように定義されている。

⑴ある法人あるいは個人が、その活動の過程で作成、受領し、さらに組織固有の必要のために、それを形成させる主体あるいは後継者によって保管されるか、あるいはアーカイブズ上の価値ゆえに、適正な資料保管組織に移管される資料の総体で、日付、形態、物的支持体の如何を問わない。

⑵アーカイブズ資料の処理、目録化、保存、公開のための専門機関

⑶アーカイブズを保存、公開するための建物

この定義に従えば、アーカイブズ資料とは、個人または法人がその業務や活動の過程で形成し、保管さ

れた記録の総体である。それゆえ、図書館や博物館などが納めているような収集されたコレクションとは本来的に異なり、親組織に関係する資料を移管された機関が公文書館等のアーカイブズであるといえる。しかしながら、アーカイブズ資料はあらゆる組織体によって生み出され、蓄積されるのであるから、必ずしも文書管理専門の機関に移管されるとは限らない点は注意が必要である。

それでは、アーカイブズ資料は従来、いかに遺されてきたのであろうか。日々の活動の記録であるアーカイブズ資料はそれが生み出され、利用され、遺され、捨てられる意味をもち、その活動の過程を反映して、「かたまり」として蓄積されていく。すなわち、資料の個々の内容ではなく、資料が生み出され、機能したコンテクストとその資料がたどったプロセスこそが資料の存在に価値を与えるものと考えられる。それゆえ、アーカイブズ学では従来、文書の内容を主題ごとに分類したり、文字資料や地図、図表といった形態、あるいは、紙、写真、映像フィルムなどといった媒体ごとに区分するのではなく、それが本来生み出され、蓄積された活動の総体を反映するよう、維持・管理されてきた。そうした資料の「かたまり」としての秩序を維持する方法論として、フォンド維持原則と呼ばれるものがある(**図1**)。この方法論はアーカイブズ資料を「群」として把握したうえで、フォンド(組織)、シリーズ(業務)、ファイル(仕事)、アイテム(資料の一点一点)という階層構造のなかで位置づけ、資料を生み出した組織と業務の構造を保存するという考え方で、このメタ情報記述の方法論は「アーカイブズ記述の国際的一般標準(ISAD(G):General International Standard for Archival Description)」として国際標準化されている[ICA 2000]。

しかしながら、二十世紀末以降、組織の統廃合や業務の構造の不安定化が生じ、さらには、ＩＣＴ技術の発達による電子情報の爆発的増加が従来のような資料群の静態的な構造把握を動揺させせつつある。従来のフォンド維持原則においては、モノの秩序維持とメタ情報の管理とは連動していたのだが、電子環境下においては、資料と組織、業務との関係はますます複雑化してきている。その一方で、コンピュータ上のデジタル・ストレージのデータ蓄積容量は飛躍的に増大し、あらゆるすべてのデータを残すという観念が現実味を帯びてきた。だが、すべてを遺すことは、あらゆる情報の価値を無意味化することと等しい。当人が膨大な写真を残しても、それがいつ、誰によって、どこで撮られたか、などがわからなければ未来の第三者にとっては何の意味ももたないたんなるゴミ屑同然であるように、資料を遺すうえで重要なのは情報が記録としていかなる意味をもったか、それは誰によって、いかに生み出され、利用され、遺されたか、というデータそれ自体への価

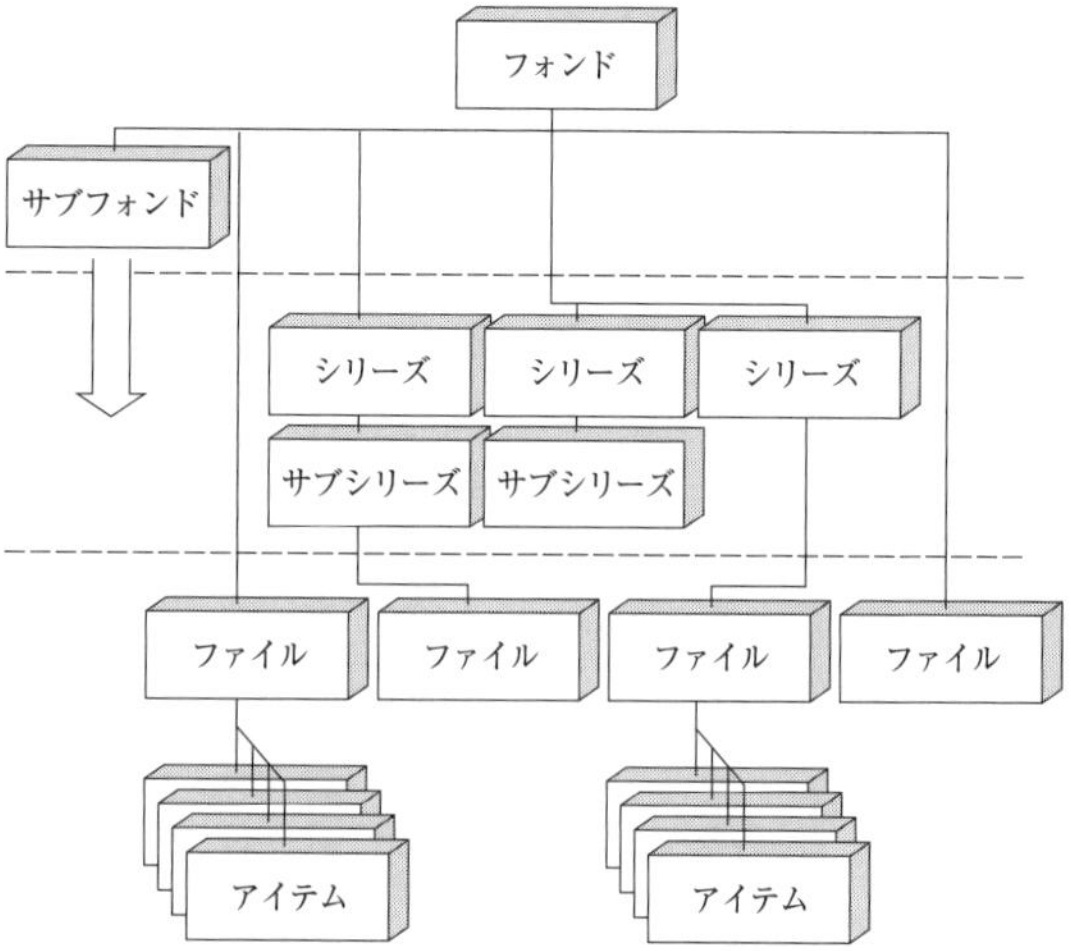

▲**図1**　フォンド編成による階層構造モデル
出典：ICA, *ISAD(G), General International Standard Archival Description, Final ICA approved version*, 1994.〔アーカイブズ・インフォメーション研究会編訳『記録史料記述の国際標準』北海道大学図書刊行会，2001年，54頁〕

値づけ、意味付与が適切になされていることである。すなわち、従来の紙媒体であれ今日の電子媒体であれ、記録のコンテクストとプロセスというメタ情報の管理こそが重要であるといえる。こうした資料への価値づけ、メタ情報の管理を専門職として担ってきたのがアーキビストと呼ばれる存在であった。

アーキビストは何をしてきたか

公文書館に納められた資料は、近代のアーカイブズ制度が整備されてくる十九世紀以来、歴史家にとっての歴史研究の素材として重要視されてきた。すなわち、アーカイブズ資料は従来、過去の客観的な事実を映し出すものとして認識されてきた。こうした素朴実証主義に対しては、史料認識のレベルですでに多くの批判がなされ、歴史的事実は決して中立ではないこと、資料に対する多様な読解がありうることが指摘されてきたが、歴史学がポストモダニズムと対峙するなかで史料認識の問題を再考してきたように、アーカイブズ学においても二十世紀末以降ポストモダニズムの波が押し寄せ、アーカイブズ機関に納められた資料の客観性に対して疑義が呈されることとなった。それは資料の内容の真正性に対してというよりも、「かたまり」として保存された資料それ自体の客観性に対して向けられたものであった。

歴史研究者が資料収集のために文書館に赴く際、とりわけ、公的なアーカイブズ機関で資料を閲覧する場合に提示されるアーカイブズ資料は、いかなる経緯でそこに存在しているのであろうか。二十世紀初頭に、アーカイブズ理論の確立に寄与したイギリスのヒラリー・ジェンキンソンは資料群の秩序や出所に対するいかなる解釈・介入をも認めない「受け身の」存在として、アーキビストをとらえた［Jenkinson 1922］。国家の役人によって「自然に」残された資料をそのままの形で引き継ぎ、保存する者として、ジェンキンソンの描くアーキビストは中立的で客観的な保管者たりえた。しかしながら、アーキビストの手が加えられていないことによって担保されたアーカイブズ資料の「客観性」には、それを作成した役人の価値判断、資料の選別廃棄という行為が加えられていた。そこには作成者の強い偏見が存在しており、ジェンキンソンのいうアーキビストはその作成者の価値観を無批判に保持するものであったといえる。さらに、世紀が進むにつれ深刻化していった国家業務の肥大化による文書量の増大はアーキビストによる資料への介入を不可避にした。「評価選別論」を唱えたアメリカのセオドア・R・シェレンバーグは歴史研究者などの利用者のための「歴史的価値」という観点からアーカイブズ資料を評価選別する役割をアーキビストに求めた[Schellenberg 1956]。シェレンバーグの考えに対して、はたして資料の「歴史的価値」なる判断を一アーキビストという存在がくだすことができるのかという疑問はすぐにでも浮かんでこよう。歴史家の前に提示された資料は作成者によってであれ、アーキビストによってであれ、膨大な量の資料が選別廃棄された結果遺された、何らかの者によって価値判断が加えられたものであった。

さらに、アーキビストによるアーカイブズ資料への意味付与行為は資料の評価選別に留まらない。文書館に納められた資料はいかに編成され、記述されるのか、資料へのアクセスはいかなる形で提供されるのか、利用可能なものとそうでないものとはいかなる基準で判断されているのか、ユーザーへの検索手段はどのように提供されているかなど、様々な介入の結果として、アーカイブズ資料は存在している。以上の点から、アーキビストは過去を処理し、想起すべき未来を規定する者、記憶を管理する者としてとらえることができよう。はたして、こうした営為はアーキビストのみによっておこなわれるべきなのであろうか。

アーカイブズと記憶をめぐる諸問題

アーキビストによる記憶の管理の問題を端緒として、近年のアーカイブズ学では、アーカイブズと記憶をめぐって様々な問題が指摘されてきている。記憶と結びつけられることで顕在化したのは、記憶の制度としてのアーカイブズ機関のもつ権力性であり、そこで過去の資料を管理するアーキビストという存在が担ってきた行為の社会的な意味であった。また、アーカイブズ資料は過去が想起されるための基礎となる資源であるが、集合記憶と結びつけられることで、その資源が社会のなかで果たす役割についても問われることとなった。

まずは、想起と忘却の場としてのアーカイブズをめぐる問題についてである。アーカイブズ機関は親組織の記録を受け入れ、その資料を評価し、選別するが、そこに納められた資料の総体は想起されるべきものと忘却されるべきものを選別した結果として遺され、公的な機関に収容されることで権威づけられ、特権化される。その空間には包摂と排除の力学が働いている[Cook 2007]。そうした場から生み出される公式的な語りから何が想起させられ、何が忘却されることとなるのかが問われねばならない。

つぎに、過去の社会的な権力性を想起させるものとしてのアーカイブズについて。アーキビストたちは自らの置かれた社会的な立場性を再考し、アーカイブズ機関に収容されている記録が誰によっていかに作成され、どのような資料が遺され(あるいは排除され)、保管されてきたかを追跡することで、過去の不正や権力構造を明らかにする作業に着手してきている。こうした取組みは、西欧由来のアーカイブズ機関が、とりわけ植民地化されてきた国々のなかのマイノリティ集団などの周縁化された集団にとって、抑圧的な体制を想起させるものとして存在していたことに起因していた。しかしながら、そこに納められたアーカイブズ資料はそうした人々の諸権利を回復させるための証拠となりうること、社会的なマジョリティと周縁化されたマイノリティ集団にとって和解の場ともなりうることが知覚されてきている[Ketelaar 2005a]。周縁化されてきたコミュニティにとって、アーカイブズ資料は失われていた潜在的な記憶の発見と回復のための資源となる[Hedstrom 2010]。

さらに、アーカイブズ資料とコミュニティの記憶との関係性について踏み込んだ議論を展開しているのがエリック・ケテラールである。オランダのアーキビストで現代のアーカイブズ学界を牽引するケテラールは「記憶のコミュニティ(Community of Memory)」という概念を用いて、アーカイブズ資料はいったん記録が作成され、コンテクスト化されればその役割を終えるのではなく、共通の過去を想起する人々によって「活きたアーカイブ」として利用され、再コンテクスト化されることで集合的なアイデンティティを生み出し、記憶が共有されることでコミュニティを構築させると論じる[Ketelaar 2005b]。彼は記録作成者やアーキビストによる記録への介入のみならず、利用者の解釈行為まで含めて、あらゆる行為者の記録との相互作用を記録の「活性化」と呼んでいる[Ketelaar 2012]。なぜアーカイブズ資料の作成主体、管理主体以外での利活用、社会における記憶の創造の諸局面まで含めて論じられる必要があるのか？　それはアーカイブズ資料が作成された当初のコンテクストだけでなく、その文脈を離れたのちの時代、別の行為主体による利活用も含めて、再コンテクスト化されるべきものとしてとらえられているためである。

ここまで、アーカイブズ資料と記憶との関係をめぐる諸問題についてみてきたが、そこから明らかとなったのはアーカイブズ資料を遺すこと、管理することは未来の語りを規定するということ、そして、資料は社会のなかにおかれたとき、作成主体を超えた多様な主体による多様な意味が読み込まれるということであった。それでは、アーカイブズ資料は誰のものであり、従来、アーキビストによって担われてきた記憶の管理は誰によって、いかにおこなわれるべきなのか。次節では、アーカイブズ資料の管理をより多様な主体に開いていくために、理論的な考察を加えていく。

二 集合記憶の管理を社会に開く

アーカイブズ資料の性格を理解する

我々が日常生活を送るなかで生み出す文書や記録には、なぜそれが生み出されたのか、何のために利用されたのか、何のために保持され、いかなる理由で遺され、あるいは、捨てられたのか、など、その記録とかかわる行為者にとっての何らかの意味がともなっている。またその記録は消失してしまうことがなければ、作成した人とはまた別の誰かによって別の意味を付与され、別のコンテクストで利用されるかもしれない。記録には様々な意味が折り重なった歴史がある。ところが、従来のアーカイブズ学では業務上の記録を管理するにあたって、やや硬直的な見方がとられてきた。その考え方とは、ライフサイクル論と呼ばれるもので、記録をそれが誕生し、若い時期は活発に活動し、やがて衰え、死を迎えるというような生物の一生にたとえて、ある組織で作成され頻繁に使用されている段階を現用、あまり利用されなくなった段階を半現用、まったく利用されなくなった段階を非現用というように段階的にとらえてきた。この死を迎えた非現用段階の記録は選別され、そのほとんどは廃棄され、残りがアーカイブズ機関へと移管されることとなる。このような過程をたどるアーカイブズ資料を管理するにあたって、従来では、現用段階をレコード、非現用段階をアーカイブズとして区別してとらえてきた。そして、非現用であるアーカイブズ資料は調査研究のためにのみ用いられるものとされてきたのである。

アーキビストたちは移管されてきた資料のかたまりの本来の秩序を維持しようと努めてきた。そのための一つの考え方が先述したフォンド維持原則であったが、この原則をあてはめることは最終的にアーカイブズ機関にたどりつくまでの記録がたどった様々なプロセスやその記録に意味を付与してきた多様な人々の諸行為、それまでの間に積み重ねられてきたいくつもの秩序を無視し、ただ一つのナラティブに固定することを意味した。また、非現用段階において、アーカイブズ資料に死が宣告されることで、未来においてその資料に別の価値が与えられるかもしれない可能性をなくしてしまっていた。さらに問題であったのは、ライフサイクル・モデルが記録のみに焦点をあてたために、その記録にかかわる行為者や行為者の諸行為を見えにくくさせてしまっていたことである。

こうしたライフサイクル・モデルの欠陥を乗り越えるために生み出されたのが「レコード・コンティニュアム理論」である。このモデルでは、資料の生成から、組織を離れた公共空間において新たな歴史的価値をもつまでのすべてが、一つの過程として統合的に理解されることとなった。また、記録はあるコンテクストにおいて固定化されるとともに、生成の段階から絶えずその意味を変化させ続けるものでもあるという二重の性格でとらえられることとなった。このような柔軟な発想によって、アーカイブズ資料の多様な価値をとらえることが可能となった。

レコード・コンティニュアム理論とは何か

それでは、レコード・コンティニュアム理論とはどのようなものなのか、具体的にみていくことにしよう。オーストラリアのフランク・アップワードによって生み出されたこのモデルは〔Upward 1996〕、記録に意味を付与する行為者の諸行為、すなわち、記録のコンテクストとプロセスの管理を志向したもので、**図2**のように表現される。

このモデルは、四重の同心円で表現される四つの次元と、上下・左右に広がる四本の軸とからなっている。まず、コンティニュアム・モデルの各軸について説明しよう。横軸の左方向に延びる軸は、主体軸と呼ばれ、行為者、組織単位、組織、制度の四つの座標からなる。この軸は、行為の主体を示しており、それゆえ、ある行為にともなう権限の所在を示しているといえる。もう一方の右方向に延びる軸は、行為軸と呼ばれ、行為、活動、機能、目的の四つの座標からなっている。この軸は、業務のプロセスを示しており、ある集団における意思決定の過程が反映されている。つぎに、縦軸についてであるが、中心から上方向に延びる軸は、証拠軸と呼ばれ、表象された痕跡、証拠、組織記憶、集合記憶という座標からなる。この軸は、文書に証拠能力があるの

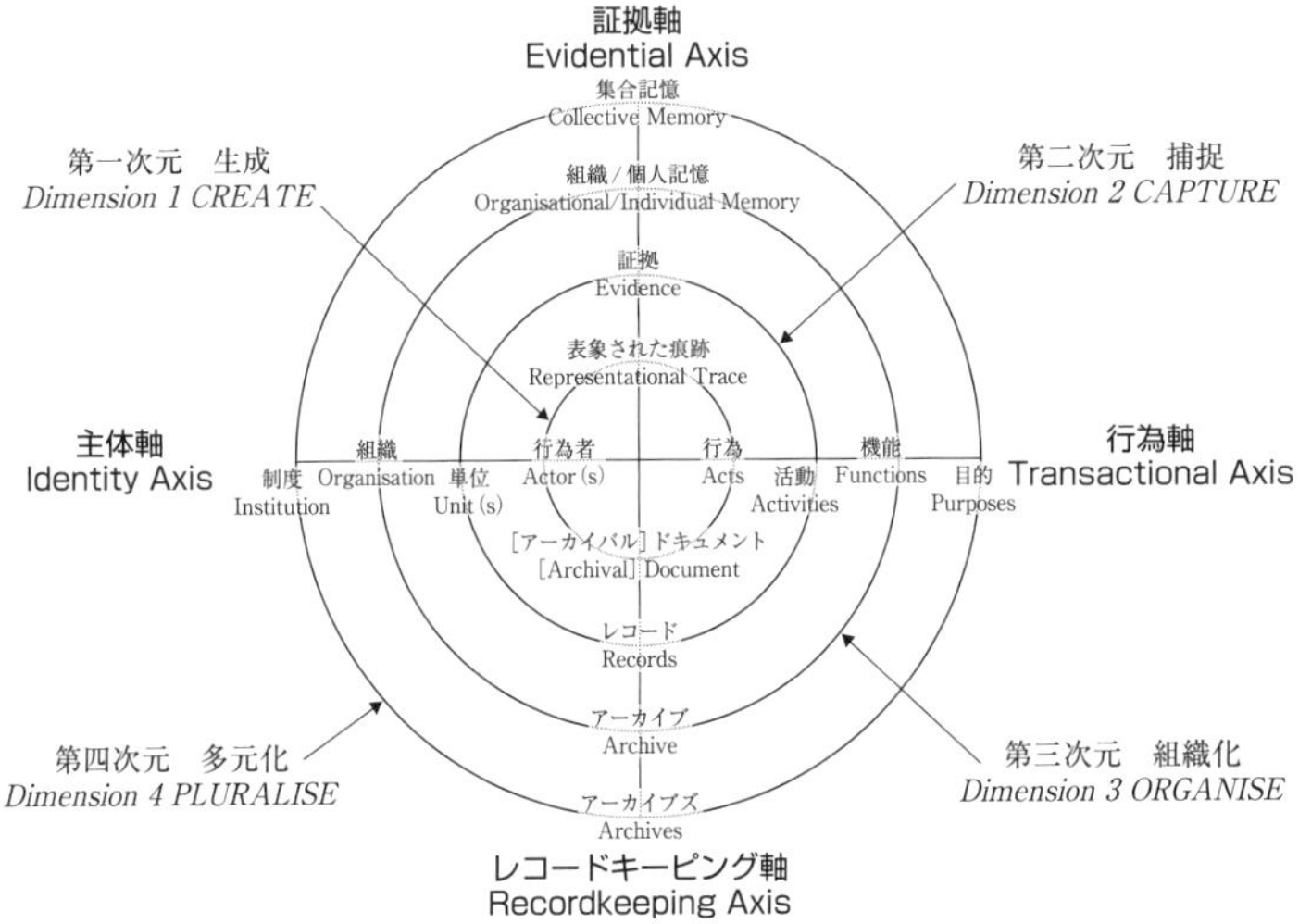

▲**図 2**　レコード・コンティニュアム・モデル

出典：Frank Upward, Structuring the Records Continuum-Part One: Postcustodial principles and properties, *Archives and Manucsripts*, 24(2), 1996. より筆者作成

かどうか、そして、ある効力をもった記録が、どのような役割を果たすかというレコードの果たす機能を示している。つぎに、縦軸の中心から下方向に延びる軸はレコードキーピング軸と呼ばれ、文書、記録、アーカイブ、アーカイブズの四つの座標からなっている。この軸は、人間の諸活動を記録した情報の様態を示している。

つぎに、円形の四つの次元についてであるが、これは内側から順に、第一次元「生成[2]」、第二次元「捕捉」、第三次元「組織化」、第四次元「多元化」と広がっている。それぞれの次元についてみていこう。第一次元では行為者によって、ある行為が文書化される。第二次元では、組織単位における諸活動において、文書は証拠として記録化され、その諸活動にかかわった当事者間で何らかの効力をもつ。この次元は、記録作成主体とその記録の対象者との間で何らかの権力関係が存在し、合意をめぐるせめぎ合いが生じる次元とみることができる。つぎに、第三次元「組織化」では、ある文書が何らかの組織集団(国家、地域共同体、民族共同体、企業、団体、家族など)によって意味づけられ、組織記憶が形成される。この次元には、政府組織の原文書を管理し、国家の公式的語りを創造するアーカイブズが想定され、記録を編成し、保持することで、過去の想起と忘却がおこなわれうる次元とみることができる。さらに、第四次元では、文書は、組織の外部の第三者(市民、地域社会、他国家、他民族、国際組織など)によって意味づけられ、組織と社会との折衝のなかで集合記憶が形成されていくものと考えられる。

以上がこのモデルの概要であるが、注意しなければならないのは、ある資料は、円の中心から外側へと向かって、レコードからアーカイブズへと一方向的に変容していくとは限らないという点である。ある記録が作成組織とは別の組織集団に渡ったり、第四次元における社会からの問い直しによって別のコンテクストが付与され、新たなプロセスをたどり直すこともありうる。すなわち、資料のたどるプロセスは一度きりではなく、その都度、コンテクストによって固定化されるとともに、絶えず変化していくものであると考えられる。また、モデルの説明から理解されるように、記録への意味付与をめぐっては、それぞれの次元ごとに行為の認証と合意形成をめぐるせめぎ合いの契機が存在しており、こうした資料をめぐるプロセスの複雑性やコンテクストの多元性を読み込むコンティニュアム・モデルは、誰がどの地点から見るかによって様々に異なる見え方をあらわす多元的な見方を示しているといえよう[岡崎 二〇一二]。

集合記憶とは何か

紙媒体と違って、電子媒体はもはやその物質的特性をもたないように、コンティニュアム理論におけるドキュメント、レコード、アーカイブ、アーカイブズは物理的な実態ではなく、論理的な実態として理解されている。それゆえ、(それが紙媒体であれ電子媒体であれ)ある情報に対していかなる意味が付与されたのか、いわゆるメタ情報こそが重要となる。アーカイブズ資料の管理とは、すなわち、生み出された出来事のコンテクストとその資料がたどったプロセスをその都度、メタ情報として書き込んでいくことを意味する。ここで問題となってくるのが、記録への意味付与行為は誰によっておこなわれるべきか、という点である。従来のアーカイブズ学では、資料を生み出す作成母体やそれを管理するアーキビストこそが、資料に意味を付与すると考えられてきた。しかし、アーカイブズ資料は組織内で意味が完結するのではなく、社会における集合記憶ともなりうるとすれば、もはや資料を管理する主体は作成母体には留まらず、社会的な記憶を管理する責任をアーキビストのみに負わせることもできない。

ここで集合記憶という言葉が指しているのは、歴史認識の問題でしばしば論争となるような「ネイションの物語」といった共同体を構築する過去のヴィジョンなどではない。集合記憶とは社会的な資源である。コンティニュアム理論は社会学者アンソニー・ギデンズの構造化理論に依拠しているが、ギデンズによれば、構造は人間の行為と分離したものではなく、行為を規制する要因となるとともに、行為を可能にする資源ともなるものである。構造とはすなわち、記憶の痕跡である。それゆえ、コンティニュアム理論における行為者の行為は組織記憶、さらには、集合記憶として蓄積され、社会関係を永続化させるが、それはまた、新たに行為者にとっての行為の資源として用いられていくものとなる［ギデンズ 二〇一五、二九三〜三〇〇頁・Upward 1997］。コンティニュアム理論にはこうした再帰的特性が組み込まれており、行為が生じた出来事をメタレベルから反省的視点に立って再検討することを可能にしている。それでは、社会関係を永続化させてきた集合記憶を様々な行為者によって多元化させることは可能なのか。また、社会の周縁に位置してきたコミュニティにとっての記憶とは何であり、それはいかに利用可能なものとして管理されていくべきなのであろうか。次節では、こうした問題に対する実践例として、近年、イギリスで試みられているアーカイブズ2.0とコミュニティ・アーカイブズという二つの事例をみていき、その可能性と課題を提示してみたい。

三　アーカイブズ資料の共有と継承

ユーザー参加型管理の可能性——アーカイブズ2.0とは何か

従来、公的なアーカイブズ機関のアーキビストによって担われてきたアーカイブズ資料への意味付与、すなわち、記述による資料管理の実践は、アーカイブズ資料の作成者や組織母体に関与するアーキビストがいかにより広い社会的な観点を取り入れようとも、その時代に規定された主観的なものにしかなりえなかった。しかしながら、コンティニュアム理論の理解によって、アーカイブズ資料に様々な行為者による事後的なメタデータ付与が継続的におこなわれることによって、集合記憶を多元的に共有する可能性が開けてくる。このことはまた、従来、作成者や管理者、アーキビストが管理責任を負ってきたメタデータ記述に関して、多様なユーザーをパートナーとして取り込むことで責任を分有していくことをも意味しよう。そうしたユーザー参加型の実践を可能としているのが、ウェブ2.0という情報環境である。

ウェブ2.0は従来のウェブが発信者から利用者への一方通行的な情報発信だったのに代わって、双方向的なコミュニケーションを実現し、ユーザー参加型の集合知による協同、コラボレーションを可能にしたといわれる。この技術は、従来のアーキビストとユーザーとの関係性を変容させる可能性をもっている。イギリスのナショナル・アーカイブズが提供していた「ユア・アーカイブズ(*Your Archives*)」というウェブサイトでは、ウェブ2.0的なコメントの追加機能や資料へのタグ付け機能を利用したアーカイブズ2.0(Archives 2.0)といわれる試みがなされてきた[3](**図3**)。ウィキのソフトウェアであるメディア・ウィキを利用して、二〇〇七年に立ち上げられたこのウェブサイトは、不特定多数のユーザーによるナショナル・アーカイブズの提供するカタログへのコメントやタグ付けなどを可能にするもので、**図4**のように、カタログの資料記述情報に追加情報を加えることができる点にその特徴があった[Grannum 2011]。この試みは技術的変化に対応していくことの困難さや情報量の過多などを理由として二〇一二年時点で運用を停止しているが、現在はナショナル・アーカイブズのウェブサイト自体が改良され、ユア・アーカイブズで提供されていたタグ付け機能やカタログ情報の誤りの指摘といった一部の機能が組み込まれる形となっている(**図**

5)。

それでは、このユア・アーカイブズの試みは、管理責任の分有という点でどのように評価することができるだろうか。運用を始めた当初、ナショナル・アーカイブズがとった態度は、「ナショナル・アーカイブズはユア・アーカイブズのなかにみられる情報の正確さを保証しない」[Yakel 2011: 90]とするもので、ウィキ・コンテンツと公式のアーカイブズ資料情報とは明確に分離されていた。ユーザーが記録に付与された意味を変化させ、記録を再コンテクスト化させることは、ナショナル・アーカイブズにとってみればある意味脅威であり、これまでのところ、アーカイブズ2.0の試みでは、サイトを維持管理するのはアーカイブズ機関それ自体であり、ユーザーのより広い参加に対しては、自らの権威を保持する傾向にあるといえる。

また、現時点では、ユーザーの側にも問題があ

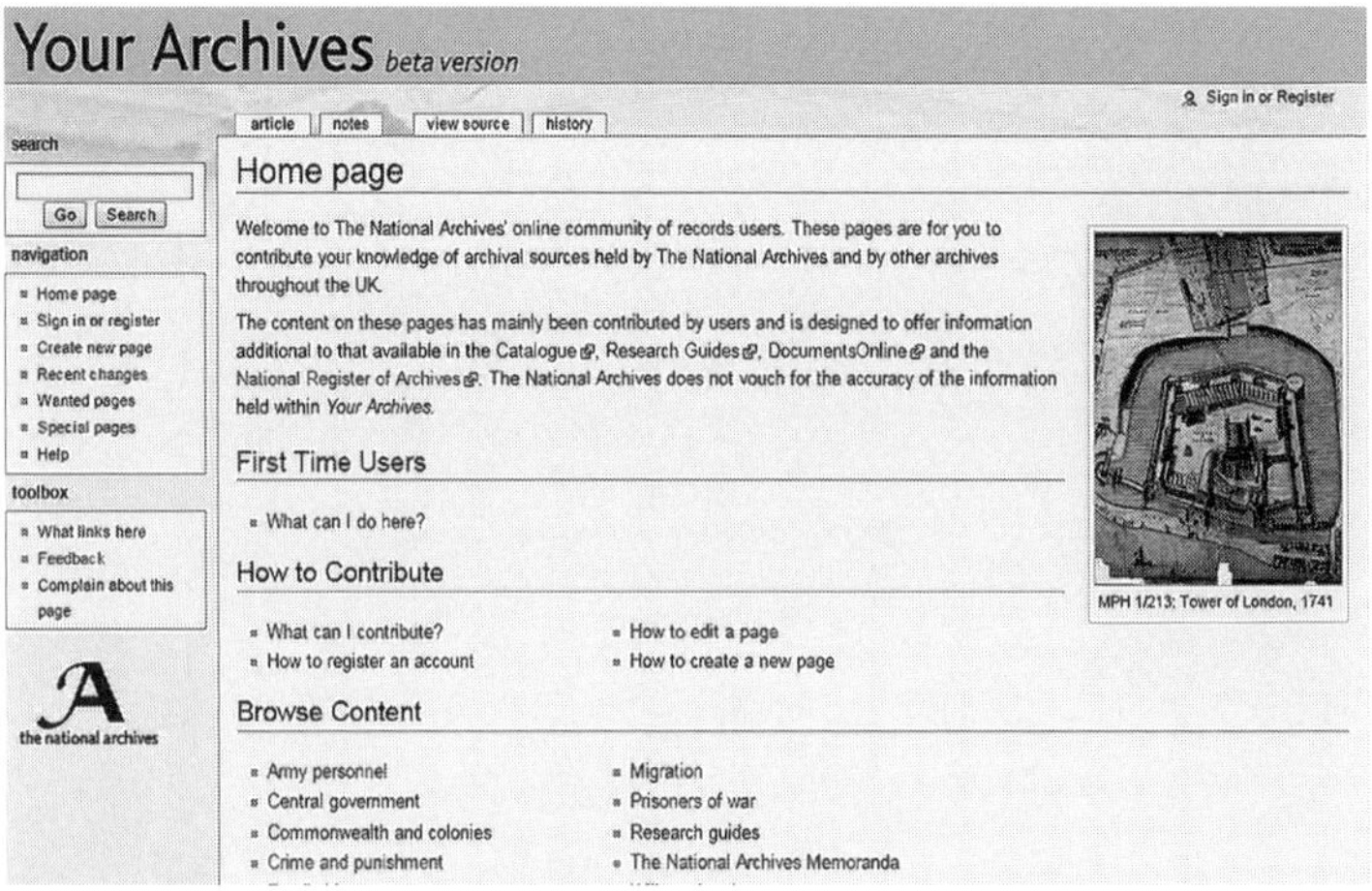

▲図3　「ユア・アーカイブズ」のホームページ
（URL=http://webarchive.nationalarchives.gov.uk/20070823113657/http://yourarchives.nationalarchives.gov.uk/index.php?title=Home_page）

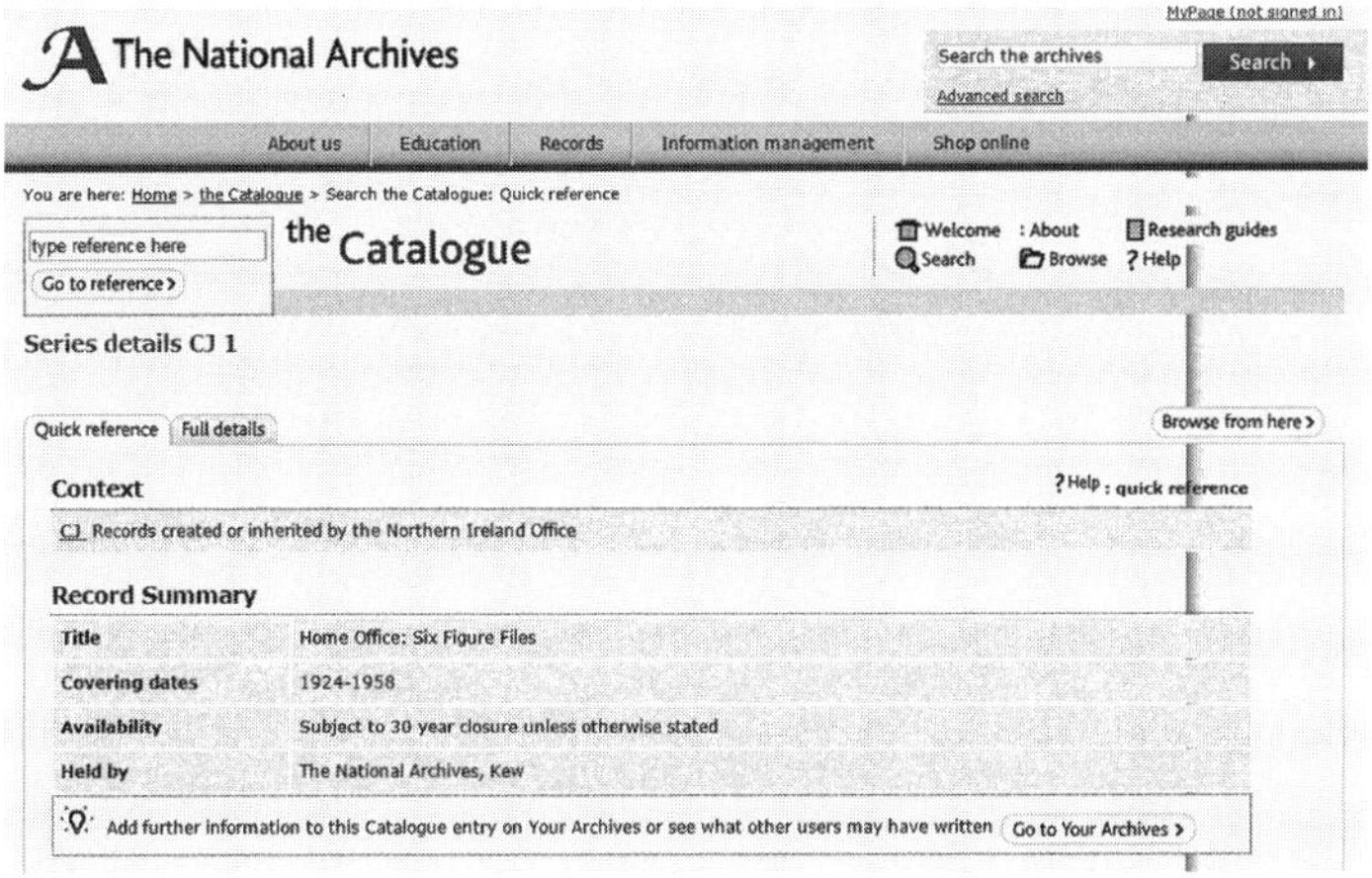

▲**図4**　イギリス・ナショナル・アーカイブズの旧カタログ・ページ　下方に「ユア・アーカイブズにエントリーし，このカタログに更なる情報を追加する，あるいは，他のユーザーによる書込みを閲覧するには，ユア・アーカイブズへ」と指示されている（この旧カタログは2014年12月時点では動態保存されていたが，現在は検索不能となっており，*Your Archives* からのリンクはすべて新カタログに統合されている）。

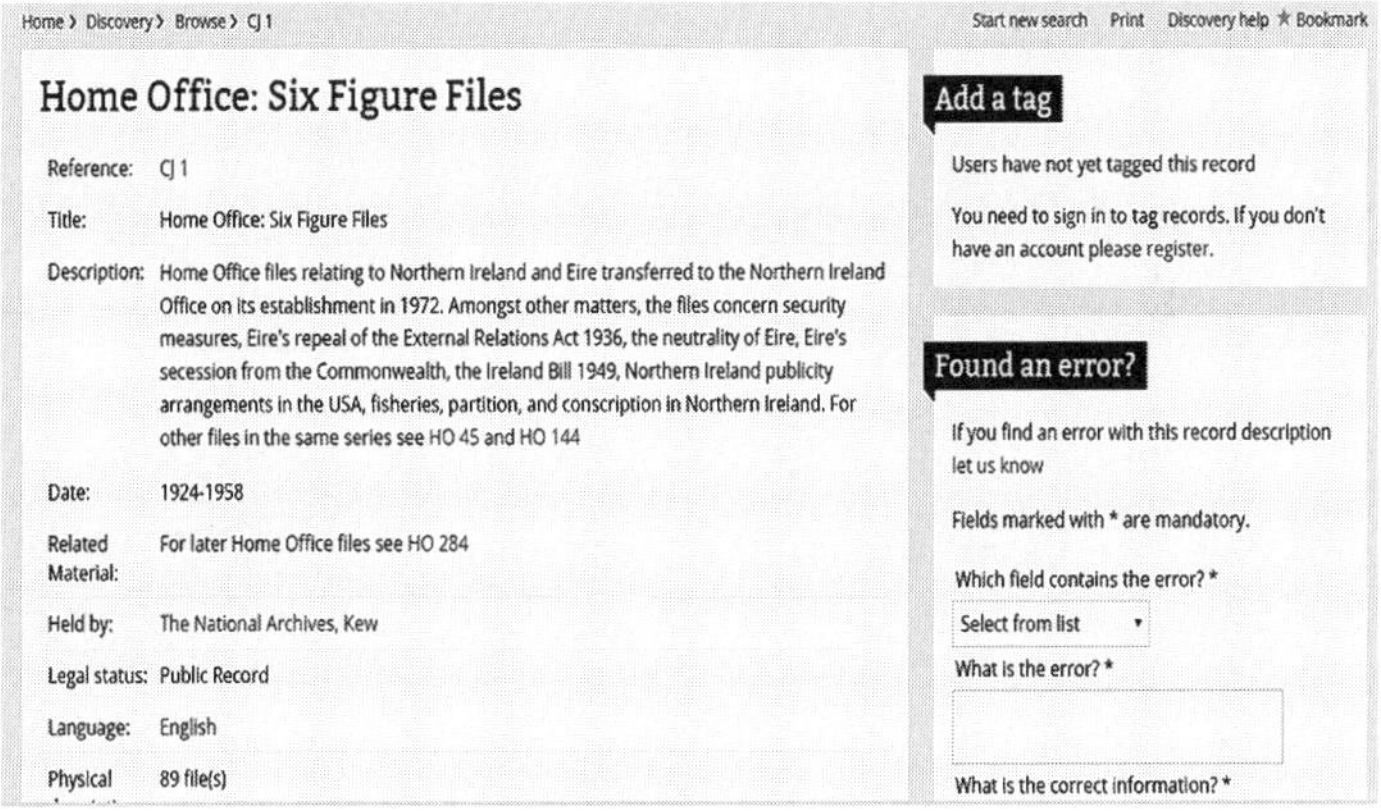

▲**図5**　ナショナル・アーカイブズの新カタログ・ページ　新カタログにはユア・アーカイブズの一部機能が組み込まれており，ページの右側に資料へのタグ付けや記述の誤りの指摘などをおこなえるフォームがある（URL=http://discovery.nationalarchives.gov.uk/details/r/C4100）。

る。アーカイブズ2.0に参加する多くのユーザーは個人の名前などの情報の同定や資料上の誤りの訂正などを提供する傾向にあり、既存のアーカイブズ資料の記述それ自体を豊かにすることに寄与することは稀であると指摘されている。また、アーカイブズ2.0に参加するユーザーの数は相対的に少なく、このことはウェブ2.0のような集合知に頼るアプローチとしては、とりわけ深刻な問題であるといえる。そうした点を改善していくためには、ユーザー自らが当事者として「所有している」、というオーナーシップの感覚をもち、アーカイブズ資料情報の管理のための責任をアーキビストとオンライン・コミュニティとの間で分有していくことが必要であろう。

コミュニティ・アーカイブズを社会的に共有し、継承する

ここまで、ナショナル・アーカイブズへの記述を通したユーザー参加の可能性についてみてきたが、アーカイブズが所蔵する資料は国家や地方自治体などの公的機関、企業などが生み出した記録に限らない。個人や家族、地域や学校、その他、様々な文化的・社会的な組織集団がその活動の過程で生み出す記録もまた、当該コミュニティにとっての証拠として、あるいは他の誰かによって意味づけられ、利用される資源として、アーカイブズ資料たりうる。そうした資料を生成する主体のアイデンティティが一様ではないように、コミュニティもまた、明確な境界をもった本質的なものではない。しかしながら、アーカイブズや図書館、博物館といった公的機関ではしばしば、客観性の名のもとに社会の構造(＝記憶)を本質化し、流布してきた。そこでは、中心と周縁の関係が自然化され、あるいは、周縁的存在が不在のものとして表象されることすらあった。そうしたなかで、近年のイギリスでは公的な記憶機関に異を唱え、人種や民族、階級、地域、宗教、ジェンダー、セクシュアリティといったアイデンティティを共有するコミュニ

ティによる資料管理の実践が活発化してきている。それでは、コミュニティ・アーカイブズの実践は従来の資料管理のあり方や専門職としてのアーキビストという存在に対していかなる問いを投げかけているのだろうか。

二十世紀後半以降、公的機関への異議申し立てから始まったコミュニティ・アーカイブズは独立性と資源の直接的管理をその要件としてきた。その活動が社会的に認められてきた成功例としてしばしば取り上げられるのがイギリスの黒人にかかわる資料を収集し、遺していくために一九八一年に設立された黒人文化アーカイブズ(Black Cultural Archives, 以下ＢＣＡ)や、カリブ諸島やアフリカ、アジアからの移民によって形成されたブラック・コミュニティにかかわる資料を保管するために九一年に設立されたジョージ・パドモア協会(George Padmore Institute, 以下ＧＰＩ)など、マジョリティ社会から疎外された人々が新たにアイデンティティを自己形成する過程で共同体の記憶を共有し、保持するためにおこなわれてきたものである[Hopkins 2008]。こうしたコミュニティ・アーカイブズの収集対象には、団体設立のために生み出された組織的な記録も含まれるが、その多くは集会や運動をおこなうなかで生み出されたビラやチラシ、複写された文書や出版物、写真その他の視聴覚資料、個人の衣類や芸術作品、オーラルな証言など、業務上の資料をもっぱら対象としてきた従来のアーカイブズ観からはかけ離れたものであり、その対象資料の多様性は二次資料は図書館、モノ資料は博物館といったようにアーカイブズとは収集の対象を区分してきた従来の観念を溶解させるものであった。

ＢＣＡやＧＰＩが社会のなかで用いられてきた否定的な呼称を肯定的な自己認識へと転換させていくなかでコミュニティを生成していったように、コミュニティ・アーカイブズにとって「コミュニティ」それ自体は所与のものではない。コミュニティ・アーカイブズにとって最も重要なのは、資料のオリジナリティや唯一性ではなく、当事者自身が資料に意味を付与し、そのコレクションを協働して形づくっていく行為それ自体である。コミュニティ・アーカイブズの意義を唱道しているアンドリュー・フリンによれば〔Flinn 2011〕、コミュニティ・アーカイブズにおける資料のアーカイブズ的価値はつぎの四点によって構成される。すなわち、⑴生き残った痕跡への事後的なコンテクスト付与、⑵貴重であること、⑶オーラルな資料の文化的価値、⑷何らかの行為者によって意味が付与されてきたプロセス、の四つである。社会的に周縁化されてきた人々にとって、遺された資料がその作成時の有機的な秩序を保持していることはほとんどなく、断片化された資料は事後的に意味づけられ、使用されることで再コンテクスト化されていくものである。また、資料はしばしば大量生産された複製物であるが、それは隠された過去を回復させるための貴重な資料であり、真正性に優るものとされる。さらに、従来、文字資料の証拠的価値が重視されてきたが、コミュニティ・アーカイブズが多く保有するオーラルな証言記録や視覚資料は出来事がいかに理解され、記憶されてきたのかを伝える重要な資源として位置づけられる。そして、これは従来の見方と同様に重要なものだが、そのアーカイブズ資料が誰によって生み出され、アーカイブズとして受け入れられ、選別され、いかに編成され、利用されたかを記述することである。GPIのアーカイブズの目録には編成資料の記述、組織運営の来歴に加えて、保管にいたる来歴が詳細に記述されている。[4]

フリンはまた、コミュニティ・アーカイブズの要件として、独立性を強調している。それは政府組織や遺産団体などの外部からの資金ではなく、コミュニティ内で資金を調達し、運用していること、そして、物理的な資源を管理する所有権を保持していることであり、BCAやGPIはそうした独立性を維持してきた。しかしながら、二〇〇〇年代前後に次々に形成されてきたコミュニティ・アーカイブズは完全に自立したものとして生成されたものではなかった。それはコミュニティの性質の変化に起因するもので、以前のような構造的弱者による対抗的アイデンティティを核としてつくりだされる共同性ではなく、社会のマジョリティに位置していた人々がグローバル化の急速な進展のなかで直面した脱産業化、急激な人口変動による地域の空洞化、鉄鋼業や港湾、炭鉱などの職業的共同体の破壊といった劇的な社会変化を経験するなかで、たんに回顧的に過去を振り返るためではなく、トラウマをともなう経験をもたらした社会変化の意味を再帰的に理解し、ばらばらにされた個々人を新たに再結合させ、未来を形づくるための資源として利用するためにコミュニティ・アーカイブズが生成されてきているのである[Flinn 2011:153]。こうしたコミュニティ・アーカイブズにおいては資料を保管するための物理的施設をもつことは難しく、彼らのアーカイブズ資料は公的機関に移管されるか、バーチャルな空間だけに存在している。それゆえ、二〇〇〇年代に生起したコミュニティでは公的な専門機関との資料の協同管理が前提となる。すなわち、どこでアーカイブズ資料を保管するかは問題ではなく、なぜそれが保管されたのか、その資料に誰が、どのような価値を与えたかを管理することが重要となる。しかし、フリンも指摘するようにたとえ公的機関に移管されるとしても、コミュニティの資料の評価や記述、アクセスの決定といった処理に関しては、資料を生成した当事者とアーキビストとが対等な関係性に基づき意思決定を行っていくべきであろう。

それでは、コミュニティの記憶は誰のものなのだろうか。それは当事者だけのものなのであろうか。フリンはコミュニティ・アーカイブズの実践が保守的・閉鎖的な自己認識を維持・強化するという意見に対して否というが[Flinn 2011:155]、その具体的な論拠を示してはいない。しかし、アーカイブズ資料を管理するコミュニティが当該世代で途絶えず、将来世代へと継承されていくためには、資料管理の実践を通して生成される共同性をその都度再確認し、資料管理のあり方が再帰的に検討されていかねばならないだろう。また、そうしたコミュニティ・アーカイブズをコンティニュアム理論から読み込むならば、第三次元に位置するコミュニティの記憶は第四次元の集合記憶として伝達され、構造化されることで、これまでの構造を変化させる契機ともなりうる。コミュニティの記憶を持続させ、社会記憶として共有し、継承していくために不可欠なのが「よそ者」の関与である。研究者などのよそ者はアーカイブズ資料を持続的に維持管理し、社会記憶として継承していくうえで、これまで当事者間では気づきえなかった視点をもたらしうる存在となりうる。また、当事者のコミュニティ内でも資源をめぐる利害は一様ではありえないとすれば、よそ者を含めた多様な観点から、絶えず記憶の管理のあり方が問い直され、様々な利害を調整しつつ、時代の変遷とともに記憶の意味を再形成していく、そのような多様な主体に開かれたものとして公共化されることで、アーカイブズ資料は文化的・社会的な遺産として共有され、継承されていくのではないだろうか。

おわりに

最後に、本章をまとめ、集合記憶を管理するのは誰かという問いに応える形で課題と展望を記しておきたい。まず、アーカイブズ資料を遺すことの意味を、資料が生み出され、利用され、維持されてきた行為のコンテクストとプロセスの管理の問題として議論してきた。そこで、従来のアーカイブズ管理において問題化したのは、資料の作成者やアーキビストだけが資料への意味付与、すなわち、記憶の管理を担えるのかという問題であった。また、社会の権力関係を映し出す記憶保持施設としてのアーカイブズ機関の権力性についてもみてきた。こうしたアーカイブズと記憶をめぐる問題を公共的に開いていく視座としてレコード・コンティニュアム理論を検討してきた。この理論においては、ギデンズの構造化理論に依拠していることから、資料はその他の要素と連関した一部を構成するものにすぎず、資料を取り巻く行為と構造の全体が把握されていることが肝要である。こうした理解によって、資料をめぐるコンテクストの複雑性とプロセスの多元性をとらえることが可能となる。コンティニュアム理論を経由しつつ、メタ情報記述をユーザーへと多元化しうるアーカイブズ2.0と、アーカイブズ機関の外部におけるコミュニティ・アーカイブズの実践についてみてきた。アーカイブズ2.0の試みが直面した課題はいかに双方向的な協同の可能性を開く環境を整備しても、ユーザーが資料情報記述の担い手としての自覚をもたなければそのプラットホームは潜在的な力を発揮できない、という問題である。ここで求められるアーキビストの役割は、メタ情報を付与し、それを維持・管理し続けていくという行為の重要性を広く普及させていくことであり、市民がアーキビストに、ユーザーが資料管理の当事者へと代わりうる自覚を促すための専門職の育成が求められる。

また、コミュニティ・アーカイブズの実践をめぐっては、自律したコミュニティの持続可能性が最大の課題であるように思われる。公共部門の民営化、外部への業務委託が進み、アーカイブズや図書館、博物館といった機関も経費が削減され、従来のようなサービスを維持していくことが困難になっていくとすれば、コミュニティの資源の管理は誰が担うのか。公共部門のみならず、民間をも巻き込んだ社会における公共的な議論が必要とされている。こうした状況において専門職アーキビストに求められるのは、資料管理のための専門的知識の普及とともに、研究者などの「よそ者」と協同しつつ、コミュニティの記憶を公共的な集合記憶へと構造化していくこと、さらには、潜在的なコミュニティをアーカイブズ資料と出会わせ、多様なコミュニティ・アーカイブズを促進し、活性化させる媒介者としての役割である。

さらに、こうしたアーキビストの資質は社会のあらゆる成員に広げられていくべきものである。現代社会にあっては、社会が構造化される過程への再帰的な視点と、資料を基にして生み出されるコミュニティにおける他者への信頼を核とした恒常性という両者が相互補完的に求められており［樫村 二〇〇七］、多様な人々が協同して資料を遺し、未来へと伝えていくことは社会をより豊かで開かれたものにしていくために不可欠な行為なのである。

津波のあとに遺されたモノのいくつかは、死者を想起する慰霊の場となっているという。このことは、かつてその土地で機能していた本来の役割から、震災という出来事を経て、新たな意味が付与されてきていることを意味しよう。そうしたモノを死者を身近な存在として想起し、地域の日常性を回復させ、将来の防災や減災へとつなげていく［林 二〇一五、五六〜五七頁］ための資源としていくには、震災の遺物が集合記憶としてより広い他者によって共有されること、すなわち、地域コミュニティ、民間の組織や団体、公的機関などの多様なアクターによる不断の関与が不可欠となる。では、遺族にとっての「私の証拠」から社会のなかの「我々一人ひとりの証拠」にしていく［Upward and McKemmish 2001］ために必要なこととは何であろうか。それは、実際の出来事のコンテクストだけでなく、遺されるにいたった経緯を示す資料を関連づけ、遺されたモノを通じて繰り返される諸行為を再コンテクスト化し、さらには、その出来事をより身近なものとして想像し、アーカイブズ資料としてのモノに新たな意味を付与しようとする多様な人々のナラティブを記述し続けること、そしてそのために、より多くの他者との間で記憶の管理を分有していくことである。アーカイブズ資料を通じた持続的で可変的なコミュニティの創造は未来の他者との確かな接点となっていくはずである。

◆註

1 URL=http://law.e-gov.go.jp/htmldata/H21/H21HO066.html

2 コンティニュアムの第一次元(Create)は、「作成」と訳すことも可能であるが、「文書を作成する」という一般的な用いられ方をするように、「作成」という訳語では「ドキュメント」に比重がかかってしまいコンティニュアム・モデルの本来的な意味をとらえ損ねるきらいがある。そこでここでは、「行為者」と行為者が意思をもっておこなう「行為」、そして、その行為が「表象された痕跡」とその痕跡の容器としての「ドキュメント」という全体を包含した意味として、また、この次元が潜在的に変化しうる可能性をもつという意味で、「生成」という訳語を用いる。

3 同様のウェブ2.0の機能を活用したアーカイブズ資料へのユーザーによるコンテクスト付与の試みは、アメリカの国立公文書記録管理院の「市民アーキビストダッシュボード」(URL=http://www.archives.gov/citizen-archivist/)〔小原 二〇一三〕やオーストラリア国立公文書館の「アンザックを発見する」(URL=http://discoveringanzacs.naa.gov.au/)〔Faulkner 2010〕などのウェブサイトでもみられる。

4 URL=http://www.georgepadmoreinstitute.org/archive/collections/

◆参考文献

［岡崎 二〇一二］ 岡崎敦「アーカイブズ、アーカイブズ学とは何か」(『九州大学附属図書館研究開発室年報 2011/2012』) 一〜一〇頁

［小原 二〇一三］ 小原由美子「市民アーキビストが開くアーカイブズの未来——NARAのソーシャルメディア戦略」(『アーカイブズ』第四九号) 五七〜六三頁

［ギデンズ 二〇一五］ アンソニー・ギデンズ(門田健一訳)『社会の構成』勁草書房

［樫村 二〇〇七］ 樫村愛子『ネオリベラリズムの精神分析——なぜ伝統や文化が求められるのか』光文社

［國分 二〇一三］ 國分功一郎『来るべき民主主義——小平市都道328号線と近代政治哲学の諸問題』幻冬舎

［林 二〇一五］ 林勲男「生者の記憶、死者との対話」(木部暢子編『災害に学ぶ 文化資源の保全と再生』勉誠出版) 四〇〜六二頁

［Cook 2007］ Cook, Terry, Remembering the Future: Appraisal of Records and the Role of Archives in Constructing Social Memory, in William G. Rosenberg and Francis X. Blouin (eds.), *Archives, Documentation, and Institutions of Social Memory: Esseys from Sawyer Seminar*, Ann Arbor, University of Michigan Press, pp. 169–181.

［Faulkner 2010］ Faulkner, Julie, Web2.0-Turning complex into context, Australian Society of Archivists National Conference, pp. 1-19.

［Flinn 2011］ Flinn, Andrew, The impact of independent and community archives on professional archival thinking and practice, in J. Hill (ed.), *The Future of Archives and Recordkeeping: a reader*, London, Facet Publishing, pp. 145–169.

［Grannum 2011］ Guy, Grannum, Harnessing User Knowledge: The National Archives, *Your Archives* Wiki, in David S. Ferriero and Kate Theimer (eds.), *A Different kind of web: New Connections between Archives and Our Users*, Chicago, Society of American Archivists, pp. 116–127.

[Hedstrom 2010] Hedstrom, Margaret, Archives and Collective Memory: More than a Metaphor, Less than an Analogy, in Terry Eastwood and Heather McNeil(eds.), *Currents of Archival Thinking*, Santa Barbara, Libraries Unlimited, pp. 163–179.

[Hopkins 2008] Hopkins, Ieuan, Places From Which to Speak, *Journal of the Society of Archivists*, 29(1), pp. 83–109.

[ICA 2000] International Council on Archives, ISAD(G): General International Standard for Archival Description, ICA, Ottawa.

[Jenkinson 1922] Jenkinson, Hilary, *A Manual of Archive Administration, Including the Problems of War Archives and Archive Making*, Oxford, Clarendon Press.

[Ketelaar 2005a] Ketelaar, Eric, Recordkeeping and societal power, in Sue McKemmish et. al.(eds.), *Archives: Recodkeeping in Society*, Wagga Wagga, Charles Sturt University, pp. 277–298.

[Ketelaar 2005b] Ketelaar, Eric, Sharing: collected memories in communities of records, *Archives and Manuscripts*, 33, pp. 44–61.

[Ketelaar 2012] Keteraar, Eric, Cultivating Archives: meanings and identities, *Archival Science*, 12, pp. 19–33.

[Schellenberg 1956] Schellenberg, Theodore R., *Modern Archives: Principles and Thechnique*, Chicago, University of Chicago Press.

[Upward 1996] Upward, Frank, Structuring the Records Continuum- Part One: Postcustodial principles and properties, *Archives and Manucsripts*, 24(2), pp. 268–285(URL=http://www.infotech.monash.edu.au/research/groups/rcrg/publications/recordscontinuum-fupp1.html).

[Upward 1997] Upward, Frank, Structuring the Records Continuum- Part Two: Structuration Theory and Recordkeeping, *Archives and Manucsripts*, 25(1), pp. 10–35(URL=http://www.infotech.monash.edu.au/research/groups/rcrg/publications/recordscontinuum-fupp2.html).

[Upward and McKemmish 2001] Upward, Frank, and Sue McKemmish, In search of the Lost Tiger, by way of Sainte-Beuve: Re-constructing the Possibilities in 'Evidence of Me. . . ', *Archives and Manucsripts*, 29(1), pp. 22–43(URL= http://www.infotech.monash.edu.au/research/groups/rcrg/publications/tigre-perdu.pdf).

[Walne 1988] Walne, Peter(ed.), *Dictionary of Archival Tarminology/ Dictionnaire de terminologie archivistique*, New York, K G Saur.

[Yakel 2011] Yakel, Elizabeth, Balancing Archival Authority with Encouraging Authentic Voices to Engage with Records, in David S. Ferriero and Kate Theimer(eds.), *A Different kind of web: New Connections between Archives and Our Users*, Chicago, Society of American Archivists, pp. 75–101.

高校世界史と教科「情報」

――クリティカル・シンキングから歴史的思考力へ

吉永　暢夫

はじめに

歴史を学ぶ意味はどこにあるのだろうか。私は高等学校で世界史を主に担当をしてきた者である。私自身は、歴史を学ぶ意味は「自己を時間的・空間的に相対化すること」であると考えており、そのことを、授業を通して実感させたいと願っているが、生徒たちは教科書に記述されている歴史用語を暗記することに忙殺され、私もそれらを効率よく暗記できるよう授業や教材を工夫することに労力を費やしているのが現状である。暗記科目からの脱却は言い古されたスローガンであるが、実情ではむしろ暗記事項は増加していると感じる。その背景には従来のヨーロッパ中心史観への反省から、多様な地域の歴史叙述が拡大したことと、歴史研究の成果として新しい「歴史学用語」が増加したことが背景にあると考える。そのこと自体は世界史認識を刷新する正しい方向性であるが、一方で大学入試、とくに国公立大学や私立大学の個別試験で出題される可能性を考えると従来の歴史語句も無視できないため、結果として暗記事項が増える傾向が続いているのである。現在使用されている山川出版社『詳説世界史B』など大学受験に使用されることの多い教科書に掲載されている歴史用語は約三八〇〇語とされる。高等学校歴史教育研究会(代表油井大三郎)はこれを二〇〇〇語に減らす提言をしている〔高歴研 二〇一四、四五〜四六頁〕。それを実現するには、センター試験や私立大学を含めた大学入試の大きな改変や高等学校の歴史教育のあり方を含めた大きな変革が必要である。

一歩進んで「ストーリー」の理解に重点をおく歴史教育はどうだろうか。生徒たちにとって歴史の面白さは因果関係でつながった物語性であることは事実であり、それなくしては歴史学習が単語の暗記にすぎなくなってしまうことはいうまでもない。ただし、「物語」もまた入試に対応するためには暗記の対象になっているのではないだろうか。受験世界史の「得意」な生徒は、断片的な歴史用語ではなく、「物語」として歴史過程を記憶するのが得意な生徒であることが多い。授業は「物語(因果関係)」を頭に入りやすく語る時間になっているともいえる。

一 歴史的思考力とクリティカル・シンキング

歴史的思考力をめぐって

そのような現状の一方で、平成二十五(二〇一三)年度から実施されている現行の「学習指導要領」では世界史Bの目標として「歴史的思考力を培い、国際社会に主体的に生きる日本国民としての自覚と資質を養う」という文を掲げ、歴史的思考力の育成を強調している。また観点別評価が示され、そのなかでも、「思考・判断・表現」を評価規準の一つとしている。さらに世界史A・世界史Bの「内容」として、「資料の読解に関わる活動」が新設され、資料の活用を盛り込んだ内容構成がとられている。そうすることで、

「知識・理解」に偏りがちとされてきた評価のあり方を見直し、「思考・判断」の育成を図ろうとしている。高校世界史教科書でも「資料から読み解く歴史の世界」という主題学習のページが設けられている。日本学術会議・高校地理歴史科教育に関する分科会も、現行の科目構成内での短期的改革案として「思考力育成型の教授法への転換」を不可欠とし、⑴過去への興味・関心の喚起、⑵歴史的資料の調査力、⑶歴史的分析・解釈力、⑷時系列的思考力、⑸過去の意思決定を将来の生徒自身の意思決定に役立てる方向性を示唆できる教授法を提案している〔日本学術会議 二〇一一、三頁〕。

では、「歴史的思考力」とは何を指すのだろうか。これについては、多くの研究者によって議論されてきた〔田尻 二〇一三、六頁〕。近年では鳥山孟郎・松本通孝が、歴史的思考力とは⑴情報分析・発信力、⑵社会の動きの歴史的理解力であるとしている〔鳥山／松本 二〇一二〕。ただ、「分析力」「解釈力」「理解力」などの前に「歴史的」をつけて「歴史的思考力」を定義するとトートロジー(同義語反復)のようでもある。「歴史的」とは何か。前掲の高等学校歴史教育研究会報告書(第一次案)は、「自立した市民」の養成のために「史料に基づく実証と現在を長い時間の流れの中に相対化する姿勢」を身につけることをあげている〔高歴研 二〇一四、一〇頁〕。しかし、当研究会が全国の教師を対象にしたアンケート結果でも「歴史的思考力とは何かについて突き詰めた議論があまりなく、統一した定義もほとんどないのが現状である」という回答がみられた。鳥山も「歴史的思考力とはなんであるかについては明確に定義されたこともなく、議論されたこともほとんどない」とし、鳥越泰彦もこのことは強調されるべきとしている〔鳥越 二〇一四〕。「歴史的思考力」とは何か、それをどのようにして培うのかについての認識は、現在のところ高校歴史教員のなかで共有されているとはいいがたく、その議論もきわめて少ないのが現状である。

遅塚忠躬は、歴史学の骨格のなかで背骨にあたる「約束ごと」として、論理的筋道の通った議論をしなければならないという「論理整合性」と、文書や記録を読んだり、遺跡を調べたり、聞取りをしたりして得られた事実に基づくという「事実立脚性」の二つをあげている〔遅塚 二〇一〇〕。この点を私なりに歴史教育に援用すると、「歴史的思考力」とは、「資料の読解を通して様々な情報を得て、それに基づいて時代や社会の動きを筋道立てて理解する力」ということになろう。本章では「歴史的思考力」をそのようにとらえたうえで、その前半部である「資料の読解」にともなう問題について考えたい。

歴史教育における批判的思考について

学校教育の場では、時間的制約から、日常的に生徒たちが資料を自ら収集して、それを分析することを軸に授業を展開することは困難である。教師が市販の資料集や印刷された資料を与え、それを読解させることがほとんどである。そのため、与えられた資料に生徒がどのように向き合うかが重要であると考える。

「全米教育基準」(一九九四年)の第2章「歴史的思考についての基準」では、「記録がつくられた歴史的文脈を考慮することが必要である。……歴史の探求は、テキストに示されている歴史的叙述を批判的に検討することから始まる。……教科書に載っている資料以上の文書や記録を生徒に提供することは、生徒が教科書にある解釈に異議を唱え、その出来事に関する新たな問を提起し、教科書が無視している問題について みきわめることを可能にする」としている〔鳥山/松本 二〇一二、一八五～一八九頁〕。また、『ドイツ・フランス共通歴史教科書』では、七項目からなる「学習方法」の第一番目「文書を説明する」の項目で「資料には批判的に取り組む必要がある。著者の主張に疑問を抱いたり、著者の主張に反論したり、著者の意図を明らかにすることをためらってはいけない」として、資料に対する批判的な思考が最も大切であるとしている〔ペーター＝ガイスほか監修 二〇〇八、三〇八頁〕。この教科書は資料を基にして生徒に問いかけをしているところに大きな特徴がある。さらにドイツ高校歴史教科書『ドイツの歴史』は、「すべてのテキストは、その記述者の外的知覚の可能性、利害関係、認識能力などに条件づけられている。あらゆるテキストは「客観的」ではあり得ないといえるだろう」と生徒に注意を促し、「歴史家が資料を見過ごすことのできない前提条件を成すのはその資料の精確さ、出所の確かさ、内容の信頼性であり、それらを一言で言えば資料批判の問題である」として〔ヴォルフガング＝イェーガーほか編 二〇〇六、一三一頁〕、歴史研究者にとっては当然である資料批判の問題について高校生にも考えさせようとしている。

ここでの「批判」はもちろん「非難」とは異なり、物事を鵜呑みにしたり、自分を過信したりせず、物事に対して慎重で論理的に振る舞い、そのために疑うことを意味する。「批判的思考」は相手の意見に耳を傾けることが出発点であり、協同してよりよい決定や問題解決をすることが目的とされる〔楠見／道田 二〇一五、一頁〕。私は歴史的思考の中核にはそのような意味での「批判的思考」があると考える。ちなみに、経済協力開発機構（ＯＥＣＤ）が二〇一三年におこなった国際教員指導環境調査（ＴＡＬＩＳ）における加盟三四カ国の教師へのアンケート調査では、「批判的思考を促す」ことに自信をもっている教員の割合は、全体平均八〇・三％に対して日本は一五・六％となっている（**図1**）。批判的思考を含め、主体的な学びを生徒から引き出す自信をもっている教員が諸国と比べて極めて少ないことは大きな課題である。

コア学力としての批判的思考（クリティカル・シンキング）

本校（福岡県立修猷館高等学校）の教科「情報」では、一年次にコア学力としてのクリティカル・シンキングの育成に取り組んでいる。ここでは「批判」が「非難」と誤解されることを避けて、クリティカル・

シンキングと呼んでいる。クリティカル・シンキングとは、人間の思考を、間違いを犯しやすい情報処理機械の一つととらえようとする認知心理学から生まれ、入ってくる情報を鵜呑みにせず、また自身の情報処理能力を過信せず、物事に対して慎重かつ論理的に振る舞うことを目的として、「疑う」ことの必要性を主張する考え方である。信頼性の低いマスメディアやインターネットなどによる情報の洪水のなかに生きている高校生が、必修科目「情報」のなかで学ぶべきものの一つとして、クリティカル・シンキングを位置づけている。本校で独自に作成したテキストでは、「この授業で学んだことが、授業で通用する狭い知識としてだけでなく、汎化された知性として利用されるよう、他の領域との関連を常に意識させたい」とし、「様々な教科・科目で展開することで思考力・判断力を育てることができる」と述べている〔修猷館 二〇〇七、六五頁〕。**図2**のように、それぞれの教科・科目・学校行事などで、コアとなる学力としてのクリティカル・シンキング育成を視野に入れて授業や活動を組み

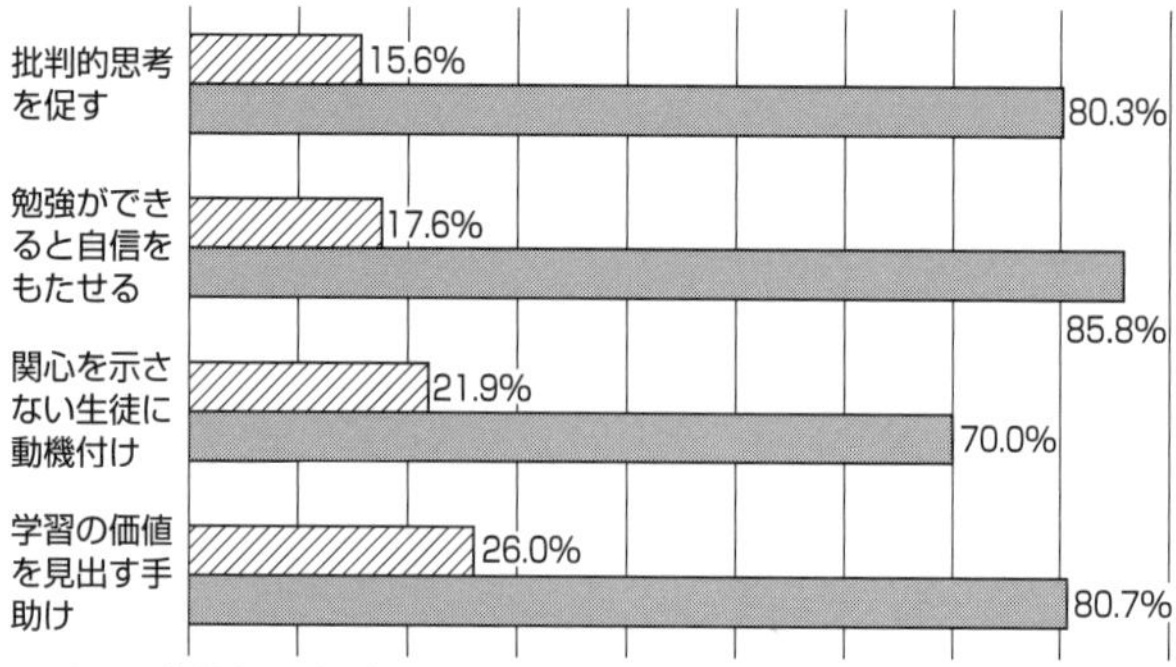

▲図1　主体的な学びの引出しに自信をもつ教員の割合　上段が日本，下段が全体の値

出典：OECD 国際教員指導環境調査(TALIS)のポイント(国立教育政策研究所)
(www.nier.go.jp/kenkyukikaku/talis/imgs/talis_points.pdf)

立て、具体的事例を通して理解を深め批判的思考力を育成し、各教科・活動のつながりがみえてくることを期待している。

ここでは、本校で設定しているA「結論の導き方は正しいか〜原因と結果の整合性」、B「理由としての事実は正しいか?〜事実認識の特徴を考える〜」、C「よりよく考えるために」の三部構成からなるクリティカル・シンキングのなかで、とくに資料読解と深い関連をもつ、B「理由としての事実は正しいか?〜事実認識の特徴を考える〜」に着目したい。ここでは「スキーマ(知識の枠組み)」について自覚させようとしている。我々は事前にもっているスキーマを呼び起こすことで情報の認識・理解をおこなっている。**図3**は本校テキストとして作成されたワークシートの一部である。ここでは「スキーマ」を通した我々の認識・理解の特徴について、実感させようとしている。あるスキーマに沿って情報を認識しようとする結果、知識・認識には様々な歪み(バイアス)が生まれる。バイアスの種類として確証バイアス、サンプルの偏り、相関の錯覚、ステレオタイプ、ヒューリステックスがあるが、それらを誤りとしているのではなく、我々はじつはそのようにして物事を認知していることを意識しておくことが重要としている。

佐藤卓己は歴史学で重要なこととして出来事の解釈の前提となる認識の枠組み(スキーマ)をあげている。我々は日頃どれほど客観的に見ようとしても、現実には「常識」という先入観から見ている場合が多い。現状について出来合いの定義を使って分析することが一般的である。佐藤は、歴史学の専門家にとって「あらかじめ期待していたもの」を無視する習慣が重要であるが、それを実践することはなかなか容易ではないとしている〔佐藤 二〇〇九〕。

高等学校での歴史学習におけるスキーマは、教師が語るストーリー、教科書に叙述されている「因果関

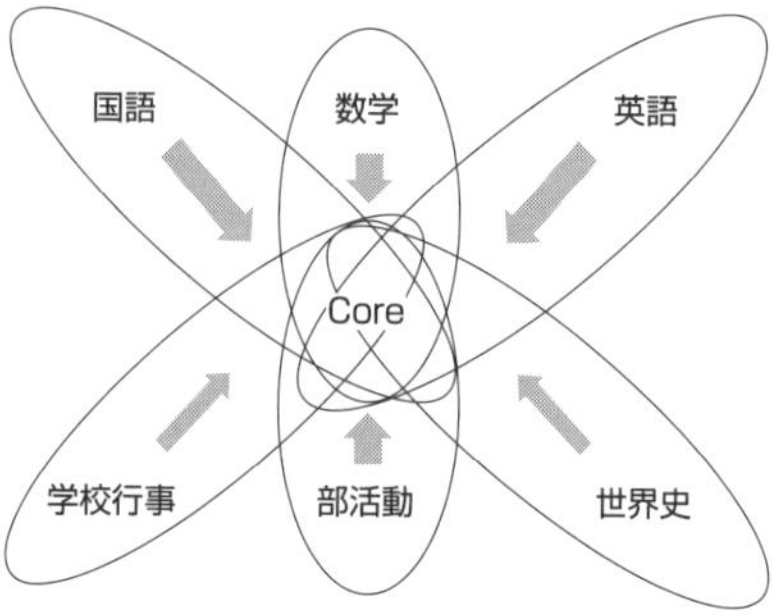

▶**図 2**　コア学力としてのクリティカル・シンキングのイメージ[長野ほか 2010より]

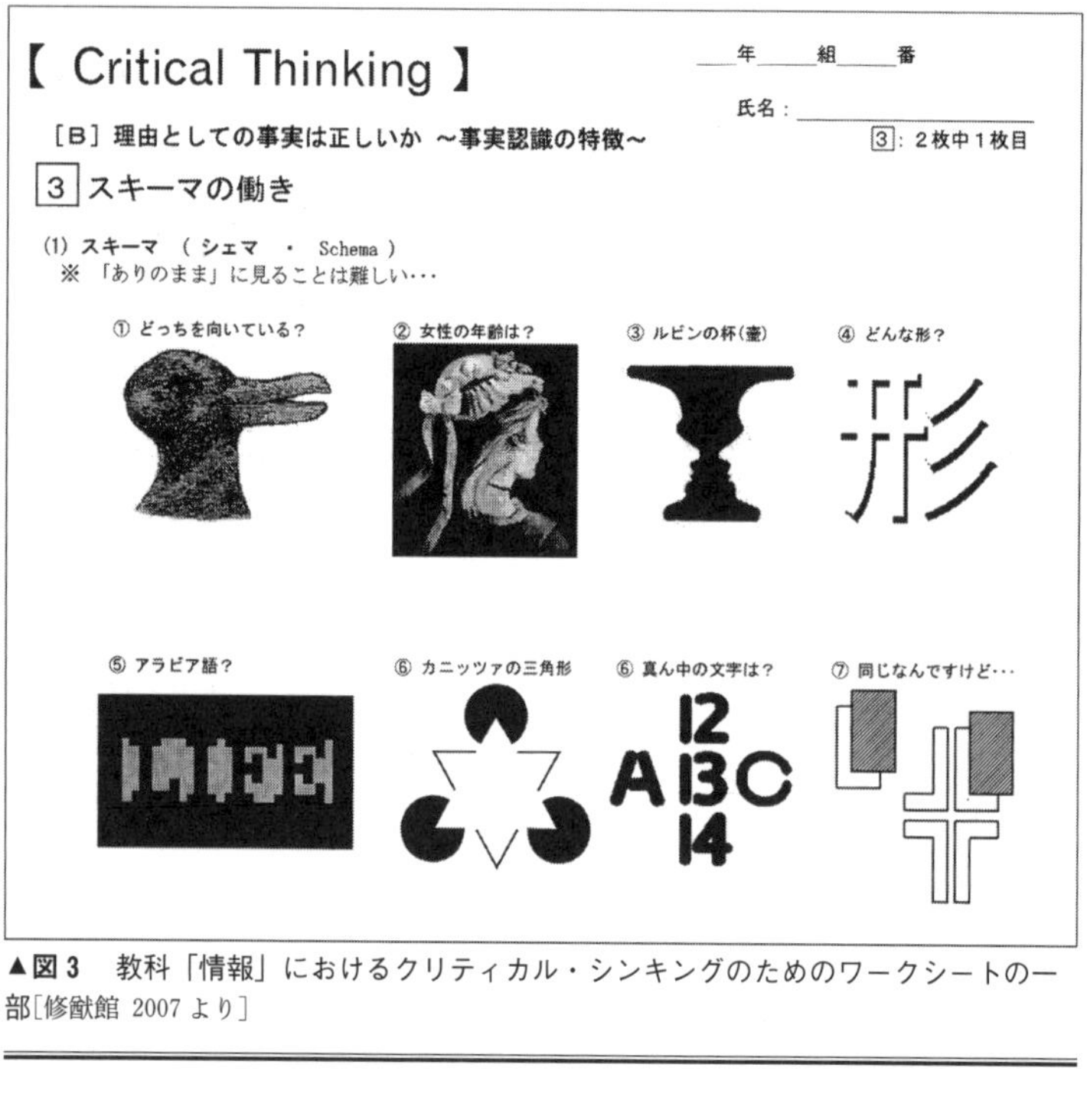
【 Critical Thinking 】

＿年＿組＿番

氏名：

［B］理由としての事実は正しいか　～事実認識の特徴～

3：2枚中1枚目

3 スキーマの働き

(1) スキーマ　（ シェマ　・　Schema ）

※　「ありのまま」に見ることは難しい･･･

▲**図 3**　教科「情報」におけるクリティカル・シンキングのためのワークシートの一部[修猷館 2007 より]

係」や、使用されている概念など(国家・民族など)にあたると考える。前述のように、生徒たちは世界史を学ぶ際に、ある物語のなかに個々の出来事を位置づけて理解する。そのような枠組みなしに知識を身につけることは不可能であろう。世界史が「得意」な生徒は、ストーリーを記憶しそのなかに膨大な暗記事項を枝葉のように付加することが上手な生徒であることが多い。しかし、その物語を自分のなかに刷り込んでしまうと、それが先入観となって、資料や歴史上の事実のもつ意味をある一方向でしかとらえられなくなってしまう危険もある。生徒たちがそのような危険性に気づくように促すことは、日常の通史学習のなかでも可能であり、そのような取組は批判的思考力を中核とする歴史的思考力を育てるうえで大切であると考える。ただし、教師がそのような思考を促すことにより、「結局正しいことなどわからない」という悲観的な思いに陥る生徒があらわれることも予想される。我々がスキーマやそれによるバイアスに陥りやすいことを踏まえておくことは、よりよい情報リテラシーを達成するうえで重要であることを生徒には強調したい。決して「真実はどこにもないのだ」という極端なニヒリズムに陥らないようにしたい。

歴史を学ぶ素材である資料がどのようなスキーマに沿って描かれ、どのようなバイアスがかかっているのか、そのような資料を私たち自身がもっているスキーマに沿って解釈することによってバイアスを増幅させている面はないのかについて、資料に対する批判的な読取りを通して歴史的思考力を育てる授業例を提示したい。ここでの資料とは歴史学における一次史料などだけでなく、教師が授業に際して用いる教科書や、それ以外の資料全体(文書・図像・映像など)を指している。

二　批判的思考を促す授業事例

世界史のなかの中世博多

ここでは、中世都市博多についての授業について例示する。中世の博多については日本史の枠組みでは登場するが、世界史のなかで取り上げることは少ないと思われる。たまたま、二〇一五年東京大学前期試験の世界史第一問では、十三世紀から十四世紀の日本列島からヨーロッパにいたる広域においてみられた交流の諸相について論述させる問題が出題された。この問題で使用すべき指定語句の一つとして博多があげられている。この問題は、日本史の枠組みのなかでしかあまり触れられない博多を、モンゴル帝国の時代のなかに位置づけさせようとする問題であった。

日本の諸地域の歴史を掘り起こして、それを世界史のなかに位置づけようとする試みは、山口県の藤村泰夫を代表とする「地域から考える世界史プロジェクト」などがよく知られている。そのような実践は日本史・世界史という既成のスキーマを相対化する重要な試みである。

中世博多についての授業は宋代の社会・経済についての単元のなかでおこなった。授業案のように、宋代の経済発展として農業生産や手工業・商業の分野について解説し、最後に私貿易の発展として博多を通した日宋貿易について二〇分程度の紹介をおこなう。東京書籍『世界史B』には日宋貿易のおもな輸出入品があげられ、中国側の拠点として明州(寧波《ニンポー》)、日本側の拠点として大輪田泊《おおわだのとまり》、博多があげられている。

ここでは、その明州(寧波)に残る刻石文(一一六七年、**図5**)を導入とする。この全体を読み取ることは困難だが、最初の二行から何がわかるか考えさせる。そして、このような中国の商人たちが博多には大勢居住していたことが、地下鉄の建設工事などにともなう発掘によっても明らかになったことに注目させたい。おもに福岡市に住んでいる生徒たちには、我々が住んでいる博多のどの地区が日宋貿易の拠点であったかをイメージできる。現在の福岡市は博多駅や天神地区を中心に都市化が進んでいるが、中世都市博多はその二つの地区の中間にあたる地域で、那珂《なか》川と御笠《みかさ》川に挟まれた地区であったことを、現在の地図と中世の想像図を重ね合わせて理解する。中世の博多は、博多浜と息浜の二つの部分からなる瓢簞《ひょうたん》のような姿をしており、その間は細い陸橋によって結ばれていた(**図6**)。この博多浜の地区に日本人の居住区のほか、宋人の居住区・宋人の墓地が含まれていたことを説明する。

その出土品には宋からの輸入品とみられる磁器が多く含まれ、それらの高台《こうだい》裏には墨書が認められる。生徒たちには、これらの墨書から気づくことを発表させる。高台裏には「李」や「張」など中国人の姓名と思われるもののほか、「綱」という文字が多くみられる。これらは、研究により博多綱首《ごうしゅ》といわれる有力な中国商人の名であることが明らかになっていることを説明する(**図7**)。これらの中国陶磁だけでなく、高麗青磁や十四世紀後半頃のベトナム陶磁も発掘されている(**図8**)。また、大量の宋銭なども見つかっている(**図9**)。これらの一部は、現在の福岡市埋蔵文化財センターに展示されている。また、博多駅から海側に伸びる大博《たいはく》通り沿いの歩道には、出土品のレプリカや発掘状況の写真が展示してあり、散策しながら往時を知ることができるように整備されている(**図10**)。中国からもたらされたのは陶磁器や宋銭などのモノだけでない。「宋人《そうじん》百堂」と呼ばれる中国人の墓地であった地区に栄西が創建した聖福寺《しょうふくじ》や、円爾《えんに》(聖一《しょういち》国師)が創建した承天寺《じょうてんじ》などを通して禅文化がもたらされた。博多に居住していた中国商人は禅文化を移入し保護する主体となった。また、一説では円爾が製粉技術を博多に伝えたことが博多のうどんの起源で

平成２３年度　地歴・公民科「世界史Ｂ」研究授業　学習指導案

福岡県立修猷館高等学校　地歴・公民科　吉永暢夫

1　**授業クラス**　第２学年１組　平成２３年１０月２１日（金）第６限

2　**使用教材**　教科書…東京書籍『世界史Ｂ』

副教材…浜島書店『ニューステージ世界史詳覧』・自作授業プリント

3　**単元名**　東アジア世界の変容（東京書籍『世界史Ｂ』126 ページ〜135 ページ）

①限目 五代から宋へ

②限目 都市の時代のおとずれ（本時）…教科書 133 ページ〜134 ページ

③限目 宋代の文化

④限目 東アジアの変動・自立する北方諸民族

4　**単元の目標**

唐帝国が崩壊した１０世紀以降は、中国を中心とする国際秩序（冊封体制）が緩み、周辺部の遊牧・狩猟民族による国家形成がすすみ、それらが中国の一部を支配する「征服王朝」の時代でもある。一方で「江南」の開発が進み、国家による統制から離れて経済活動や私貿易が活発化した。この単元では唐代と比較しながら宋代の政治・経済・文化の特色について理解させることを目標とする。

5　**本時の目標**

「新学習指導要領」では世界史Ｂの目標として「世界の歴史の大きな枠組みと展開を①諸資料に基づき地理的条件や②日本の歴史と関連付けながら理解させ、文化の多様性・複合性と現代世界の特質を広い視野から考察させることによって、歴史的思考力を培い、国際社会に主体的に生きる日本国民としての自覚と資質を養う」と述べられている。

本時の授業では、とくに下線部①②を念頭におきつつ、中国国内の農業・商工業・都市の発展だけでなく、日宋貿易とも関連づけながら、この時代の東シナ海を舞台とする活発な経済活動について考察させたい。とくに福岡・博多の地は東シナ海を舞台とする宋人の活動拠点として重要である。世界史・日本史の枠を超えて東シナ海をめぐる地域の情勢を大局的に見通させることを目標としたい。

6　**生徒観（生徒の状況）**

生徒たちはほぼ真面目に世界史の授業に取り組んでいる。但し膨大な学習内容をこなすことに汲々としており、自ら学ぶ喜びを発見するには至っていないと思われる。それは私自身の授業の責任でもある。様々な歴史事象が一つの糸でつながり時代像が浮かび上がる喜びを味わえるような授業を目指したいと考える。

7　**おもな参考文献**

小島毅『中国思想と宗教の奔流』中国の歴史 07 講談社 2005 年

孟元老著　入矢義高・梅原郁 訳注『東京夢華録　宋代の都市と生活』岩波書店 1983 年

伊原 弘監修『清明上河図を読む』勉誠出版 2004 年

歴史教育者協議会編『東アジアと日本』青木書店 2004 年

村井章介『中世日本の内と外』筑摩書房 1999 年

佐伯弘次他編『中世都市博多を掘る』海鳥社 2008 年

大庭康時『中世日本最大の貿易都市　博多遺跡群』新泉社 2009 年

森平雅彦他編『東アジア世界の交流と変容』九州大学出版会 2011 年

8　本時の指導計画

	学習内容	学習活動	使用教材	留意点
導入	宋の政治について（前回の復習）	授業プリントを見直し、文治主義と財政困難、それを克服するための王安石の改革、金の進出と南宋の成立などを想起する。	【授業プリント】	本時の前提として、当時の政治状況を把握しているかに留意する。
展開Ⅰ	(1)農業の発達	○江南の開発 諺をヒントにしながら江南の農業生産の発展、地主/佃戸関係の成立について、後世にまでつながる現象として理解する。 ○農業技術の進歩 様々な農業技術の革新について理解する。	【授業プリント】 【資料集】	中国史全体を見通して江南発展の意義を理解させる。地主・小作関係が中国社会に与えた影響をふれる。
	(2)手工業の発達	農業生産力の発展を背景にして、手工業（特に陶磁器産業）が発展したことを理解する。	【授業プリント】 【写真提示】	この時代独特の青磁・白磁の美しさを鑑賞しながら、中国文化の一端にふれる。
展開Ⅱ	(3)商業の発達	○貨幣経済の発達 青銅貨幣に加えて、史上初めて紙幣が流通したことを理解する。 ○都市の発達 唐代と比較して、この時代の都市の特徴を把握する。代表的都市の名称とその位置について、大運河との関係も視野において理解する。 ○貿易の発展 貿易品・主な海港都市を挙げ、中国商人の貿易相手国として日本を取り上げ、その玄関口である博多での宋人の活躍を史料に基づいて考える。	【授業プリント】 【写真提示】 【地図提示】 【清明上河図】 【東京夢華録】を紹介する。 【スライド】を用いて、博多遺跡群から発見された貿易品や現在の福岡に残る宋人の活躍の跡をたどる。	紙幣流通の意義を考える。 唐の都長安との相違点を整理し、宋代の都市の特色について留意する。 モノだけでなく、仏教文化・食文化などにもその痕跡が残っていることを理解する。
結び	本時のまとめと次回の予告	宋代の経済発展を農業・手工業・商業・対外交易の面から学習したことを想起し、そのような経済発展がモンゴル支配の元代にどのように展開することになるのか想像させる。	中国国内だけでなく、日本を含む東アジアに視野を広げ、東シナ海を一つの歴史世界として把握する視点を身につけるよう留意する。	

▲図4　修猷館の「世界史B」で使用している学習指導案

▲**図 5　博多宋人刻石**　寧波天一閣に保管される。寧波の道路建設に捨財した博多居住の宋人の名を記す［大庭／佐伯ほか編 2008:p. 75］。

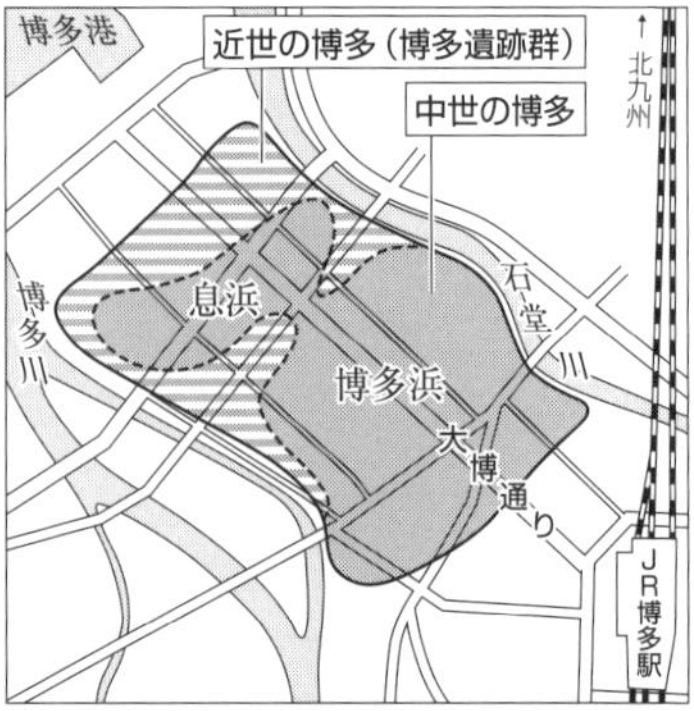

▲**図 6　中世都市博多の位置**　博多駅から伸びる大博通りなど現在の街並みと重ねてイメージしたい［大庭 2009:p. 7］。

▲**図 7　陶磁器の高台裏に書かれた墨書**　そのなかに「王・黄・張・鄭」など中国商人と考えられる名があることに気づく［大庭 2009:p. 20］。

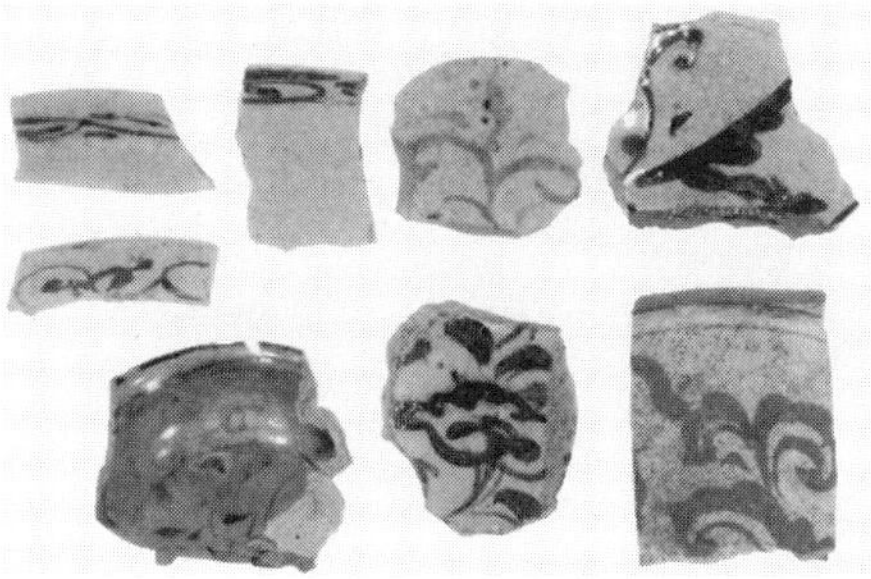

◀**図 8**　博多から出土したベトナム白磁　14世紀後半から15世紀初めのものとされる［大庭／佐伯ほか編 2008：p. 133］。

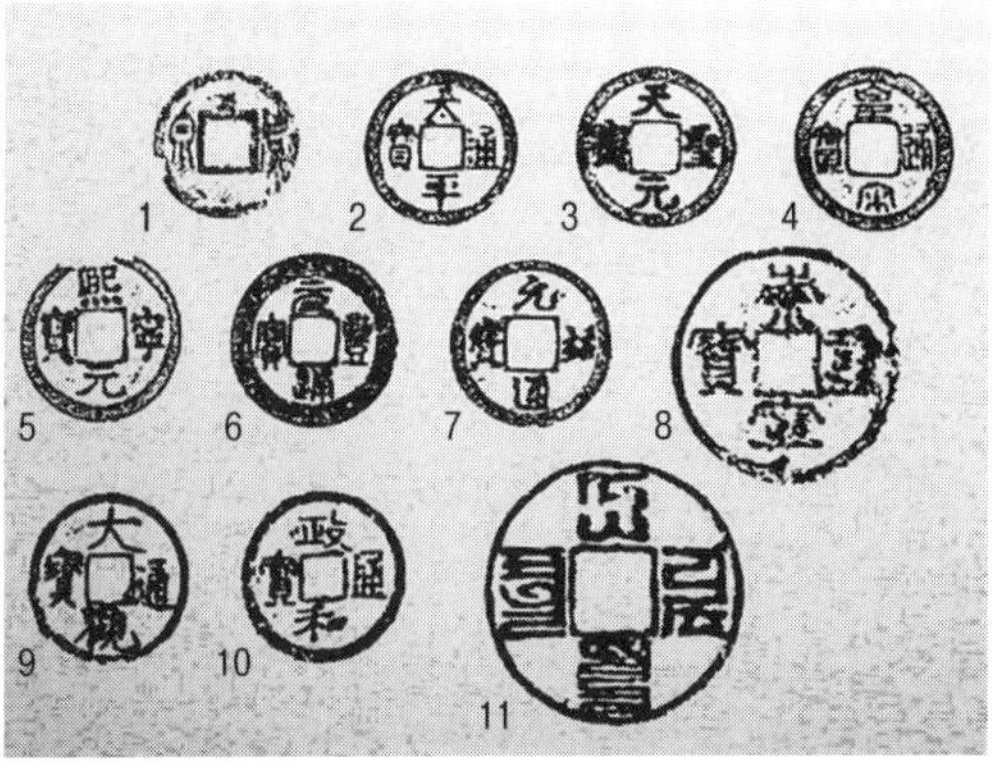

▶**図 9**　博多出土の宋銭・元銭　パスパ文字の大元通宝(11)などの希少な銅銭が発見されている(福岡市埋蔵文化財センターの展示より)。

◀**図10**　大博通り沿いの歩道に展示された出土陶器のレプリカ(筆者撮影)

あるともされている。これらのことについて、福岡市でも西部に住む生徒たちは意外に知らないようである。

ちなみに、東京書籍『世界史B』教科書には、「十～十一世紀の世界の諸海域と海の交通路」としてイタリア商人の海・ムスリム商人・中国商人の海が明示され、中国商人の海の一角に博多が位置づけられている（**図11**）。南塚信吾は、歴史におけるクリティカル・シンキングの方法の一つとして「歴史記述」へのクリティカルな眼をあげている[南塚 二〇一二]。それは歴史教育の場においては、授業で資料として参照する歴史叙述について批判的にとらえることを指していると考えられる。日本史と外国史という枠組み、言い換えれば近代国民国家の縛りを一度相対化する方法の一つとして、自由に行き来する商人と、その活動拠点で

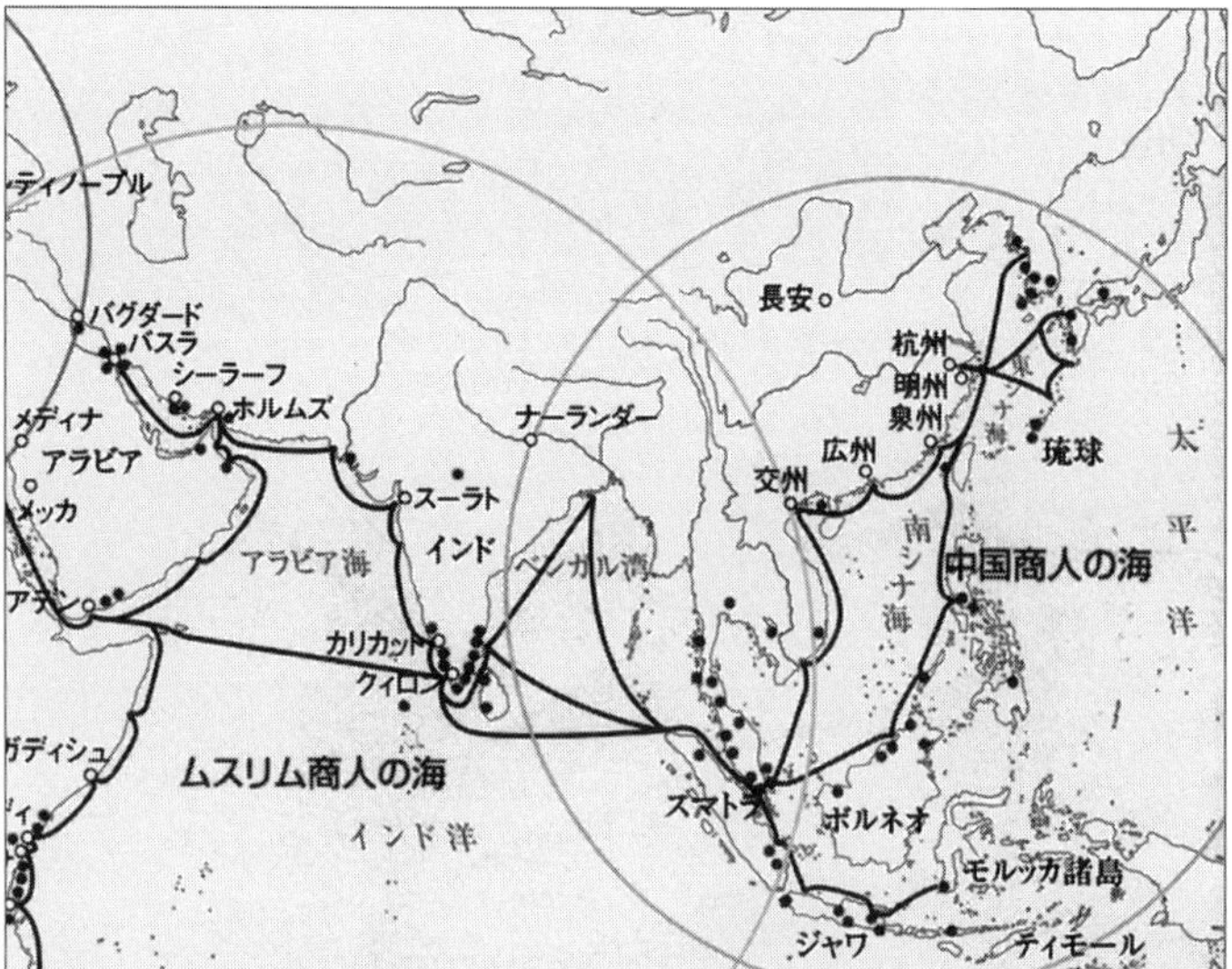

▲**図11**　「世界史Ｂ」の教科書に掲載された10世紀から11世紀の海域世界　博多も「中国商人の海」の拠点の一つとなっていることを確認できる[『世界史B』東京書籍 2015]。

ある都市の歴史について学ぶことは有効であると考える。

マゼランとラプラプについての二つの碑文

図12のワークシートに用いた二つの資料は、マゼランとラプラプを顕彰する二つの碑に関するものである。永積昭は、独立を達成した東南アジアの国々が、今までの歴史を書き直そうという動きの例としてこの二つの資料をあげている。歴史学は裁判ではないので、どちらの立場が正しいという結論を出そうとするものではない。しかし、我々があたりまえと思い込んでいることでも、見方を変えれば決してあたりまえではなくなるという重要な事実を教えてくれる好例である。この「見方を変える」にいたる契機となったのが、この場合はフィリピンの独立である。今までの歴史が西洋諸国の進出を主人公とし、征服される東南アジ

歴史資料について考える（1）

マゼランはフィリピンのマクタン島で先住民の首長ラプラプと戦って戦死した。後に建てられた上陸記念碑（下の写真）の脇には二つの看板がある。

※A・Bはそれぞれどの国が建てた看板だろうか。

A（　　　　　　）が建てた看板

「　この地点において、マゼランは1521年4月27日、マクタン島の首長ラプラプの軍隊との戦闘のさいに負傷し、死去した。マゼランの船の一隻ヴィクトリア号はエルカノの指揮のもと、1522年5月1日にバラメーダ港に到着し、最初の世界周航をなしとげた。」

B（　　　　　　）が建てた看板

「　この地で1521年4月27日、ラプラプとその部下はスペインの侵略者たちを撃退し、その指揮官マゼランを殺した。かくてラプラプはヨーロッパの侵略者を追い払った最初のフィリピン人となった。」

問1　A・Bの記述の違いについて気づいたことはなにか。そのような違いはなぜ生じたのか。
問2　このような例は他にもあるか、思いつくものを挙げよ。
問3　歴史資料に基づいて過去の出来事を明らかにするとき、どのようなことが大切と考えるか。

▲**図12**　歴史資料について考えるためのワークシート

アの原住民を「敵役」としてきたのを完全に逆転させようとする動きが起こってきたのである〔永積　一九七七〕。

この二つの資料は、生徒たちが、資料について批判的に読み取ることの大切さを考えるわかりやすい素材であると考える。このワークシートは大航海時代の授業で用いるが、現代までの歴史を学習すると、Aアメリカ、Bフィリピンと解答できるはずである。そのうえで、それぞれの国がどのようなスキーマに沿ってマゼランとラプラプを顕彰したのか、近現代の歴史の動きのなかでとらえることができる。フィリピンの歴史について、スペインによる植民地支配、アメリカの植民地支配、戦後の植民地支配から独立まで学ぶことによって、これらの碑文が、同じ「歴史的事実」を一見「客観的」に記述しているようにみえても、異なるスキーマのなかで描いていることに気づくことができる。ここに典型的にあらわれているように、世界史がこれまでどのようなスキーマで描かれてきたのか、それはなぜか、それがどのような歪みをもたらしたかについて思考を促すことが可能であると考える。**表1**に示したのはあるクラスでの回答例である。ここでは、第三問「歴史資料に基づいて出来事を明らかにするとき、どのようなことが大切か」に対する回答例のなかで代表的なものを列挙した。生徒のなかには一つの出来事をどのように「解釈」すべきかが問われていると受け取り、多様な視点から歴史を偏りなく理解・解釈すべきであるとする回答が多かった。しかし、この問いは、歴史資料そのものに潜む問題について回答を求めたのであり、その意図を汲み取って回答してくれた生徒は、約半数程度であった。

表にあげた、資料をどのように読むかという資料読解の問題としてこの問いをとらえた生徒たちの回答は、歴史教育において、資料を取り上げるうえでの大切な点について、我々に様々な示唆を与えている。

表1 問3「歴史資料に基づいて過去の出来事を明らかにするときどのようなことが大切か」という問いに対する代表的な回答

	回答例
1	使っている資料が誰によって，どのような目的でつくられたのか考慮に入れる。客観的な視点で調べる。
2	どの資料にも書いた人がいる。書いた人の立場を理解したうえで資料を読むことが必要。
3	中立な立場で偏見をもたない書かれ方であるか確かめる。
4	資料は一方向からとらえてのものであることに注意すべき。
5	資料がどちら側(の国)のものか，その時代の支配者は誰かをはっきりさせる。
6	歴史的な記述には立場による恣意が含まれる。概して強い立場(支配者・勝者など)の視点が重視されやすく，残されやすい。
7	資料は客観的なものではないし，授業で教えられたことも然り？
8	どちらの視点から述べられているかに注意し，自分は第三者として思考すべき。
9	どちら側の目線から書かれた資料かということに注意して事実のみを受け取るようにする。
10	固定観念を捨て，多角的に出来事を考える。そのために，様々な立場／側面からの資料を集める。
11	両方の視点から見た資料を入手する。双方の立場に立って考える。
12	一つの資料だけでは情報が断片的で，様々な立場から書かれている。書いた人の立場，国の主観が大きくかかわっており，実際にあった出来事がゆがめられてしまう可能性がある。もっとも，歴史はそもそも事実ではない。よって，複数の立場から書かれた資料を集め，客観的に事実を見つめることに注意する。
13	資料がどこの国のものであり，時期や対外関係(歴史的背景)に注意する。
14	文書を書いた人がどのような立場だったのかを考えて，様々な視点から一つの出来事や資料を見ていくことが必要。
15	資料の背景にある出来事や作成者にまで気を配る。
16	様々な視点から資料を調べる。事実と主観を見分ける。事実の述べ方に偏りがないか考える。
17	類似点と相違点を見つける。

これらの回答の多くが、資料が「誰によって、どのような立場で書かれたのか」を理解して読む必要があると指摘している。つまり、あらゆる資料が客観的ではありえないし、偏りがあるのは当然であるという点に気づいている。さらに、六番の回答のように「概して強い立場」の視点から書かれることが多く、それらが残りやすいことを指摘した生徒もいる。これらは、資料を批判的に読み解く必要を鋭く認識している例であろう。なかには七番のように、「授業そのものも客観的ではないかもしれない」という回答がある。この生徒は学習熱心であり、決してニヒリストではないように見受けられる。授業も広い意味で歴史について知るための「資料」である。授業や教科書も、ある立場からの歴史叙述であり、一歩引いて批判的にとらえるべきであるという姿勢の大切さに気づいている。さらに一二番は「歴史はそもそも事実ではない」と回答している。この回答は、歴史学における事実立脚性の「事実」とは何を指し、歴史を学ぶことは「事実」とどのような関係にあるのかという問題につながっていると考える。ただし、「マゼランとラプラプが戦って、ラプラプが勝利しマゼランが戦死した」という事実自体は架空でなく、誰もが否定できない事実が存在することは確かである。その事実を記述した歴史資料がどのような立場で何のために書き残されたかによってその事実の意味するところがまったく異なってしまい、それにより形成された特定のスキーマにあてはめて我々は歴史を理解しているという点に高校生が気づくよう働きかけることが大切であると考える。

おわりに

前掲の日本学術会議・高校地理歴史科教育に関する分科会は、高校における歴史・地理教育が「知識詰め込み型」が主流であるとして、二十一世紀世界のグローバル化に対応するため、相手文化の十分な理解のうえで合意達成できる能力の育成が不可欠とし、「思考力育成型」の教授法への転換が短期的には必要であると提言している［日本学術会議 二〇一四］。日本学術会議が、そのような「考える力を培う」歴史教育をめざして、新設の科目として「歴史基礎」を提言していることは大きな反響を呼んでいるが、本章では、まずは現在の科目の枠組みのなかで、どのようにして「歴史的思考力」を培うことが可能かについて考えた。「思考力」の中核には「批判的思考力」があり、「歴史的思考力」は、歴史資料を「批判的」に読み取ろうとする姿勢が前提になければならないと考える。「批判的思考力」は歴史学習だけでなく、様々な教科や学校での活動を通して育てるものであるが、ここでは、批判的思考を中核とする歴史的思考力を育てるための二つの授業事例をあげた。歴史は、つねにあるスキーマによって記述されていること、それにより様々なバイアスがかかっていることを気づかせることは、大学受験に必要な膨大な事項について授業する合間にも、おりに触れ、随所に取り入れることが可能であろう。批判的思考を前提とする歴史的思考力の育成と知識獲得は矛盾せず、両立できると考える。批判的思考が知識を干からびていない生きたものとし、また知識なくしては批判的に思考することは不可能でもある。田尻信壹も、知識獲得型の講義授業と思考・判断・表現を育てるための探究的学習は二者択一ではなく、両者のバランスを図りながら相互補完的に実施されるべきとしている［田尻 二〇一三］。

鳥越泰彦は、高校歴史教育が、歴史学の成果に学ぶといいながら、研究者の成果を聞くばかりで、高校の歴史教師の側が、歴史教育で何をどのように学ぶことが生徒にとって意味があるのかを根本的にとらえて発信することがきわめて少なかったと鋭く指摘した［鳥越 二〇一四］。一方で、私のように研究者ではない多くの歴史教師にとっては、高大連携事業における研究者の講義や研究書を通して歴史学の成果に学ぶことによってはじめて、資料読解の多様な方法を知り、それを授業に生かすことが可能になることも事実である。本章では「歴史的思考」の中核に「批判的思考」を位置づけ、「スキーマ」を念頭において資料を批判的に読み解くことにより、思考力の育成を促す可能性について論じた。日々の授業のなかで短時間でもそのような視点を数多く取り入れたいと考えると同時に、生徒がどのように自らの「歴史的思考」を育てたかについて、正当に評価する方法を開発することも今後の大きな課題であろう。また、「歴史的思考」とは何か、それをどのように育むのかについて高校教師のなかで議論を深めていくことが最も重要であると考える。

◆参考文献

［ヴォルフガング＝イェーガーほか編 二〇〇六］ ヴォルフガング＝イェーガーほか編（中尾光延監訳）『ドイツの歴史【現代史】』（世界の教科書シリーズ一四）明石書店
［大庭 二〇〇九］ 大庭康時『中世日本最大の貿易都市 博多遺跡群』新泉社
［大庭／佐伯ほか編 二〇〇八］ 大庭康時・佐伯弘次ほか編『中世都市博多を掘る』海鳥社
［楠見／道田 二〇一五］ 楠見孝・道田泰司『批判的思考――二十一世紀を生きぬくリテラシーの基盤』新曜社
［高歴研 二〇一四］ 高等学校歴史教育研究会『歴史教育における高等学校・大学間接続の抜本的改革を求めて（第1次案）』
［佐藤 二〇〇九］ 佐藤卓己『ヒューマニティーズ 歴史学』岩波書店
［修猷館 二〇〇七］ 福岡県立修猷館高等学校『基盤となる思考力の育成――普通教科「情報」での試み』
［田尻 二〇一三］ 田尻信壹『探究的世界史学習の創造――思考力・判断力・表現力を育む授業作り』梓出版社

［遅塚 二〇一〇］ 遅塚忠躬『史学概論』岩波書店
［鳥越 二〇一四］ 鳥越泰彦「批判と反省 高校世界史教育からの発信」（『歴史学研究』第九一五号）五〇〜五六頁
［鳥山／松本 二〇一二］ 鳥山孟郎・松本通孝『歴史的思考力を伸ばす授業づくり』青木書店
［永積 一九七七］ 永積昭『アジアの多島海』（世界の歴史13）講談社
［長野ほか 二〇一〇］ 長野剛・高橋利夫・福泉亮「高校と大学の教育連携における課題 〈学ぶ〉ということについての再考」（『大学教育』〈九州大学〉第一五号 三七〜五三頁
［日本学術会議 二〇一一］ 日本学術会議・高校地理歴史教育に関する分科会『提言 新しい高校地理・歴史教育の創造――グローバル化に対応した時空間認識の育成』
［日本学術会議 二〇一四］ 日本学術会議・高校地理歴史教育に関する分科会『提言 再び高校歴史教育のあり方について』
［ペーター＝ガイスほか監修 二〇〇八］ ペーター＝ガイスほか監修（福井憲彦・近藤孝弘監訳）『ドイツ・フランス共通歴史教科書【現代史】』明石書店
［南塚 二〇一二］ 南塚信吾コメント「日本西洋史学会「大シンポジウム 世界史教育の現状と課題レジュメ」」

第Ⅲ部　資料を越えて

公共考古学の可能性

溝口　孝司

はじめに

　学問に限らず、それまで取り上げられることのなかった現象が注目されたり、新たな物事の理解の方法や取組の枠組みが注目され、受け入れられるようになることの背景には、新たな〈リアリティ〉の浮上がある。リアリティについては、以下で何度も立ち返ることとなるが、ここではとりあえず「日常生活のなかでしっくりとくると感じられる、物事の意味付け、見方、考え方、おこない方」とでもとらえておいていただきたい。さて、本章が考察の対象とする、また、それを手がかりに、現代社会において考古学にできることを構想しようとする〈公共考古学〉[1]は、まさにそのような「新たな取組の枠組み」なので、それが、今日、従来の考古学の領域を超えて注目を集め、今回のような学術研究集会のテーマとなることの要因そのものを、新たなリアリティの浮上との相関性の確認という形で明らかにすることが、本章の第一の目標となる。

　続いて、公共考古学をツールとして、現代社会のなかで考古学に何ができるか、を考察するためには、公共考古学という対象の切取り方、アプローチ、そのめざすところの総体が、いったいどのようなリアリティに対するどのような対応なのか、が問われねばならない。

そして、最後に、そのような対応が、我々がそのなかで生きるリアリティに対してどのような作用をおよぼすことができるのか、が考察されねばならない。公共考古学をツールとして、我々は、現代社会のリアリティと、それを支える様々な道具立て、すなわち社会、文化、政治、経済、テクノロジーなどとの、新たなよりよい「つきあい方」を見出すことができるだろうか？　公共考古学は、現代社会の具体的問題の解決に貢献するだろうか？　これらを明らかにすることができれば、私たちは、考古学という学問の大きな枠組みのなかに新たに生まれた公共考古学という枠組みが、我々にとってどのような意味とポテンシャルをもつのかについて、一定の見通しをもつことができるだろう。

以上を踏まえて、本章は以下のような手順を踏む。まず、現代社会のリアリティの具体像を明らかにする(第一節「現代社会の／におけるリアリティ」)。続いて、そのようなリアリティが、世界各地でどのように形成され、どのように体験されているかを概観する(第二節「様々なリアリティ、様々な考古学」)。この作業を通じて、世界の各地で、独特なリアリティへの対応としての独特な考古学のあり方が生み出され、それらはそれぞれ独特な公共性を帯びた営みとなっていることを明らかにする。つぎに、そのような「様々な考古学たち」が共有する課題・視点・戦略が存在するか否かを検討する(第三節「〈現代的考古学実践の四類型〉と公共考古学の課題」)。そのことを通じて、公共考古学を考古学の一つの専門領域として統合する理念型を構想することの可能性と意味を確かめる。最後に、以上を総合して、公共考古学がなすべきこと、公共考古学にできることについて構想する(第四節「公共考古学の統合的課題と可能性」)。

一 現代社会の／におけるリアリティ

さて、先に述べたような形で現代社会のリアリティをとらえる場合、しばしば用いられる一群のキーワードがある。すなわち、グローバル化、流動化、断片化、新自由主義、ハイパー資本主義、など。それぞれに響きはずいぶん異なるこれらの言葉の背後に、じつは共通して横たわる「原理」とでもいうべきものがあり、現象としてのこれらは、相互に相互を増幅するような関係にあることが、多くの研究者により明らかにされている。ここでは、おもに社会学者ニクラス・ルーマン（一九二七〜九八）の社会システム論的体系に導かれながら、このことについて整理したい。[2] ルーマンの理論体系の一つの重要な柱として、社会現象の最小かつ基本的単位を〈コミュニケーション〉としてとらえることがあげられる。ルーマンは、(1)コミュニケーションを通じて様々な秩序が生み出されること、(2)コミュニケーションの生み出す秩序と方向性は、それに参加する人々誰一人の意図にも還元することはできないこと、また、誰一人の意図に事寄せて説明することもできないこと、(3)コミュニケーションは、むしろ誰一人としてそれをコントロールすることはできず、むしろそれに参加する人々のそれぞれ異なる思惑を整序するような形で、ある種自律的に継続していくこと、に注目する。と同時に、そのようなものとしてコミュニケーションを立ち上げることと、それに依拠して社会の秩序を生み出し続けることは、それを必要とする人間集団の規模の増大とともに困難化することを指摘する。

以上に関するルーマンの実際の説明は非常に精緻であると同時に非常に晦渋《かいじゅう》である。そこで、過度の単純化を承知で筆者なりの解説的まとめを試みるならば、以下のようになる。すなわち、個々人はリアルタイムでお互いの考えていることを知ることは困難だ。なぜなら、お互いの心の内とその動きを直接覗き見ることはできないからだ。お互いにとって未知の内面を抱え込む個々人の間にコミュニケーションが成り立つ、お互いに得体の知れない同士がコミュニケーションを始めるためには、「このような場面でこの人はこのように振る舞うだろう」「このような場面で自分はこのように振る舞うと他者は予期しているだろう」という「二重の予期」がお互いの間に成り立つ必要がある。小規模社会、すなわち、お互いが顔見知りで、日常生活の場面の多くを共有しているような社会においては、このような二重の予期の共有は比較的容易に達成される。しかし、社会組織の規模が大きくなればなるほど、生活世界、すなわち対面的生活空間と、その様々な道具立ての共有は困難になり、それに応じて、予期は形式化・構造化・制度化されねばならなくなる。

ここで市民革命期を境に人類史をざっくりと近代、前近代に分かつならば、前近代社会においては、神、もしくはそれに準ずる「超越存在」の意志を制度的・規範的に最高の基準、もしくは参照点として、成層的、ピラミッド状にコミュニケーションを構造化・配置することにより、先に述べたような「コミュニケーションの困難」は回避されていた(**図1**)。このような状況をルーマンは、コミュニケーションの「成層分化[3]」と呼び、おもにそのような様態に基づいてその秩序が保たれるような社会を「成層分化社会」と呼んだ。その内実は、貴族は貴族的制度・規範に基づきコミュニケートし、平民は平民的制度・規範に基づいてコミュニケートする。そして、上位者の意志は、下位の者のコミュニケーションのあり方を絶対的に規定する。「お上の意志」は神(超越者)の意志として認識され、そのような意志は、社会身分の上層から下層へと浸透するようなものとしてイメージされる。すなわち王は貴族より本質的(すなわち血統的)に徳が高く、貴族は王ほどではないが平民よりも本質的に徳が高い存在である。

これに対して、近代社会においては、コミュニケーションは、身分カテゴリーからは引きはがされ、代わりに、システムとしての社会を構成する様々なサブ・システム、すなわち様々な機能領域に対応して構造化・配置されるようになる(**図1**)。すなわち、個々人の身分に応じて属人的にコミュニケーションの規範・制度が決定される前近代的(成層分化的)様態から、社会システムを構成するサブ・システムとしての法、政治、経済、教育、宗教、芸術、などの領野がコミュニケーション・システムとして水平的・並列的に分化し、それぞれ独自の規範・制度に媒介されつつ再生産されるようになる。そして、個々人は、それぞれに異なるリズムでこれらを出たり入ったりしながら、生活世界を構成していくことになる。すなわち、前近代(成層分化)社会において、人間は、どのような社会的場面においても、その存在が身分によって規定される、すなわちどのようにコミュニケートするかが、いつでもどこでも身分に

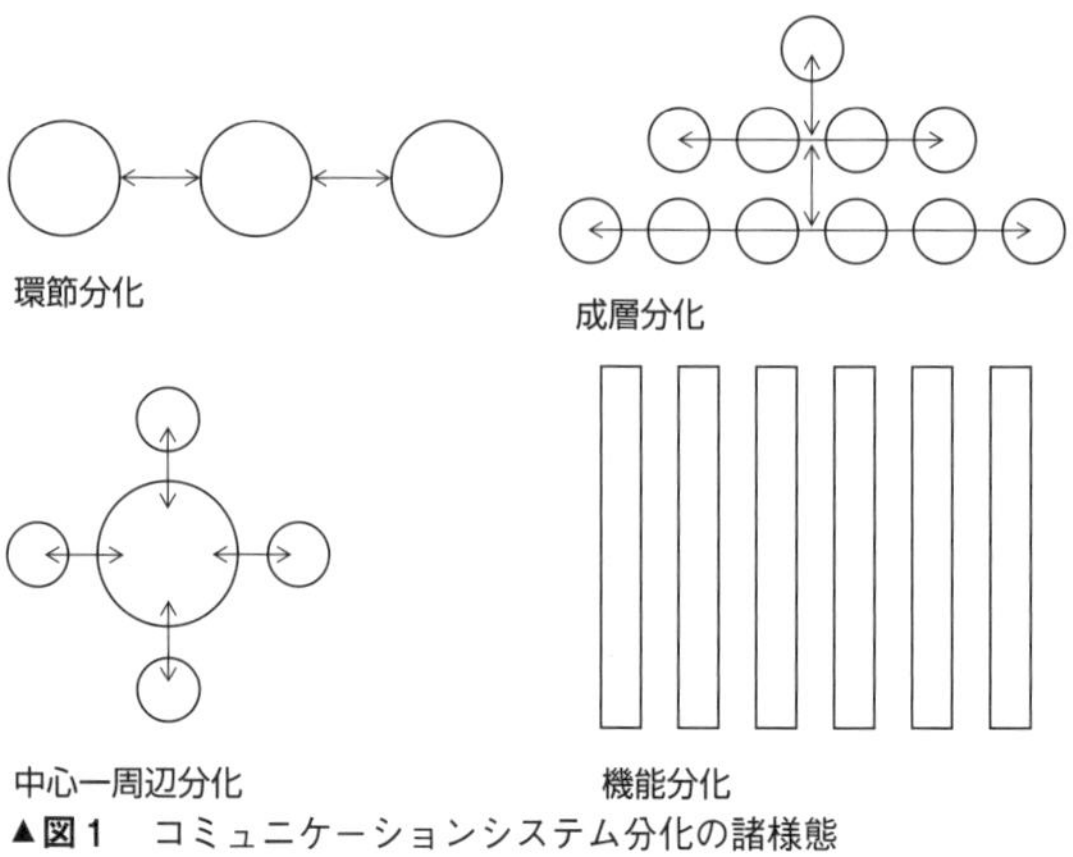

▲**図1**　コミュニケーションシステム分化の諸様態

よって決まるような世界に生きていた。これに対して、近代(機能分化)社会においては、人間は、異なる社会的場面では、異なる社会的存在として、異なる規範・制度に基づいてコミュニケートする。そして、どのような社会的場面間を移動しながら生きていくかは、一人一人異なっているのだ。

解説しよう。近代においては、法、政治、経済、宗教、教育などの機能分化に即して分化したコミュニケーション・システム間を、個々人はそれぞれのリズムで出入りしながら生きると述べたが、これらのコミュニケーション・システムは、それぞれに異なる規範と制度の習得・内面化を個々人に要求する。そして、これらを行き来する個々人のリズムが異なり、また、それは個々人の人生を通じて変化する以上、これらのコミュニケーション・システム間の往来を通じて構成される個々人の生活世界は、一人一人それぞれ異なる構造・特質をもつとともに、それ自体、一人一人の人生を通じて変化することが当然なものとなる。そうすると、そのような生活世界のあり方に媒介されて構成されるそれぞれのアイデンティティも、同様な特質をもつようになる。すなわち、今日、我々のアイデンティティ、すなわち、生活世界を構成する個々の場面において、自分はどのように振る舞うべきであり、また、その場面を共有する他者は自分の振舞いをどのように予期しているかを知っているという認識に依拠して構成される「自分とはこのようなものである」という認識は、一人一人異なるとともに、一人一人の人生を通じて変化するようなものと認識されるようになっている。

少し複雑な見取図になったが、本章の論旨との関連からすると、以下のことが理解いただければ十分である。すなわち、個人とコミュニケーション・システムとの関わりからみた場合、前近代においては、個人は一つのコミュニケーション・システム、すなわち自らが属する階層に準拠して構成されるコミュニケーション・システムとかかわり、一種類のコミュニケーション・システムを媒介する規範と制度を身につければ生きていけた。これに対し、近代においては、個人はいくつものコミュニケーション・システムとかかわらねば生きていけず、それゆえ、いくつものコミュニケーション・システムにかかわる規範と制度を身につけねばならない。加えて、どのような頻度でどのようなコミュニケーション・システムに出入りするかは個々人で異なり、また、個々人の人生を通じて変化する。これは、生活世界の複雑性の圧倒的高まり以外の何ものでもない。このことは同時に、生活世界の流動性・個々人のアイデンティティの流動性の高まりでもあるということは明らかだ。

　これが、生活世界の断片性の圧倒的な高まりと表裏一体であることは、ここまでの議論から明らかだろう。私たちは、私たちがそれぞれに異なる生活世界に生きていることを、相互のコミュニケーションの困難化、並びに、相互にコミュニケーションの前提としての統一的倫理感覚や世界観を共有することができない、という具体的体験から学ぶ。このことは、私たちの生活を〈再帰的〉にする。すなわち、異なるコミュニケーション・システムに参入するごとに異なる予期を起動しなければならないならば、つねに、過去の同様な参入機会に起こったことを反省的に想起して、「よりよい」参入の方法・予期構造を案出しようとするようになることは自然であり、また、新たなコミュニケーション・システムへの参入の常態化が、そのような反省と案出をそれ自体自己目的化することも自然である。このようにして、私たちは、つねに反省的な「自己更新」へと動機づけられる。すなわち、終わらない「自分探し／自分づくり」である。

　さらに、グローバル化と、その主要インフラとしてのデジタル・メディアの発達が、流動化と断片化の深化に拍車をかける。すなわち、政治システム・経済システムを中心に、世界のどこかで起こったことが、それぞれの生活世界にリアルタイムで侵入し、そのあり方に直接的影響を与える。そのことを通じて、個々の生活世界はますます流動化するとともに、異なる歴史的・文化的伝統に生きる人々とのコミュニケーション機会の増加は、それぞれの生活世界の相違をますます際立たせ、世界の断片化の認識をますます深める。

また、デジタル・メディアの発達は、私たちの生活世界の広がりを空間的固着から解き放つ。このような空間の構成物には身体をもった他者も当然含まれる。空間的に固定された生活世界に生きる限りにおいて、われわれは一定の人と、一定の頻度で出会う。しかし、空間固着から解放された世界では、原理的にはいつでもどこでも誰とでも出会うことができる。しかし実際には、我々は、いつどこで誰と出会うかを完全にコントロールすることはできない。その事実が、私たちをさらなる、異なる種類の再帰性へと動機づけることになる。すなわち、終りなき、「良き出会い」の探求である。またそれは、もっと良い出会いがあるはずだ、という焦燥と、もっと良い出会いがあったはずだ、という挫折感の蓄積と表裏一体である。そして、このような状況のなかで、個々人はますます内省的にならざるをえない。なぜなら、それぞれの生活世界が異なる以上、それぞれがそれぞれのコミュニケーションを問題なくおこない、活性化させていく、そして良き出会いを積み重ねていくことができるか否かは、個々人の能力、努力、資質にかかっていると認識せざるをえなくなるからだ。すなわち、コミュニケーションがうまくいかないことを、超越存在＝神のせいにすることも、自らが属する階級のせいにすることも、今日では不可能なのだ。いきおい、自らと、それを取り巻く世界に起きる出来事の原因は、自らの責任に帰する、という認識がせりあがる。そして、それによって累積するストレスが閾値《しきいち》を超えるとき、すべてを他者の責任に帰する感情の激発（しばしば「逆切れ」と呼ばれる感情の劇的な表出)や、すべてを超越的営力の責任に帰する心理(その極端な発露が「原理主義」であるともいえる)が生まれることは、我々自身が日常的に経験していることでもある(これらの点はのちに、公共考古学の果たしうる機能を考察する際に重要なポイントとなるので、ご記憶いただきたい)。

また、「生活世界の空間的固着からの解放」を可能としたデジタル・テクノロジーは、企業行為における空間的責任からの解放をもたらす。すなわち、(世界のどこかにいる/世界を飛びまわっている)株主の利潤追求に対してのみ責任を負う企業は、(産業立地に縛られざるをえない)労働者の(空間的に固着した)生活世界の保全義務に縛られることなく、最適の資本投下地を求めて産業立地を移動させる。あとには第一次産業の荒廃と失業者と衰弱するインフラが残されていく。

二　様々なリアリティ、様々な考古学

以上、ルーマンに導かれて、今日的リアリティの見取り図を描いてきた。当然、このようなリアリティには、世界各地で多様な偏差・パターンがある。それは、先に述べたような傾向性を共有しつつ、個々人の生活世界の構築のあり方に今なお地域的に固有な、様々な影響を与える。そして、それらのバリエーションは、世界各地の〈近代化〉の異なる軌跡に規定されて生み出されている。このような異なる軌跡と生活世界の構築様態のバリエーションを、ここでは以下の二つのファクターによりマッピングすることとしたい。[4]

二つのファクターとは、「X 資本と富の源泉へのアクセスの難易」「Y セルフ・アイデンティティの獲得の難易」で、以上を二軸とする四象限に、生活世界の主要な構築様態と、それが媒介する考古学のあり

方をマッピングすることにより、公共考古学が対応すべきリアリティの類型化をおこない、公共考古学の理念型の構想作業を準備したい（**図2**）。

「第一象限」は、資本と富の源泉へのアクセスと、セルフ・アイデンティティの獲得が、それぞれ比較的容易な領域となる。この象限は、自ら近代化・産業化を達成し、植民地宗主国となった国々により多く構成される。すなわち、ヨーロッパ、なかでも西ヨーロッパの国々の多くがこれらの典型例となる。これらの国々では、ポストコロニアル状況の深化のなか、旧植民地からの移民の社会的・文化的位置をめぐって、マジョリティ・アイデンティティとマイノリティ・アイデンティティの関係をめぐる複雑かつ多層的問題・緊張が存在する。また、先に述べたような生活世界の流動化と断片化も当然進行している。しかし今日、個々人の安定的アイデンティティ（これは個々人のなかに併存する複数のアイデンティティを含む）獲得は、それらがこれまでたどってきた歴史的軌跡と、それに多くを負う社会インフラの完備などの要因により、比較的容易である。すなわち、ハーバーマスの言葉を借りるならば、「啓蒙のプロジェクト」の曲折の延長線上に、個々人が自らの人生の意味と目的を位置づけるこ

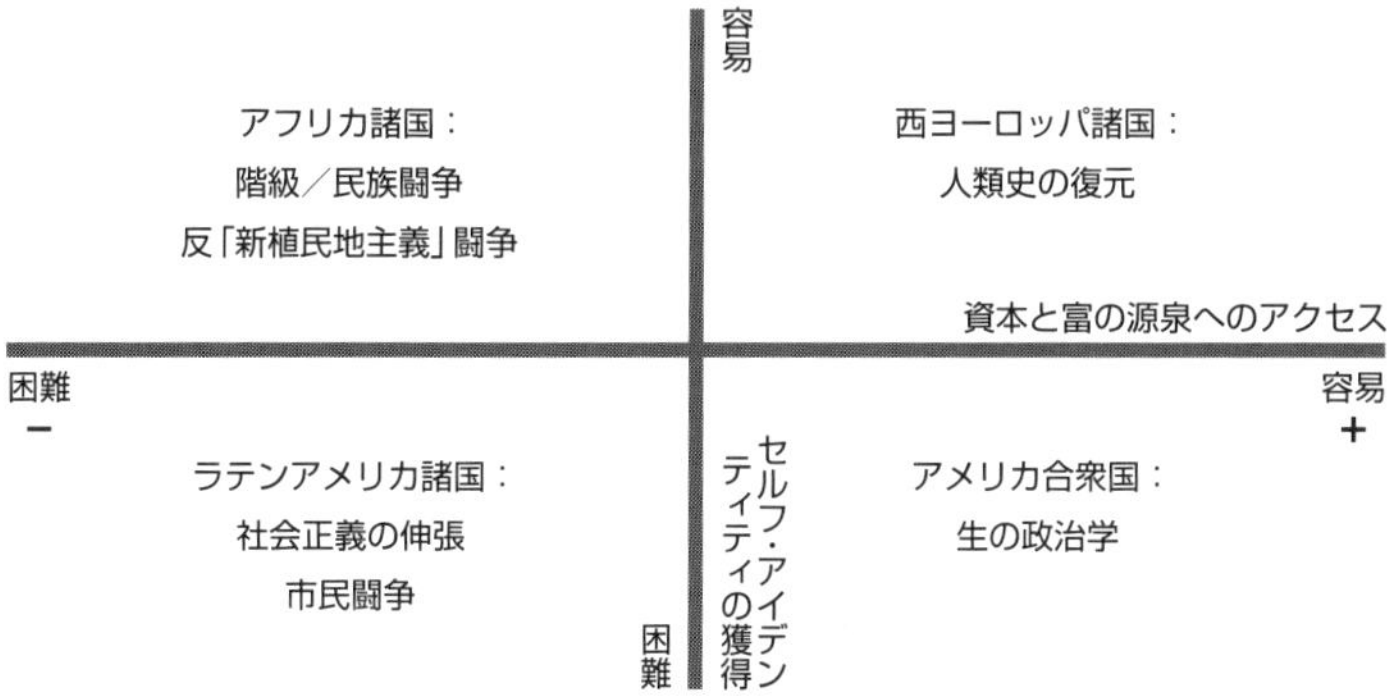

▲**図2**　生活世界の四つの主要構築様態と現代的考古学実践の四類型

とが、まがりなりにも可能なリアリティがそこに存在する。このような国々においては、農耕の起源や古代文明の黎明と興亡といった、「人類史の主要エピソード」の探求が、考古学的実践の大きな位置を占める傾向があり、これらの多くが、今日も、このような現象のコア地域に独自の研究施設を保有している。例えば在アテネドイツ考古学研究所(German Archaeological Institute at Athens)など。ちなみに、今日ギリシアには、首都アテネを中心に一九の外国営考古学研究施設が存在する。[5]

注意されねばならないのは、これらの国々・地域において当然視される「文明の誕生と興亡、その遺産の今日にいたる継承」のストーリー展開が、無意識であるにせよ、今日でも「ヨーロッパ中心主義」的なニュアンスを帯びることである。すなわち、ヨーロッパ的社会モデルを頂点として、人類史を「そこにいたる過程」として描出する作法として、前記の傾向性を反省的に特徴づけることができる。そこには、ヨーロッパ各国における植民地化にさらされるまで独自の歴史的軌跡をたどり、ヨーロッパ的社会モデルとは異なる社会構造・組織を形成・再生産していた諸地域を「自らヨーロッパ化／近代化することができなかった地域」として、また「ヨーロッパに対して本源的に劣った地域」として位置づけてしまう危険が横たわっている。実際、このような認識は、植民地主義(コロニアリズム)をイデオロギー的に正当化するとともに、以下に述べるようなおもに第二象限・第三象限に位置づけられる国々・諸地域の抱える困難を、今日においても助長している。

つぎに「第二象限」。この象限は、資本と富の源泉へのアクセスは困難だが、セルフ・アイデンティティの獲得は比較的容易な領野である。この象限は、いわゆる大航海時代(十五世紀中頃～十七世紀中頃)以降、ヨーロッパ各国によって植民地化された国々を多く含むが、なかでもアフリカ諸国がこの象限の特徴を典型的に示す。すなわち、独立後も続く植民地的収奪により、資本へのアクセスは依然として困難だが、親族組織への帰属などに基づくアイデンティティ(それ自体「原基的」なものではなく、擬制的に構築されたものも当然含む)や、植民地的収奪への対抗アイデンティティ構築を通じて、個々人のアイデンティティ構築は比較的容易といえる。このような国々・地域においては、国家民族主義を基盤として、継続する諸種の植民地的収奪と、それに付随してリニューアルされる様々な差別・分断戦略に対抗し、親族集団、「部族」の伝統的価値観(これも、各地域の歴史過程のなかで、比較的最近創出されたものを含む)に基づく対抗言説の構築を志向する考古学的実践が盛んである。

ただ、専門分野としての考古学教育・研究者育成のためのインフラの整備は困難であるため、基礎的な資料記載・分析が不十分なまま、ともすれば、前述のような対抗言説形成のために、検証可能性のリミットを超えた推測や想像に基づく歴史像が提示されることも多く、様々な問題点が反省的に指摘されている。

つぎに「第三象限」。この象限は、資本と富の源泉へのアクセス、セルフ・アイデンティティ獲得のいずれもが困難な領野を構成する。この象限も、おもに植民地化された国々・地域により占められるが、なかでもいわゆるラテンアメリカ諸国が典型となる。すなわち、これらの国々・地域においては、経済発展は進行しているが、資本と富の源泉へのアクセスは依然として困難な状況が続いている。また、これらの国々と植民地宗主国との関係は、ラテンアメリカ地域のスペイン語圏におけるいわゆる「メスティーソ」(白人と先住民との混血者たち)のアイデンティティ、歴史・社会・文化的位置づけ、自己カテゴリー化をめぐる問題からもうかがえるように、アフリカ諸国よりも複雑である。すなわち、先住民と、先住民と植民者との混血者の間には、政治的・経済的・文化的資本へのアクセスをめぐる差別と緊張関係と、現在進行形の文化・社会・経済的闘争があり、混血者と植民地宗主国の間には、植民地時代に形成された利権、独立後の複雑な歴史過程を経て新たに形成された利権をめぐる相互依存と緊張関係が存在する。また、冷戦状況下の国際政治・軍事バランスのもとで形成された多くの軍事政権は今日打倒され、民主化が成し遂げられているが、それらの傷跡は、各国民の間に、さらに複雑な差別と分断を持ち込んでいる。これらの国々・地域においては、このような複雑な近代史がもたらした多様かつ多層的な差別的社会分断と不平等に対して、マルクス主義や、その他の社会思想をツールとして社会正義の伸張を志向する考古学的実践が盛んである。

しかし、このような状況のもとヨーロッパ志向も根強く、先史時代遺跡を「インディアンの遺跡」などと呼び、その意義を無視・軽視する傾向なども一方で存在し、これらの国々・地域において考古学的実践をめぐる様相は複雑である。

最後に「第四象限」。この象限では資本と富の源泉へのアクセスが非常に容易なのに対して、セルフ・アイデンティティ獲得は困難である。言い換えれば、近代化とグローバル化の傾向性の複合が、「ポストモダン」状況と呼ばれることもある、先述のような問題状況を典型的に生み出しているのが、この象限であるといえる。アメリカ合衆国が、この象限の状況を典型的に体現している。合衆国では、前記に加えて新自由主義的潮流が雇用の流動化の形で人々の生活世界の流動化と断片化をさらに促進している。このような状況のもと、考古学的実践は加速的に内省的傾向を強めるとともに、そのような志向性に媒介された日常実践の政治化は、多様な考古学的実践の「生の政治学(life politics)」としての分化を促進している。

すなわち、合衆国をはじめとする国々においては、考古学的資料の示す時間的・地域的まとまり、単位に、ある種の人間集団の存在やその習俗が「反映」される、と想定して研究を進める枠組み、また、そのようなまとまりは、人間集団による、そのおかれた環境に対する「適応」のあり方を物質的に反映したものである、と想定して研究を進める枠組みは退潮し、それらに代わって、過去に生きた人々個々人や、様々なスケールの集団が、様々な物質的アイテム(その範囲には、小さな道具から、建築物、景観までが含まれる)を、ときに戦略的に、ときに慣習化されたやり方で用い、どのように自己のアイデンティティを構築し、どのような社会構造を生み出したり維持・改変したりしたかを分析することが、考古学的実践の主要な枠組みとなっている。そして、「どのような」人々の、物質的アイテムを用いた「どのような」戦略の遂行を、「どのように」分析するかは、前述のような「生の政治学」のジャンルとの対応において決定される傾向が生じている。例えば、「性差別」批判をテーマとする生の政治に対応するテーマとして、過去におけるジェンダー区分とその物質的表象を探求し、そこに権力関係の存在と抵抗の痕跡を見出すことを試みる「ジェンダー考古学・フェミニズム考古学」が、独立した研究ジャンルとして今日確立されている。

三 〈現代的考古学実践の四類型〉と公共考古学の課題

以上のように、「資本と富の源泉へのアクセスの難易」をX軸、「セルフ・アイデンティティの獲得の難易」をY軸として構成された四象限上にプロットされた地域・国々は、異なる近代化の軌跡を通じて構造化された社会・政治・経済・文化により構成された、それぞれ異なる生活世界とそのリアリティにより特徴づけられた(**図2**)。そして、それらに対応して、異なる考古学実践の類型が分化していることが確認された。これらを、第一〜第四象限に対応する〈現代的考古学実践第一〜四類型〉と呼ぶ。これらの類型はそれぞれ、現在、グローバル化の流れに起因し、これらに共通する規定的傾向性としての流動化と断片化への対応としての（現代考古学実践第四類型において最も特徴的に発達した）「内省志向」を共有しつつ、それぞれに異なる社会実践としての考古学的「サブ・パラダイム」を発展させているということができる[6]。

これら現代的考古学実践の第一〜四類型がそれぞれに帯びる社会実践としての公共性が、〈公共考古学〉の浮上の背景としてのリアリティを構成していることは、これまでの議論から明らかであろう。これらに対応して、個々の類型における公共考古学的課題が析出されることになる。

すなわち、「現代的考古学実践第一類型」においては、考古学の公共的使命として、「学問的成果として解明された人類史を市民に対していかに語るか」（以後、「現代考古学実践課題一」と略称）、が、同類型における公共考古学的課題となるであろう。その際、これまで語られてきた「人類史」が、植民地主義を支持・正当化するイデオロギーとして機能してきたという事実をいかに反省的に把握し、その再構築にどのように生かしていくか、がユニークかつ重要な課題となる。

「現代考古学実践第二・第三類型」においては、まず、「植民地主義の様々な（正負の）遺産と、考古学的実践を通じてどのように向き合うか」（「現代考古学実践課題二」）、が公共考古学的課題となるであろう。この際、おもに第二象限地域・国家において、今日、おもに国家を単位として編成されている植民地主義対抗言説の形成において、考古学がどのような役割を果たしうるのか、また、そのなかで、それが要求する戦略性に対し、「科学性」をいかに担保していくかが、ユニークかつ重要な課題となる。また、「様々な位相・スケールで進行する経済格差の拡大が、ポストコロニアル状況の深化と相関しつつ導く様々な内容の社会的緊張関係・差別の問題と、考古学的実践を通じてどのように向き合うか」(「現代考古学実践課題三」)、も第二・第三類型的公共考古学の課題となる。

「現代考古学実践第四類型」においては、「流動化・断片化する生活世界のなかで問題化する「アイデンティティ問題」、存在論的セキュリティの動揺に対し、考古学的実践を通じてどのように向き合うか」(「現代考古学実践課題四」)、が公共考古学的課題となる。

以上は、現代考古学的実践の諸類型がそれぞれ第一類型中心地(ヨーロッパ)、第二類型中心地(アフリカ)、第三類型中心地(ラテンアメリカ)、第四類型中心地(アメリカ合衆国)という地域性をもつ以上、公共考古学的実践における、それらそれぞれの地域における「主要」課題という性格をもつ。しかし、グローバル化が加速的に深化している今日の世界においては、これらの課題は、それらが歴史的条件に促されて析出された地域の垣根を超えて、専門分野としての公共性とその責任を意識した公共考古学的実践の普遍的(ユニバーサルな)課題群として共有され始めている。

四　公共考古学の統合的課題と可能性

先に示唆したとおり、グローバル化の進行は、前述四象限図式に整理されるような地域性を帯びた状況が平準化され、(A)格差、(B)差別、(C)アイデンティティとセキュリティ、の各問題が、地域ごとにそれぞれの強弱を異にしつつ対応・解決課題として存在するような状況を生み出しつつある。そして、問題A〜Cは、相互にそれぞれの傾向性を強化する、ポジティブ・フィードバック関係にある。すなわち、格差問題は差別問題と相関し、差別問題はアイデンティティとセキュリティの問題と相関し、アイデンティティとセキュリティ問題へのポピュリスト的対応、例えば民族主義・原理主義の浮上とマイノリティ差別はさらなる格差拡大につながる。そして、A〜Cそれぞれへのポピュリスト的解決案として、

（X）格差の存在を自然化・正当化する考古学的言説や実践、

（Y）差別を自然化・正当化する考古学的言説や実践、

（Z）アイデンティティとセキュリティ問題にできる限りイージーな解決を与える考古学的言説や実践、

を生み出す傾向性を導く。

現代考古学実践課題一「人類史をいかに語るか」において、単純な進化史観・ヨーロッパ中心主義に基づく考古学言説は、植民地化された各地が独自に発達させた社会システム・構造を「停滞」もしくは「進化を可能とする能力の欠如」の結果として語ってきた。このような言説は今日においても根強く残存する。そして、旧植民地としての第二・第三象限の諸地域・国々が、例えば（第四象限を構成するアメリカ合衆国において出現した「最も発達した最もスマートな社会工学的パッケージとしての」）〈新自由主義的社会システム〉を受容することは自然／当然であり、かつ、その「社会進化」的過程において一定の犠牲者がでるのは当然である、といった価値観を基盤とする言説空間を簡単に生み出してしまう。

現代考古学実践課題二・三、すなわち「植民地主義の様々な（正負の）遺産と、考古学的実践を通じてどのように向き合うか」「様々な位相・スケールで進行する経済格差の拡大が、ポストコロニアル状況の深化と相関しつつ導く様々な内容の社会的緊張関係・差別の問題と、考古学的実践を通じてどのように向き合うか」については、例えば、植民地支配の物的痕跡すなわち近現代物質資料は「本当の考古学」の対象

ではない、という根強い認識があり、それは、結果として植民地主義や近代の遺産として、遺跡・遺構・遺物としてこの地上・地下に遺る正負の痕跡から人々の目をそらせる。また、逆に、これらを「近代化遺産」として単純なヨーロッパ中心主義的進化/進歩史観と結びつけるならば、これも結果として、近代化遺産を生み出すことの「できなかった」地域・国々を蔑視・差別する視点を助長する可能性がある。

また、「植民地主義の様々な(正負の)遺産と、考古学的実践を通じてどのように向き合うか」「様々な位相・スケールで進行する経済格差の拡大が、ポストコロニアル状況の深化と相関しつつ導く様々な内容の社会的緊張関係・差別の問題と、考古学的実践を通じてどのように向き合うか」を課題とする実践が「オーセンティック(真正)な考古学ではない」、という認識は、「考古学とは価値中立/価値自由なものだ」、という意識と表裏一体である。しかし学問、ないしは科学的実践の「中立性」の幻想がじつは格差・差別の再生産に与するものであることは、社会科学分野・自然科学分野の垣根を超えて、学際的に広く明らかにされており、またそのことを意識しない研究実践が、ときに「疑似科学的言説」を導くことも、多くのケーススタディを通じて明らかにされている。にもかかわらず、このような認識は根強く残存している。

そして、現代考古学実践課題四「流動化・断片化する生活世界のなかで問題化するアイデンティティ問題、存在論的セキュリティの動揺に対し、考古学的実践を通じてどのように向き合うか」、は前述(Z)との対抗・緊張関係のなかで、最も困難な問題を公共考古学にもたらすであろう。自己アイデンティティの流動化・断片化が、先に詳しく述べてきたような様々な問題を生み出すのならば、これに対する「イージーな対応」を一概に否定しさることはできない。すなわち、できる限り遠い過去にまで自らの(自らにとって望ましい)似姿を投影し、人々が価値観とアイデンティティを共有しつつ調和的に生きたイメージを形成する。そして、おりに触れて、そのようなイメージを想起することによって、ますますよそよそしくなる社会関係を、「かつて共有されたアイデンティティ意識」で包み込み、自らの人生に一定の安心感を得る。そのことの価値を、単純に否定しさることはできないからだ。

それぞれにつき、実現可能な対応策が模索されねばならない。そして、それらはそのまま、公共考古学の今日的課題となるであろう。

端的にいって、グローバルな公共考古学の主要な実践課題は、

(X) 格差の存在を自然化・正当化する考古学的言説や実践、

(Y) 差別を自然化・正当化する考古学的言説や実践、

(Z) アイデンティティとセキュリティ問題にできる限りイージーな解決を与える考古学的言説や実践、

それぞれの〈脱構築〉ということになる。そして、このような脱構築に貢献するとともに、これらそれぞれの背後にある諸問題へのよりよい対応の考案・実践の媒介ともなりえるような人類史の叙述方法を探求すること(前述の現代考古学実践課題二)が、公共考古学の重要な実践課題の一つということになる。具体的には、グローバル化の進展のなかで、前記X、Y、Zは広義のナショナリスティック(国家主義的)な言説の形態をとることが多いことが経験的に確認されている。このような「無意識の志向性」は、今日の領域国民国家においてマジョリティとしてカテゴリー化される集団の「起源」を探求する作業を考古学実践の主要課題として、研究者にも市民にも認識させるような傾向性を生み出す。さらに、このような傾向性は、そのような「起源」ポイント以前と以後の考古資料をときに恣意《しい》的かつ切断的に区分し、それらにそれぞ

れ異なる意味を割り振る傾向性(起源ポイント以後を「真正の歴史」、以前をある種の「前史」とみなすような言説)を導く[Mizoguchi 2002: 29–45; 溝口 二〇一〇]。例えば、日本における「縄文〈人〉」と「弥生〈人〉」の区分がこれにあたる。そして、このような区分は、しばしば多様な差別感情と、複雑なニュアンスを含みつつ接続されている[Mizoguchi 2002: 29–25; 溝口 二〇一〇]。

しかし、このような傾向性を、科学的観点から単純に切り捨てることのなかに、公共考古学的最適解がないことも明らかである。なぜなら、前述のように、グローバル化は、アイデンティティの流動化・断片化傾向を世界に広げており、ある種の「民族」といった運命共同体の存在を過去へ過去へと遡らせることによって、ますますよそよそしくなる社会関係を、「かつて共有されたアイデンティティ意識」で包み込み、自らの人生に一定の安心感を得る、という戦略は、このような状況下で効果的に機能する、あるいはすでに機能しているからである。これを「虚妄」として嘲笑することは、広範な感情的反発を引き起こし、前記X、Y、Zの脱構築を阻害するとともに、かえってナショナリスティックな感情をあおることにもつながりかねない。

このような困難を、どうすれば克服できるか？ 過去をある種の「やすらぎの場」として参照することを許容しつつ、「民族の本源的特質の起源の探求」といった、現在と過去を本質主義的連続性の措定によって短絡させるような構えを脱構築するには、どのような方策があるだろうか？ 以下に、いくつかの可能性を例示しよう。

(1)例えば、ある人間集団は過去から未来永劫、本源的にある性向・特質をもっているというイメージに対抗するために、広義の〈(社会的)行為理論〉が考古学に導入されてきた。すなわち、過去に生きた人々を行為主体＝〈エイジェント〉としてとらえる。そして、行為主体としての人々が、日々の暮しのなかで様々な判断・選択を連続的におこないながら、それを習慣化させる形で社会〈構造〉・アイデンティティを構築する。それと同時に、そのような〈構造〉は、それら人々の判断・選択の様態を規定し返してくる。このようなフィードバック・ループのなかに埋め込まれた個々人を分析の基礎単位とする、いわゆる「構造化理論」などを導入することによって、アイデンティティや世界観や、物事の進め方、秩序の立て方などが、ある人間集団に本質的・本来的に備わっていたものでは決してない、いや、むしろ、それらは日々の暮しの積み重ねとその結果の累積としての歴史の帰結として今日我々とともにあり、今後も変わり続けていく、そのことを明らかにすることが試みられるようになった［溝口 二〇〇四］。そして、価値観・世界観が社会によってどのように構築され、そのような価値観・世界観に基づく人々の行動が同時に社会をいかに構築するのかを、長い時間を扱うことが得意な考古学の特性を生かして明らかにする努力が続けられている。このような理論的努力を継続し、体系化することは、公共考古学の実践の一つの重要な課題となるだろう。

(2)また、考古学の基本的な性格、すなわちモノ＝物質文化を研究する科学であることも、あらためて重視されるようになった。物質文化は人間の行為・思考・コミュニケーションを媒介する。そのことを通じてコミュニティの構築、アイデンティティの構築に機能的に貢献してきた。そして、それは現在においてもそうである。発掘された遺跡・遺構・遺物に触れて、私たちは私たちのコミュニティを構築し、アイデンティティを構築することができる。また、発掘調査それ自体、身体的な協同行為であり、それに様々な形で参画すること、そこで発掘される遺跡・遺構・遺物と触れ合うこと、また、そのような協同が実現されているということを体験することそのものが、それ自体コミュニティ(再)構築の機会ともなりえる［松田／岡村 二〇一二、一一三～一一八頁］。このように、「考古学する」、そのことを通じて、過去の人々が触れ、体験したモノの世界を現在において再体験する。そのことを通じて私たちのアイデンティティとコミュニティを再構築する。と同時に、過去の人々が彼ら彼女らのアイデンティティとコミュニティを構築したさま、また、それが変容した要因に思いをはせる。そこから、困難に富む今日をともに生きていくすべを学ぶことができるのではないか？　もしそうだとすれば、何をいかに学ぶのか？　現代考古学実践課題一～四と、このような問いをいかに接続するか？　これらについて考えることも、公共考古学の実践の重要な課題となる。

⑶また、以上のような、公共考古学的実践の理念型に潜むリスクと危険も、私たちは同時に学ばなければならない。なぜなら、そのようにして構築されたコミュニティやアイデンティティが、格差や差別を助長してしまう可能性も、また十分にあることが、考古学史を通じて、痛々しいほどに明らかにされているからだ。身体化した「知」を、論理で変容させることが困難であることも、再帰的社会科学的研究を通じて十分に明らかにされている。イデオロギーは、しばしば身体的テクノロジーによって醸成される。そのようなリスクへの意識をつねに喚起することも、公共考古学の実践の重要な課題である。

⑷そして、当然、このような目標を達成するための諸条件をいかに整備するかも、公共考古学の実践の重要な課題となる。どのような場面で、どのような環境のもと、どのように過去と触れ合うか、また、触れ合うことを可能にすべきか？　これらについて、やはり、現代考古学実践課題一～四にいかに対応するか、を念頭におきながら、国や地域、また、それぞれの場面ごとに異なるコンテクストのなかで、それら

を実現するためのそのときそのときの最良慣行(best practice)が考え出されなければならない。

そのとき、利害加担者としての立場性の絶対化は避けられるべき、ということも強調しておきたいと思う。すなわち、過去において、植民地主義の結果、その過去(例えば口承伝承や神話の形で記憶・伝達された先住民祖先の歴史)を簒奪《さんだつ》／否定された人々が、その再興・復権を図ることは当然である。しかし同時に、そのような人々の過去に関する「科学的」な分析への欲求が生じたとき、その「科学性」でもって、先住民の口承伝承や神話の形態をとる歴史を否定しさることも、また、それらでもって、「科学的」歴史復元の道を閉ざすことも適切ではない。徹底した対話の継続により、そのときそのときの諸要因と諸欲求の均衡点に、実践空間のあり方が見出され、見直されてゆかれるべきである。

おわりに

習慣、記憶、それらの表出を媒介する感情と、身体をはじめとする行為の様々な環境との結節としての我々一人一人が、我々一人一人の生活様態への意図的介入の不可避性を意識しつつ実践する考古学、そのような考古学の営みが〈公共考古学〉であるとするならば、格差、差別、アイデンティティ、習慣、記憶、感情、身体、モノといったファクターのうちの単一要素、ないしはいくつかの要素をアドホックに組み合わせた観点・枠組みから、個々の経験を〈公共考古学〉の旗印のもとに記述していく形の知の蓄積は、「印象批評」の蓄積以上の意味はもちえないだろう。本章のような形がベストのものであるか否かは別として、〈公共考古学〉の目的と対象を明確に定位し、目的達成のための方法と、それに媒介された対象へのアプローチを諸単元に整理し、それぞれの批判的共有を可能とするとともに、実践の結果の反省に基づき方法と対象を修正していく、という体制を確立しない限り、〈公共考古学〉は、生活世界のリアリティの変容への条件反射的対応として浮上する「無批判的言説」の域に留まる可能性もおおいにある。本章でおこなった作業が、考古学という専門分野の一サブ分野としての〈公共考古学〉の確立のための基礎作業となりえていることを祈りながら、この考察を閉じたい。

◆註

1　本章においては、「公共考古学」の標記を用いる。しかし、松田陽は、Public Archaeology の「public」に、訳語としての〈公共考古学〉の「公共」では汲み取り切れない含意を認め、この取組がめざすことの対象・方法・成果の蓄積の総体を〈パブリック・アーケオロジー〉と呼称することを提唱する［松田／岡村 二〇一二、第一章、ことに二一頁参照］。同書は今日の公共考古学の全容・世界的動向を整理した、優れた、また日本語による初の入門書であり、一読をお勧めしたい。

2　ニクラス・ルーマンの業績は膨大であり、その理論はその包括性とともにその難解さでもって知られる。ここでは、その主著［ルーマン 二〇〇九］と、定評ある入門書［クニール／ナセヒ 一九九五］をあげておく。

3　ルーマンは「成層分化社会」に先行するコミュニケーションの分化様態・社会形態として「環節分化」と「中心‐周辺分化」をあげている。前者は、構造的に同様な社会集団が空間的に併存し、相互に環節的に結びついているような形態、後者は、中心的な大型居住集団を衛星的な小規模居住集団が取り巻き、大型居住集団の意向が支配的となっていくような形態である。

4　以下の本章の記述の詳細については［Mizoguchi 2015］を参照のこと。また、世界の考古学的実践の諸相とその社会的背景の概観は［Trigger 2006］が最も詳しく適切である。

5　http://en.wikipedia.org/wiki/List_of_Foreign_Archaeological_Institutes_in_Greece 参照（二〇一五年五月二日アクセス）

6　前述四象限中の日本の位置付けは、その近代化過程の特異性とその後の歴史的軌跡との関連において単純ではない。すなわち、第二・第三象限的状況を起点とするその軌跡は、植民地宗主国になろうとして第一象限に接近するも、アジア太平洋戦争の敗戦により、第三象限的位置にいったんは落ち着く。戦後の経済成長とその後の軌跡は日本を第一・第四象限的状況へと向かわせたものの、その位置はいずれの象限にも完全にあてはまるものとはならず、今日、両者の要素を不安定的に共存させている。そのような意味で、日本における公共考古学の実践は、以下に述べる現代考古学実践課題すべてを有機的に総合する種類のものとならざるをえない。その実態の見通しについては、稿を改める必要がある。

◆参考文献

［クニール／ナセヒ 一九九五］ ゲオルク・クニール／アルミン・ナセヒ『ルーマン社会システム理論――「知」の扉をひらく』新泉社(原著は一九九三)
［松田／岡村 二〇一二］ 松田陽・岡村勝行『入門パブリック・アーケオロジー』同成社
［溝口 二〇〇四］ 溝口孝司「構造化理論」(安斎正人編『現代考古学事典』同成社) 一三六〜一四一頁
［溝口 二〇一〇］ 溝口孝司「縄文時代の位置価」(小杉康・谷口康浩・矢野健一・水之江和同編『縄文時代の考古学 第12巻 研究の行方』同成社) 九七〜一〇一頁
［ルーマン 二〇〇九］ ニクラス・ルーマン『社会の社会』全二巻、法政大学出版局(原著は一九九七)
［Mizoguchi 2002］ Mizoguchi, Koji, *An Archaeological History of Japan, 40,000 BC to AD 700*, University of Pennsylvania Press.
［Mizoguchi 2015］ Mizoguci, Koji, A Future of Archaeology, *Antiquity*, 89(343), pp. 12–22.
［Trigger 2006］ Trigger, Bruce, *A History of Archaeological Thought*, 2nd ed., Cambridge University Press.

現代の記録を未来へ

――アーカイビングにかかわる責任の連続

中島　康比古

はじめに

人は、個人も組織や団体なども、その社会的活動の過程で様々な記録を作成する。それらの記録は、その活動に関する証拠であり、当事者自らが活動を継続したり見直したりする、または第三者に対して自らの活動の正当性を証明する場合などに役立つほか、第三者が検証したり教訓を得たりする際の有益な資料にもなる。人が社会的存在である限りにおいて、同時代のみならず、世代・時代を超えても、社会的に有用な情報資源となりうる。

現代に生きる私たちは、過去の世代が遺した大量かつ多様な記録を活用している。では、私たちが今生きていることの証を記録として未来へ引き継ぐために何をする必要があるのだろうか。私たちは、どのような責任を有しているのだろうか。本章では、これらの問いについて考えるうえでのヒントを得るため、記録を見る新しい視点、記録の評価選別およびデジタル・ネットワーク化との向合い方について若干の考察をおこないたい。

なお、本章では、つぎに記す、世界のアーカイブズ機関と専門職団体などが集う国際公文書館会議(International Council on Archives, ＩＣＡ)が一九九七年に発表した電子記録の管理に関する研究報告書［ＩＣＡ 二〇〇六ａ］における「記録」の定義を前提に議論を展開することとする。

記録とは、機関や個人の活動の開始時、実施時、完了時に作成または受領され、その活動に証拠を与えるに足る内容、コンテクスト、構造から成る、記録された情報である。

一　記録を見る新しい視点

レコード・コンティニュアム論

前世紀(二十世紀)末に、情報通信技術(ＩＣＴ)の発達にともない電子記録が大量に生み出されつつある状況を背景に、個人や組織がその社会的活動の過程で作成・取得する記録にかかわる多様な営為を包括的に理解しようとする新たな考え方が提起された。それが、オーストラリアのフランク・アップウォードやスー・マケミッシュらが主唱する「レコード・コンティニュアム(Records Continuum)」論(以下「コンティニュアム論」という)である。

レコード・コンティニュアム図の紹介については、清原論文(一一七頁)に譲るとして、アップウォードによれば、コンティニュアム論は、継続的保存価値(continuing value)を有する記録(すなわち、アーカイブズ)を包含する「記録」概念によって、記録が社会行為や証拠、記憶として用いられる側面を強調するのみならず、記録が保存されるのが一瞬であろうと一千年であろうと、アーカイビングと記録管理にかかわる方法を一体化するとされる［Upward 1996］。

コンティニュアム論のもう一人の主唱者であるマケミッシュは、業務上の参照頻度や研究上の価値などによって記録とアーカイブズを区別し、それぞれを扱うレコードマネジャーとアーキビストの間に一線を画する従来の考え方を超えて、両者を記録管理専門家として統合すると主張する。コンティニュアム論において、記録管理専門家は、組織的、民主的、歴史的アカウンタビリティに強く結びつけられる。また、記録管理にかかわる方針や標準、実施戦略などを策定し、記録管理に携わる者に助言を与え、教育訓練を施し、記録管理の重要性を唱導し、実施過程や結果を監査するなどの役割を担うのだという。その過程において、例えば、第四次元においては、文化財専門家、社会学者、歴史学者、ライブラリアン、情報技術政策決定機関、立法者、標準策定者や行政機関、監視機関や一般国民など、広範な利害関係者と協力関係を構築することが望ましいとされる［マケミッシュ 二〇〇六］。

ここからは、コンティニュアム論の留意点について筆者なりに整理しておく。

第一次元で、行為者は自らの行為の痕跡を文書に留めるが、遺るのは痕跡のみで、この次元ですでに情報の取捨選択が起こっている。第二次元では、行為者が属する一定の単位により、複数の行為の集合体である活動の証拠として記録が記録管理システム内に捕捉される。このとき、行為者以外の、例えば、単位のほかの構成員や後任者などに伝達・理解できるように、文書相互の関連づけをおこなったり、コンテクストなどの関連情報をメタデータとして付与したりする。アップウォードは第二次元を決定的に重要であると位置づけているが、その核心は、記録を行為者以外にも伝達・理解可能にすることにある。

第三次元では、第二次元で捕捉された複数の記録が、組織全体で共有される。これが「アーカイブ」である。第四次元では、組織が属するコミュニティ（そこには「アーカイブ」が複数存在する）において、複数形のアーカイブズが、組織の枠を超えて社会的に共有される。複数形は、組織記録「アーカイブ」が多元的に存在することをあらわしている。

また、四重の同心円の運動は、外から内、すなわち、第四次元から第一次元へ向かう運動があってはじめて、内から外へ向かう動力を与えられるともいえる。コミュニティが様々な目的を達成するために制度化をおこなうとき、記録の社会的な共有も組み込まれる(第四次元)。制度化により組織はコミュニティから機能を付与され、記録を組織的に共有することを求められる(第三次元)。組織は、各単位に様々な活動の責任を割り当て、記録の捕捉を求める(第二次元)。単位に属する行為者は、行為の痕跡を文書に留める(第一次元)。四つの軸との交点にあらわれる一六の座標は、記録管理・アーカイビングにかかわる実体(entities)の連続性を図示している。

ここにおいて、文書を作成し、それを記録として捕捉し社会的・組織的に共有する責任は、一義的に、社会的な活動をおこなう各次元の主体に課されることになる。

記録とアカウンタビリティ

コンティニュアム論において、コミュニティから機能を付与された組織、組織から活動の責任を割り当てられた単位、単位から行為を求められた者は、それぞれアカウンタビリティを確保するために、文書を作成し、記録として捕捉し共有することも、あわせて求められる。では、マケミッシュがいう「組織的、民主的、歴史的アカウンタビリティ」とは何か。そもそも、アカウンタビリティとは何だろうか。

だが、コンティニュアム論の主唱者たちがアカウンタビリティをどのように理解しているのか必ずしも明らかではない。そこで、ここでは「アカウンタビリティ学」の必要性を提唱する山本清の議論を参照してみたい。

山本は、アカウンタビリティを「自己の行為を説明し、正当化する義務であり、説明者は懲罰を受ける可能性を持つもの」と定義する。そのうえで、現代につながるアカウンタビリティ概念は、その起源を古代アテネの市民社会に求めることができるとする。そこでは、「執政と兵役の義務を担うようになった市民が、その結果について民会で報告し承認を得る責任」を課されたが、「報告が承認されない場合は弾劾裁判にかけられ」るという「極めて厳しい懲罰性を帯びたものであった」。その後、十一世紀にウィリアム一世がイングランド支配にともない作成・報告させた土地台帳、いわゆる「ドゥームズデイ・ブック」以来、財務・会計的な用語として長く用いられてきた。それゆえ、アカウンタビリティの基礎を最も長く与えてきたのは、「計算・記録とその正確性の検証を体系的に行う」会計学であった。また、説明者と被説明者(受託者と委託者)の関係は、アカウンタビリティが問われる場面によって異なる。したがって、誰が、誰に、何について、なぜ、アカウンタビリティを負うのかを明らかにする必要がある。とりわけ、現代社会においては、分業化や専門化、委託化の進展や利害関係者の拡大などにともなって、その把握は難しくなってきていると指摘する。さらに、従来、説明者と被説明者の関係は、同時代・同世代の時間軸に限定して理解されてきたが、複数の世代にわたる長期的な理解が求められるようになってきた。これについて、山本は、懲罰可能性が担保されることから、親世代・子世代の間ではアカウンタビリティを確保することができるとするが、遠い将来世代との間では、ある時点で両世代が現存する可能性がなく、懲罰を含む責任をとることができないことから、倫理的責務に留まり、アカウンタビリティではなくレスポンシビリティとして考えるとの見解を示している〔山本 二〇一三〕。

以上の山本の議論を参考にして、あらためてコンティニュアム論をみると、組織とコミュニティ、単位と組織、そして、行為者と単位の関係は、アカウンタビリティにかかわる説明者と被説明者（受託者と委託者）のそれとして理解できる。また、マケミッシュがいう「組織的、民主的」アカウンタビリティについても、とりわけ、民主制における政府組織の場合、その意味するところは、組織内部において単位が組織（の長）に対して負うもの、組織（の長）が主権者たる国民・住民のコミュニティに対して負うものとして理解できる。また、自らの行為についての説明が、正確な記録に基づいておこなわれる必要があるともいえる。

つぎに、「歴史的」アカウンタビリティは「世代間」のアカウンタビリティと理解できるが、山本の議論を踏まえると、このアカウンタビリティが成立するのは、n世代と「n＋一」世代の間に限定されるといえそうだ。n世代と「n＋二以上」世代の間には、「歴史的」（または「世代間」）アカウンタビリティは構想しえないのか。確かに、現存しない将来世代と現世代の間では委託・受託の関係は成立しがたい。まして、懲罰を課すことはできない。だが、遠く隔たった世代との関係をいかに構想し意思決定などをおこなうかが問われる場面が多々あることを考えると、将来における的確な検証・評価・批判を可能にするため、現世代の意思決定や行為のプロセスや結果にかかわる正確な記録を作成・捕捉し将来世代に継承することが、アカウンタビリティの核心を構成するのではなかろうか。

では、組織的、民主的、歴史的アカウンタビリティの確保などの観点から、どのような記録を作成・捕捉し共有・継承するべきなのだろうか。次節では、記録の「評価選別」について考察することとする。

二 「評価選別」ということ――共有・継承すべき記録とは何か

すべてを遺す?

「世界が始まって以来、あらゆる人間が持ったものをはるかに超える記憶を、わたし一人で持っています。」

「わたしの記憶は、ごみ捨て場のようなものです。」

これは、アルゼンチン出身の作家J・L・ボルヘスが著した短編小説「記憶の人、フネス」の登場人物フネスが語った言葉である。フネスは、自ら経験、知覚、想像などしたすべてのものを個別かつ詳細に記憶していた。そのようなフネスの記憶世界について、聞き手の「わたし」は、「フネスのいわばすし詰めの世界には、およそ直截的な細部しか存在しなかった」と評している〔ボルヘス 一九九三〕。すべてを記憶することについての懐疑。記憶を外部化し他者との共有・継承を可能にする記録についても、同じような懐疑がつきまとう。すべてを記録することは「すし詰めの世界」や「ごみ捨て場」をつくりだすことにならないか。

記録管理・アーカイビングの世界において、記録の評価選別(appraisal)に関する理論や実践が論じられるようになったのは、最近百年ほどの比較的新しい動きであり、研究者や実務者による議論も多様である。オーストラリアのエイドリアン・カニンガムはつぎのように慨嘆している。

記録管理(recordkeeping)の取組のあらゆる分野のなかで、評価選別ほど、専門家の国際的なコンセンサスが得られていない分野はほかにない。コンセンサスの欠如は、評価選別とは何か、なぜ評価選別をするのか、どのように評価選別するのか、誰の意見を聴けばいいのか／誰が評価選別プロセスに関与すればいいのか、評価選別にかかわる意思決定をどのように記録しアカウンタビリティを確保すればいいのか、さらに、そもそも、評価選別をすべきか否か、言い換えると、すべてのことにおよぶ。［Cunningham 2010］

そこで、ここでは、評価選別をめぐる論点のいくつかについて、議論を整理することとしよう。なお、ここで「評価選別」を論じるのは、もっぱら政府組織の記録について、である。

まず、評価選別の定義について。ＩＣＡの用語辞典では、「アーカイブ価値に基づいて記録の最終処分を決定するアーカイブズの基本的機能」とし、「アーカイブ価値」は「行政的、財政的、法的、証拠的および／または情報的価値で、記録またはアーカイブズの無期限または永久の保存を正当化するもの」と定義している［ICA 1988］。これらを整理すると、記録の最終処分、すなわち、その廃棄または無期限もしくは永久の保存を決定する機能として評価選別をとらえることができるが、それが拠って立つ価値基準は多様であることもわかる。

一方、コンティニュアム論を生んだオーストラリアで策定された記録管理に関する標準ＡＳ四三九〇では、つぎのように定義していた［Standards Australia 1996］。

業務上のニーズ、組織のアカウンタビリティ要件およびコミュニティの期待を満たすために、どのような記録を捕捉し、どの程度の期間保存する必要があるのかを決定するための業務活動の評価プロセス。

ＩＣＡ用語辞典の定義では、すでに存在している記録の最終処分を決定するとされ、その最終処分は廃棄と永久的な保存の二者択一とされている。これに対して、AS四三九〇の定義では何を記録として管理対象にするのかというところから問うているほか、継続的または永久的な保存は保存期間設定のバリエーションの一つとして位置づけられているといえる。

評価選別(1)――その必要性と目的

つぎに、評価選別の必要性について。「行政国家」化の動きや第一次世界大戦を経て、イギリスのヒラリー・ジェンキンソンが一九二〇年代に評価選別を論じたのは、記録の爆発的増大に直面して、その現実的対処を迫られたからであった。第二次世界大戦を経て、一九五〇年代半ばにアメリカのセオドア・シェレンバーグが論じた際には、大量の記録から最も有用なものだけを選別し後世に遺すことは、それを作成した組織にも社会にも有益であるとして、積極的な意味が付与されることとなった。これ以後、評価選別の必要性については、一定のコンセンサスが得られていたと考えられる。とはいえ、それは、記録管理・アーカイビングに関心をもつ、ごく限られた人々のコミュニティ内に限定されており、そもそも、評価選別がおこなわれていること自体、社会一般に認識・理解されていなかったのではないか。

つぎに、評価選別の目的(それは、記録管理・アーカイビングの全般的な目的によって規定されると考えられるが)によって、質・量の両面で、どのような記録を管理し継承すべき対象とするのかが変わるだろう。カニンガムの整理によれば、近代の国民国家形成以降、継続的保存価値を有する記録を保存・利用するために、各国で「国立公文書館」が設置されたが、このうち、ヨーロッパ各国のほか、それらの植民地統治から独立したアジア、アフリカ、南米、南太平洋などの各国では法的および行政運営上の目的から設置されたのに対して、北米のアメリカ合衆国とカナダでは歴史的・文化的要請に基づいていたという

[Cunningham 2005]。

法的および行政運営上の目的のために公文書館が設置された場合、法的義務の履行や行政運営上の必要に基づく過去の事例の参照・検証などに有用な記録が遺されるだろう。一九九〇年代初めから十数年間オランダで取り組まれたPIVOTプロジェクトが政府の組織や政策に関するものを優先して記録を遺そうとしたことは、その一例である。政策の形成過程における情報の収集・分析や実施過程における個別事案への目配りをどの程度するかによって変動しうるが、継続的保存の対象となる記録は量的に絞り込まれるであろう。

一方、歴史的・文化的要請から設置された場合、現在および将来の歴史研究に資する資料や文化遺産になりうる記録を選別することになるだろう。そのことを明快な論理で説いたのがシェレンバーグである。彼は、記録に内在する価値を、作成組織にとって有用な「一次的価値(primary values)」と作成組織以外の第三者にとっての「二次的価値(secondary values)」に二分し、継続的保存価値を有する記録の選別には後者の評価が重要だと説いた。また、「二次的価値」を、作成組織の機能、政策、手続きなどに関する「証拠的価値」と作成組織の活動の対象である個人、法人、社会的・自然的環境などに関する「情報的価値」に二分し、後者を社会の実相を理解するための資料として重視し、公文書館で働く歴史家的素養を有するアーキビストは、「情報的価値」の評価に力点をおくべきだと主張した。このアプローチで留意すべきは、作成組織にとって価値のある記録を継続的保存の対象とすることが否定されていないことである。そのうえで、第三者、とくに現在および将来の歴史研究に資する資料や文化遺産となりうるもの(潜在的には、すべての記録が、そのような価値を有するであろう)を予測して選別する。したがって、大量の記録から最も有益なものだけを選び出すことに積極的意義を見出したシェレンバーグであるが、継続的保存の対象となる記録は非常に幅広くなると考えられる。

評価選別(2)——関与すべき主体と方法

続いて、誰が評価選別プロセスに関与すべきか。記録管理・アーカイビングおよび評価選別が、もっぱら法的および行政運営上の目的に基づいておこなわれるのであれば、記録作成組織内の記録を作成・捕捉した各部署およびコンプライアンス部門がおこなうべきであろう。ジェンキンソンは記録を作成した組織が選別するべきだと考えていたが、現在でも、彼の母国イギリスでは、記録を評価選別し「永久保存記録」を選定する責任は各政府組織の側にある。ただし、公文書館側は評価選別にかかわる方針を示すことにより各機関の選別をサポートするなど一定の関与をおこなっている。一方、アメリカやカナダでは、歴史的・文化的観点からの選別における公文書館およびアーキビスト側の役割の重さが強調されてきた。だが、シェレンバーグの議論でも、「一次的価値」からみた選別を否定していない。アメリカやカナダの記録管理・アーカイビング制度のもとでは、連邦政府組織は、国立公文書館長の承認を得ずに記録を廃棄することができないとされている。つまり、公文書館は廃棄をストップしうる「門番」の役割を演ずるのである。ただし、「門番」の役割を歴史的・文化的要請を重視して演ずるということは、記録が作成・管理されるコンテクストとは異なる、別の「モノサシ」(価値基準)をあてるということである。記録作成組織と公文書館が個々別々の論理・観点から評価選別に関与するわけで、政府全体でみれば、複数の主体による複眼的な評価選別がおこなわれるということであろう[1]。

最後に、方法について。まず、美術品や骨董品の鑑定などと同様に、一点一点の記録の内容を精査する方法が考えられる。だが、そのような方法で膨大な記録を扱うことが実際上できるだろうか。また、それが最も適切な方法なのだろうか。一九九一年にカナダ国立公文書館が連邦政府記録の評価選別において「マクロ評価選別」を公式に採用して以降、世界的に主流になりつつあるのは、個々の記録の内容よりも記録が作成・管理される社会的コンテクストや組織の機能を重視する方法論である。長い間、カナダでは、政府の組織や政策に関する重要な記録の多くが各組織内部の保管施設に留め置かれ、国立公文書館が評価選別を求められるのは、それらの保管施設が満杯になった際に、さほど重要ではないが大量にある記録群を廃棄しようとするときであった。また、歴史的・文化的要請に基づく記録管理・アーカイビングを追求してきたが、徐々に公文書館で保存する記録群への利用ニーズが多様化し、歴史や文化だけではとらえきれなくなっていた。さらに、制度改正にともない評価選別すべき記録が大量に発生することが見込まれ、その合理化・効率化も求められることになった。これらを背景として、政府組織の機能のほか、社会的ニーズが表出される政府と国民の相互作用のうち重要なものなどを把握し、それらを作成・管理のコンテクストとして有する記録を継続的保存価値があるものとして選別する、マクロ評価選別の手法を採用することとなった。それは、二〇〇四年から〇九年までカナダ国立図書館公文書館の館長を務めたイアン・ウィルソンの言葉を借りれば、地を這う蟻ではなく空高く舞う鳥の視線で、記録が作成し機能する社会的コンテクストを見て選別をおこなうというものであった［ウィルソン　二〇〇五］。これ以降、組織の機能を重視する方法論は各国の記録管理・アーカイビングにおいて急速に浸透している。だが、「記録そのものを見ずに評価選別はできない」という主張も、依然として力をもっている。

レコード・コンティニュアム論、再び

本節の最後に、評価選別という観点から、コンティニュアム論を読み解いてみたい。

まず、先にみたAS四三九〇における評価選別の定義は、コンティニュアム論の基本的考え方を忠実に反映していると考えられる。これを前提とするならば、捕捉・管理すべき記録とその保存期間を決定するとしていることから、コンティニュアム論は「すべてを遺す」とは考えていないといえる。また、評価選別の目的は、業務上のニーズ、組織のアカウンタビリティ要件およびコミュニティの期待を満たすことにあるとされる。このうち、業務上のニーズはコンティニュアムの第二次元(捕捉)に、組織のアカウンタビリティ要件は第三次元(組織化)に、コミュニティの期待は第四次元(多元化)に、それぞれ強く関連づけられている。このようにみるならば、これらの目的は、相互に排他的なのではなく重層的に存在する。さらに、コミュニティと組織、組織と単位、単位と行為者、それぞれの組合せが権能の付与およびそれに対応したアカウンタビリティの確保という関係にあることから、記録の捕捉や保存期間の決定は、記録が有する政策過程の信頼できる証拠としての性質を重視するという考え方を基盤になされるものと考えられる。

目的の重層性は、関与主体のそれにつながる。業務上のニーズに基づく評価は記録を捕捉する単位が、組織のアカウンタビリティ要件に基づくそれは、記録を組織化する組織が全体として関与すると考えられる。では、コミュニティの期待に基づく評価は、誰がおこなうのか。誰の意見を聴けばいいのだろうか。一つの考え方は、公文書館が関与するというものである。だが、公文書館は組織の一部門にすぎず、それだけで十分なのかという疑問が生じる。むしろ、コミュニティの期待に基づく評価は、やはり、コミュニティそのもの(例えば、政府記録の評価選別であれば、政府に権能を付託した国民・住民のコミュニティ)によっ

ておこなわれるべきではないか。そうしてこそ、組織の社会的活動および記録管理・アーカイビングに関する民主的統制が確保される。ただし、個別の記録の内容を見るという方法を採るとすれば、コミュニティの関与は、実質的には実現不可能であろう。だが、コンティニュアム論の基本的考え方を反映させたAS四三九〇では、記録が作成・管理されるコンテクストである機能の評価を評価選別と位置づけている。組織機能の評価およびその成果に基づく基本的方針や基準の策定などの場面であれば、コミュニティの関与は実現可能であろう。

それでは、社会的に共有・継承されるべき記録とは、どのようなものだろうか。コンティニュアム論をきわめて図式的に理解すれば、コミュニティが追求する目的を実現するための制度にかかわる記録が最も重要であり、それにつぐのは各組織が果たす機能にかかわる記録であるといえるかもしれない。だが、コンティニュアムが示す第二次元、第三次元および第四次元の連続性や重層性を考えれば、むしろ、個別の記録も一定のまとまりをもつ記録群も、コミュニティ全体におよぶ制度、組織が実現をめざす目的、単位がおこなう活動のそれぞれに、様々な「濃度」で重層的に関連づけられており、その「濃度」をどのように評価するのかが記録の選別にかかわる重要な考慮要素となると考えられる。

では、政策過程を検証するための記録を、どこまで広く深く社会的に共有・継承すべきなのだろうか。一口に「政策過程」といっても、国によって、中央と地方の関係によって、統治機構も政策過程における主体の関与の仕方も異なり、作成・管理などすべき記録も一律ではないと考えられるが、まさに、それらのうち何を共有・継承すべきなのかという問題に対する解は、やはり、コミュニティの期待によって規定されるであろう。世代を超えた政策過程の検証などのために、民主主義のコストとして、環境負荷なども考慮に入れつつ、コミュニティ自体が自らに何を、どの程度まで求めるのかについて持続可能な選択をすることが求められているのではないだろうか。

三　デジタル・ネットワーク化と向き合う

デジタル記録の共有と継承

現代の私たちは多くの局面でデジタル・ネットワーク環境を前提として社会的活動をおこない、記録もデジタルで作成しネットワークを介して流通・共有している。したがって、これらを将来世代に継承するためには、デジタル・ネットワーク化と向き合う必要があると考えられる。

本章の冒頭でみた定義にあるように、記録は内容、コンテクスト、構造からなる。このうち、コンテクストには、記録の作成に責任を有する主体、他の記録との関係、および記録を作成した主体の機能・活動などがある。また、構造には、記号、レイアウト、形態などがある。これらに関するメタデータを記録に付すことによって、記録は第三者にとって理解可能なものになる。これは、コンティニュアム論における第二次元(捕捉)に相当する。記録の捕捉を適切におこなうためには、個々の記録を作成する前に、社会的活動の証拠としての記録の品質(完全性、真正性、可用性など)を保持するための要件を定義したうえで、メタデータを体系化し記録管理システムを構築する必要がある。

デジタル情報は、伝統的な紙やフィルムなどの物理的媒体によるものと異なり、人間が直接的に認識できない形式で記録されている。「機械可読(machine-readable)」とはいうが、「機械」すなわち情報システムによって「翻訳」しなければ人間が認識できる形式にならない。その情報システム(ハードウエア、ソフトウエア)は比較的短期に陳腐化し入手困難になるおそれがあるほか、記録媒体も、紙媒体などより「寿命」が短いとされる。したがって、技術動向や媒体の「寿命」などをつねに注視して、フォーマットや媒体の移行(migration)を定期的におこなう必要がある。

記録を社会的活動の証拠としての品質を保持しながら維持するためには、最初に記録を捕捉する時点だけでなく、フォーマットや媒体の移行など、記録の作成・捕捉後における維持管理などのために記録に対しておこなわれる措置の計画や実績に関するメタデータも付与する必要がある。記録を継続的に維持管理し、つぎの世代に継承するためには、紙媒体などによる記録でも保存環境をととのえて定期的に適切なケアをおこなう必要があるが、デジタル記録では、その「機械可読」性のゆえに、体系的なメタデータの付与による管理は必須である〔以上、ICA 二〇〇六a・二〇〇六b〕。

なお、ここまでの議論は、デジタルで作成・管理される「ボーン・デジタル」記録を念頭においているが、紙媒体などによる記録をデジタル化した場合にも、同様の配慮や措置は必要となる。とくに体系的なメタデータの付与は、複製データの管理にも、検索・利用の際に記録を識別・特定するためにも必要不可欠である。

一方、ネットワーク化の進展は、ソーシャルメディアの普及などを通じて、デジタル情報の流通を一方通行的なものから、同時的かつ多元的なものへと変貌させた(いわゆるウェブ2.0)。多くのユーザが発受信者となり、コミュニケーションは同時的、多元的かつ多方向になった。コンティニュアム論の枠組みで考えれば、ソーシャルメディアへの書込みなどは、当事者のみに理解可能な文書というよりも、組織的に共有されるアーカイブやコミュニティ全体で共有されるアーカイブズに瞬時になるというのが、現代のネットワーク社会におけるコミュニケーションの実態である。このような環境では、記録の内容、コンテクストおよび構造はつねに変動しうるのであり、その変動を跡づけることができるようにメタデータを付与することが一層重要になってくる。また、それらのすべてを長期に保存し継承する必要があるのか否か、評価選別が必要になると考えられる。

いわゆる「忘れられる権利」をめぐって

紙などの物理的媒体に記録された記録や情報へのアクセスは、実際上は、その記録を保存・公開する施設に直接出向くなどの時間的・金銭的余裕がある者にのみ可能な、ある意味「贅沢な」行為である。現在においても、過去に作成された記録や出版物などの多くは、デジタル化されておらず、そのためインターネットを通じた利用も不可能であり、それらへのアクセスは、やはり、物理的・地理的・時間的な「障壁」を乗り越えてはじめて可能になる。つまり、アクセス可能であるか否か、「実際上曖昧《あいまい》な状態(practical obscurity)」なのである。

デジタル・ネットワーク化は、その「障壁」およびアクセス可能性にかかわる「実際上曖昧な状態」を解消する。政府情報のアクセス可能性が飛躍的に向上し、政府活動の透明性が高まれば、コミュニティの成員は適切な情報を入手したうえで意思決定できるようになる。一方で、デジタル化された個人情報のインターネットを通じたアクセス可能性が高まる場合、当該個人のプライバシーの権利を侵害するおそれが高まるとの懸念も表明されるようになってきた。いわゆる「忘れられる権利(right to be forgotten)」の問題は、その一例である。二〇一二年に欧州委員会によりEUデータ保護規則提案がなされて、日本でも俄然注目が集まっている。とくに、デジタル情報は複製や統合などが容易であるだけに、その利用とプライバシーの権利の保護の間のバランスを、どのようにとるべきかが問われている。「実際上曖昧な状態」の喪失がプライバシーの権利に与える影響やそれに対する対処法については、各国の研究者や実務家の間で議論が進められている。ここでは、それらのなかから興味深いものをいくつか紹介しよう。

現在オクスフォード大学インターネット研究所の教授を務めているビクター・マイヤー・ショーンベルガーは、二〇〇九年に発表した著作において、「デジタル時代における忘却の美徳」を説く。人類の歴史上、記憶することは費用がかさみ困難であり、忘却することが初期値であった。だが、デジタル時代になって状況は一変。はじめて、忘却よりも記憶のほうが安価かつ容易になった。デジタル技術は、我々の言動(たとえ、それが遠い過去のものであったとしても)を包括的に復元すること、そして、空間的・時間的に広がりのある「パノプティコン(一望監視システム)[2]」を創造することを可能にした。だが、忘却することで人は個別の経験から一般化や抽象化することができる。忘却することで人を許したり、人が過去に縛られずに変わることを認めたりすることができる、と。そのうえで、デジタル時代の忘却として、情報に有効期限を設定することを提起した[Schönberger 2009]。

ショーンベルガーは期限切れデータの削除を提案しているが、データの削除ではなく、オンライン上に「曖昧な状態」を創り出すことによって、情報のアクセス可能性とプライバシーの権利の保護の間の権衡を確保しようとしているのは、サムフォード大学准教授のウッドロー・ハーツォグらである。オンライン上での情報へのアクセス可能性を左右し、オンライン上の「曖昧な状態」を創り出しうる主要な要素として、検索の容易さ、制限のないアクセス、個人の識別、明瞭さをあげて、これらに一定の制限を加えることを提案している[Hartzog and Stutsman 2013]。

デジタル・ネットワーク化した環境におけるプライバシーの権利の保護のあり方などについて、近年最も精力的かつ包括的に著述などをおこなっているのは、ジョージ・ワシントン大学教授のダニエル・ソローヴである。ソローヴは、ヴィトゲンシュタインの家族的類似の手法を援用し、プラグマティズムの観点から、コンテクストを重視したプライバシーの類型化を試み、情報収集、情報処理、情報拡散および侵襲の四類型による整理を提起している。また、プライバシーの権利の保護を社会の利益と衝突する個人の権利としてみる従来の考え方に対して、プライバシーの権利の保護が社会に利益をもたらすとの観点を示す。ソローヴの議論でことに興味深いのは、デジタル・ネットワーク化時代における情報の収集・処理における問題を、ジョージ・オーウェルの小説『一九八四年』ではなく、フランツ・カフカの『審判』の隠喩で理解できるとしている点である。単一の強大な情報管理システムが個人を監視しているのではなく、複数の情報システムから収集された個人情報データが、そのデータ主体である本人の知らないところで統合・処理されること、また、複数の情報システムが収集するデータに不正確な部分があり、それらを統合することで、実際の人格とは異なる「デジタル・パースン」が創り出されることなどを指摘している[3][Solove 2004; ソローヴ 二〇一三]。

記録や情報へのアクセスとプライバシーの権利の保護

「実際上曖昧な状態」の喪失と「忘れられる権利」の問題は、「古くて新しい」問題をあらためて提起している。記録や情報のアクセスとプライバシーの権利の保護の間に保たれるべき権衡のあり方である。

プライバシーの権利の保護の観点からの検討が必要とされる個人情報の多くは、何らかの形で「任意」に提供されたものである。とはいえ、提供する側とされる側は、しばしば非対称な関係にある。また、記録された個人情報が政府組織に保管されている場合、その記録や情報は政府組織に権能を付与したコミュニティに属するともいえ、情報がコミュニティに公開されることは本来的には好ましいといえる。だが、例えば、政府、とくに地方政府の組織が保管する個人情報を含む記録には、教育、医療、福祉などにかかわる制度の運用の過程で作成・取得されるものが少なくない。個人は、教育や医療、福祉などのサービスを受けるため、申請などの過程において必要な範囲で自らの情報をサービス提供組織に対して開示する必要がある。このようなプロセスで取得される個人情報へのアクセス制限が十分になされないならば、サービスを必要とする人々が申請などを敬遠する萎縮効果を生み、その結果、これらの分野の公的サービスが十分に行き渡らなくなるおそれがある。このように、個人情報へのアクセス制限を必要な範囲でおこなうことは、たんに当該個人の権利利益を保護するだけでなく、その個人情報が取得されたコンテクストとしての制度の円滑な運用という公益に奉仕するという側面もある。ことに、教育や医療、福祉などの分野で取得される個人情報の主体、つまりサービス申請・受給者は、社会的な弱者である場合も十分に考えられるだけに、慎重な比較衡量が求められるであろう。

一方で、「実際上曖昧な状態」の存否が質的差異を意味するのか否かについては議論が分かれる可能性がある。そもそも、表現の自由などの観点から、情報へのアクセスを容易にすることは善なることとして追求されてきたのである。また、EUのデータ保護規則提案が採択・施行されたとしても、データの「削除」は、どの程度実効性を担保できるだろうか。いったんインターネット上で共有されたデジタル情報は、複製や転送が容易であるだけに、完全に削除することは非常に困難である。コンティニュアム論でいうアーカイブズ、すなわち社会的に共有される記録になると、永久的に共有され続ける可能性がある。コンティニュアム論で示される記録の共有・継承の場は、ショーンベルガーのいう空間的・時間的に広がる「パノプティコン」でもある。情報に有効期限を設定するという彼の提案は、ある意味で記録管理・アーカイビングの世界でおこなわれてきたことであるが、インターネット上で共有されたことがない情報にのみ有効な方法でしかない。

さらに、「忘れられる権利」に関連して、欧州司法裁判所が検索エンジンサービス提供企業に対して、第三者が作成したウェブページへのリンクの削除を命じる判断をくだした例などは、ハーツォッグらが提唱するオンライン上の「曖昧さ」という考え方の実現法を示唆している。私たちは、検索エンジンに依存してインターネットを通じて提供される情報やサービスに接している。ウェブページそのものに掲載された情報の削除が難しいとしても、その情報とユーザを媒介する検索エンジンに一定の措置を施すことで「曖昧さ」を創り出すということであろう。

本章執筆時点で、ＥＵのデータ保護規則提案はまだ最終的に採択されておらず、当初「忘れられる権利」と称されていた規定は「削除権(right to erasure)」とされている[石井 二〇一四]。デジタル・ネットワーク化とプライバシーの権利の保護にかかわる世界各国の動向を今後も注視し、記録のアクセスとプライバシーの権利の保護の両立を図りつつ、つぎの世代に継承する道を模索していかなければならない。

おわりに

政府や企業など比較的規模の大きな組織体の場合、アーカイブを社会に開く(コンティニュアム論における第四次元「多元化」)のは、当該政府組織や企業などの責任においてなされると考えられる。個人や小規模な組織や団体などの記録管理・アーカイビングも、自らの責任において記録管理をおこない社会に開いていくことが望ましい。だが、社会に開き、コミュニティの成員の利用に供するコストを個人や小規模な団体が負担することは容易ではない。政府や研究機関などが設置する保存施設(repository)が他の団体や個人から記録を収集し公開するのは、そのようなコストを社会的に薄く広く負担し安全網を確保するという意義がある。このような安全網を誰の責任と負担において、どのように構築するのか、どのような記録を収集し共有・継承するのか。これも、コミュニティ(学界などを含む)の選択にかかっている。

とはいえ、デジタル記録の収集・保存・利用に関しては、伝統的な紙媒体などによる記録に比して、困難さがつきまとう。個別の記録を作成する前に適切なシステムを構築したり、作成後にも定期的にフォーマットや媒体の移行をおこなったりすることなどの必要性について、社会的な認識は、まだ十分に共有されていないのではないか。記録管理・アーカイビングの専門家が可能な限り幅広く啓発活動などをおこなわなければ、収集時にはすでに記録が利用できなくなっているおそれがある。

記録管理・アーカイビングは、その基本的考え方や実践方法を根本的に見直すべき、大きな転換点に直面しているといえる。現代の記録を未来へ。将来の世代が私たちの生きた時代を適切に検証できるように。私たちの世代としての責任は重く大きいが、完璧な解決策が得られるのを待つのではなく、「できることから始める」、そして、次世代に引き継ぐ。これが私たちの責任の果たし方ではなかろうか。

◆註

1　複眼的であることが適切であるかということも問う必要がある。記録が作成・管理されてきたのとは別のコンテクストにより選別することで、記録の「記録性(recordness)」が失われることにならないか。「記録性」を失えば、「資料」ではあっても、「記録」ではなくなるのでないか。

2　パノプティコン(一望監視システム)は、刑務所、病院、工場、学校などの施設に適用可能な監視システムにかかわる原理としてジェレミ・ベンサムが考案した。円環状の施設の中心に監視室があり、円環部分に配された囚人などを収容する個室(円環の外向部と内向部に窓がある)すべてを監視することができる一方で、囚人らは、個室が仕切られているため、相互の動きを見ることができないだけでなく、監視室がブラインドで遮蔽されているため、その内部の様子をうかがうこともできない。囚人らが監視されていることを絶えず意識することで、規律の内面化を促す更正・教育の効果を期待された。のち、ミシェル・フーコーが、社会に広く一般化しうる規律・訓練にかかわるシステムのモデルとして論じた〔フーコー(田村俶訳)『監獄の誕生——監視と処罰』新潮社、一九七七、一九八〜二二八頁〕。

3　複数のデータベースから収集したデータを統合して得られる結果が非常に不正確で、個人のプライバシーの権利を侵害する場合がありうるとのソローヴの指摘は、いわゆる「ビッグ・データ」活用が喧伝される時代に、大量の個人情報にかかわるデータを活用する場面でも重要な「教訓」となりうる。データそのものの信頼性や収集されたコンテクストを十分に考慮することなくデータを統合しても、有用なデータは得られず、「ごみ捨て場」となるだけではないか。

◆参考文献

［石井　二〇一四］　石井夏生利『個人情報保護法の現在と未来　世界的潮流と日本の将来像』勁草書房

［ウィルソン　二〇〇五］　イアン・E・ウィルソン「カナダ国立図書館公文書館における政府のアーカイブズおよび歴史上の記憶の保存について」(『アーカイブズ』第一八号、講演は二〇〇四年)四九〜五九頁

テリー・クック(塚田治郎訳)「過去は物語の始まりである——一八九八年以来のアーカイブズ観の歴史と未来へのパラダイムシフト」(記録管理学会・日本アーカイブズ学会共訳『入門・アーカイブズの世界——記憶と記録を未来に　翻訳論文

集』日外アソシエーツ、二〇〇六）一一七～一八六頁
［ＩＣＡ 二〇〇六ａ］ 国際公文書館会議電子記録管理委員会（国立公文書館訳）『アーカイブズの観点から見る電子記録管理ガイド』(URL=http://www.archives.go.jp/about/report/pdf/ICASTUDY8_ELECTRONIC_RECORDS_JPN.pdf)
［ＩＣＡ 二〇〇六ｂ］ 国際公文書館会議電子環境における現用記録委員会（国立公文書館訳）『電子記録――アーキビストのためのワークブック』（二〇〇六年日本語版改訂）（URL=http://www.archives.go.jp/about/report/pdf/ICASTUDY16_ELECTRONIC_RECORDS_JPN.pdf）
［ソローヴ 二〇一三］ ダニエル・Ｊ・ソローヴ（大谷卓史訳）『プライバシーの新理論』みすず書房
［ボルヘス 一九九三］ Ｊ・Ｌ・ボルヘス（鼓直訳）「記憶の人 フネス」（『伝奇集』岩波書店）
［マケミッシュ 二〇〇六］ スー・マケミッシュ（坂口貴弘・古賀崇訳）「きのう、きょう、あす――責任のコンティニュアム」（前掲『入門・アーカイブズの世界』）一八七～二一八頁
［山本 二〇一三］ 山本清『アカウンタビリティを考える――どうして説明責任になったのか』ＮＴＴ出版
Cook, Terry, Macroappraial in Theory and Practice: Origins, Characteristics, and Implementation in Canada, 1950–2000, *Archival Science* (2005), 5 (2–4), Sringer, pp. 101–161.
［Cunningham 2005］ Cunningham, Adrian, Archival Institutions, in Sue McKemmish, Michael Piggott, Barbara Read and Frank Upward (eds.), *Archives: Recordkeeping in Society*, Charles Sturt University Centre for Information Studies, pp. 21–50.
［Cunningham 2010］ Cunningham, Adrian, Refiguring the Janus Glance: The Importance of Questioning and Unlearning in an Unreflexive Discipline. Emmett Leahy Award White Paper. (URL=http://nebula.wsimg.com/05f4bec4c5db4e4c4d1cc67178ebe016?AccessKeyId=50B954C8D1E3F914A818&disposition=0&alloworigin=1)
［Hartzog and Stutzman 2013］ Hartzog, Woodrow and Frederic Stutzman, The Case for Online Obscurity, *California Law Review*, 101(1), pp. 1–52.

[ICA 1988] International Council on Archives, *Dictionary of Archival Terminology* 2nd ed., edited by Walne, Peter, K. G. Saur.

Johker, Agnes E. M., Macroappraisal in the Netherlands. The First Ten Years. 1991–2001, and Beyond, *Archival Science* (2005), 5(2–4), pp. 203–218.

[Schönberger 2009] Schönberger, Viktor Mayer, *Delete: The Virtue of Forgetting in the Digital Age*, Princeton University Press.

[Solove 2004] Solove, Daniel, J, *The Digital Person: Technology and Privacy in the Information Age*, New York University Press.

[Standards Australia 1996] Standards Australia, *AS 4390, 1996 Records Management*.

[Upward 1996] Upward, Frank, Structuring the Records Continuum - Part One: Postcustodial principles and properties, first published in *Archives and Manucscripts*, 24(2). (URL=http://www.infotech.monash.edu.au/research/groups/rcrg/publications/records continuum-fupp1.html)

歴史資料をめぐる「よそ者」と「当事者」

――専門家的知性と市民的知性

市沢　哲

はじめに

はじめに、問題の所在について経験的に述べることにしたい。

二〇〇二年、筆者の勤務する神戸大学人文学研究科に、地域住民[1]、自治体と大学の連携によって、地域歴史遺産の保存と活用を図る地域連携センターが設置された[2]。ここでいう「地域歴史遺産」とは、文化財指定されていなくとも、地域の歴史を考えるうえで大切な歴史遺産のことで、認知的に存在するだけでなく、遂行的に確認される歴史遺産を含んでいる。地域歴史遺産とは「ある」ものではなく、地域遺産に「なる」もの、主体との関係でいえば地域遺産に「する」ものである、という所以である〔市沢 二〇一三〕。

筆者の活動の出発点になったのは、尼崎市富松地区で戦国時代の富松城跡を活かしたまちづくりを進める住民団体、尼崎市教育委員会、尼崎市立地域研究史料館とセンターが連携した活動で、これがその後の活動の重要なプロトタイプとなった。この活動では、住民団体、自治体、大学の三者連携で、富松城跡を中心とした地域の歴史を展示する期間限定の博物館を地域の神社参集殿で開き、その成果をもとにホームページ上の「バーチャル博物館」を開館した。自治体は貸出し可能な資料やパネルの提供と展示のノウハウの指導、大学では展示パネルの一部を大学生、大学院生が作成し、住民団体は古写真や地域の伝承などを提供し、「学芸員」として展示説明などにあたった。全体として、参加するアクターが互いの関心を尊重し、それぞれの得意分野を活かしながら活動することで、互いのポテンシャルを引き出し合えることを確認できたことが大きな収穫であった［市沢 二〇一三］。

その一方で、一〇年余りにおよぶセンターの活動を通じて浮かび上がってきたのは、地域に残された多くの歴史遺産（とくに歴史資料）が、地域の高齢化、過疎化や自然災害、自治体合併による文化財関係の人員整理などによって、滅失の危機に直面していることである［奥村編 二〇一四］。さらに、この危機はマン・パワーの不足やシステムの不全を解決すればすむ問題ではなく、歴史資料に対する人々の意識のあり方や、研究者と市民の歴史資料に対する（ひいては「歴史」を考えることに対する）意識のギャップといった、より根源的な問いを広い裾野としてもっていることに徐々に気づいていくことになった。

以上のような経験を踏まえて、センターでは失われつつある歴史資料そのものの研究に加え、この裾野の部分を組み込んだ、現代の「地域資料学」を構想し始めている。本章はその過程で筆者が考えたことを、主体と資料という関係から整理し、「過去を伝える、今を残す」というシンポジウムのテーマに若干の展望を示そうとするものである。また、思考を整理する過程で、歴史学以外の人文科学の分野に参考にすべき問いかけがあることに遅ればせながら気がついた。これらの議論も素人目で眺めながら、論を展開していきたい。まずは、以前に発表した論考［市沢 二〇一四］から、問題点を絞り込むところから始めよう。

一　地域資料学の構想

被災資料が導き出す問いかけと古文書学の革新

災害から救出された、いわゆる被災資史料群を目の当たりにしたとき、従来の古文書学ではあまり意識されないような問いかけが発せられる。

第一は、⑴「これからこの資史料をどうするのか?」という、資史料の保全を(伝来論のような過去との関係だけではなく)未来を含む時間軸において問いかけることである。第二は、⑵「誰がこの資史料を守っていくのか?」という、資史料と主体の関わりを問いかけることである。つまり、「これから」と「誰が」という、時間軸上にあらわれる主体と資史料の関係が問題として前景化してくるのである。

しかし、このような問いかけは、被災資料の問題からのみ導き出されるものではない。近年の古文書学の方法論的な議論にも、類似の問いかけがなされている。村井章介が一九九九年に発表した「中世史料論」〔村井 一九九九〕は、これからの古文書学を考えるうえで、重要な論考である。村井によると、現代の古文書学には二つの大きな画期があるという。一九七〇年代、分類の境界領域におかれた文書への注目がなされ始めたことが第一の画期、九四年以降、文書はそれがおかれる「場」によってその性格を遷移させていくことが指摘され始めたことが第二の画期である。

ここではとくに後者に注目したい。第二の画期の成果を受けて、村井が特定の性格をもつ「文書」という語を避けて、意味の遷移を含意した「書面」という語を論文中で使っている点は興味深い。つまり、第二の画期は、古文書学の基本的なディシプリンである「分類」つまり本質還元の限界性があらわとなった点に、その意味を見出すことができるのである。[3]

古文書学における「場」の重視とは

では、文書はおかれる「場」によってその性格を遷移させていくとすれば、その「場」とはどのような「場」なのであろうか。村井のつぎのような叙述からは、二つの「場」が浮かび上がってくる。

ある書面の保有する情報は、(ア)それが成立し機能する具体的な「場」のなかにおいて、かつ(イ)それがもつ固有の文法に基づいて、読むことによって、はじめて十全にひきだすことができる、となる。(傍線は引用者、以下同様)〔村井 一九九九、四三頁〕

すなわち、(ア)書面が成立した「場」、(イ)書面から意味を読み取ろうとする「場」の二つである。さらに、村井が引用する杉本一樹の研究を参照すると、この二つの「場」はある行為によって結びつけられる。杉本は「歴史の中に入り込んだ自分」は文書の機能する場で何を見るのか、という問いを立て、つぎのように答えている。

私がそこで見るのは、〈ひと〉が文書を使って〈しごと〉を行おうとしている姿であって、「文書の機能」が実体視されるのではない。〔杉本 一九九八〕

つまり、「場」とは、主体が「書面」に働きかける、「書面」に対して〈しごと〉をする「場」にほかならない。(ア)の「場」と(イ)の「場」は、「主体の働きかけ」という同一の地平でとらえられるのである。以上を要するに、古文書学の第二の画期とは、〈古文書学における、時間軸上の主体の登場〉とまとめることができる。とすれば、被災資史料が提起する問題と古文書学の革新の距離は、存外に近いといわねばならない。〈資料に対する主体の関わり方〉を問うことは、過去の〈資料に対する主体の関わり方〉の観察・分析だけではなく、今私たちは〈資料にどう向き合っているのか？〉、そして、これから〈資料にどう向き合っていくのか？〉という現在、未来にも向けられるのである。

二　資史料と複数の主体の関わり――「よそ者」と「当事者」

資史料をめぐる「よそ者」と「当事者」――参加型開発論から

ではつぎに、資史料とそれに対して様々な〈しごと〉をおこなう主体について考えてみよう。まず、当然のことではあるが、一つの資史料にかかわる主体は一人ではなく、実際には多様な主体(例えば、オーナー、近隣の人々、自治体職員、研究者、歴史愛好家、古物商など)が関係を結んでいる。つまり、資史料には様々な主体によって、多様な意味が重なり合って付与されているのである。さらに、被災資料の場合は、レスキュー活動やそれを支えるカンパ活動を通じて、多くの「よそ者」が被災資料と新たに関係を結ぶことになる。冒頭で述べたような、大学に籍をおく私たちの地域連携活動も、「よそ者」の介入として始められる。

右のような資史料と主体の関係を踏まえて第二の画期の意味(おかれる「場」によって、文書は意味を遷移させていく)を言い換えるなら、「よそ者」を含む様々な主体がかかわることで、資史料の意味は重層化していく(例えば、家宝、地域の財産、研究資料、鑑賞の対象、骨董品など)といえる。では、資史料の意味を重層化させる「よそ者」の関与は、資料の保全や活用に何をもたらすのだろうか。

このような問いかけを深める議論として注目すべきは、発展途上国の開発の方法論としてしばしば取り上げられる参加型開発論である。ここでは、中村尚司の議論を参考に、歴史資料に対する「よそ者」の関与、「よそ者」と「当事者」の関係について考えてみよう〔中村 二〇〇二〕。

参加型開発論とは、簡単にいえば、発展途上国の開発に当該地域外の「よそ者」が参加する開発の方法論である。では、「よそ者」の参画にはどのような意味があるのだろうか。中村はつぎのように述べている。

一人ひとりが自分の課題をすべて自分で処理するのではなく、多くの人間、施設、制度などに頼る。頼る対象が多角化すればするほど、特定の相手に対する依存は少なくなる。その分だけ、特定の支配従属関係は少なくなり、対等で多様な相互依存関係の可能性が拡大する。異なった立場の人々と交流する可能性も、それに応じて増加する。逆説的にみえるかもしれないが、実は依存すればするほど自立するのである。〔同、二二〇頁〕

つまり、多くの「よそ者」に依存することによって、かえって自立が促されると考えるのである。一方、「よそ者」の側は、参加を通じて何を得るのだろうか。中村はフィールドワークになぞらえながら、つぎのように述べている。

暮らしの全体性に迫りたいと考え、対象地域の人びとと付き合い始めると、客観的な観察が困難になる。既存の学問の研究方法は、できるだけ客観的であろうと目指す。たとえ「客観的でありたい」と願うことと、現実に「客観的である」ことの間にどれほどの距離があろうとも、その距離を極小化しようとする。客観的な研究が必要という立場の根っこにあるのは、近代科学に固有の主体と客体の二項対立図式である。〔同、二二二頁〕

研究対象と研究する当事者とが、明瞭に分かれれない。私が何者であるか、つねに問い続けなければな

らない。〔フィールドワークは〕私の生き方、私の社会的な活動そのものを私が研究する場でもある。〔同、二二六頁〕

主体と対象と手段を組み合わせた、方法上の参加主義、あるいは当事者性の科学と呼んでいるものが必要になる。〔同、二二三頁〕

つまり、「よそ者」は参加を通じて、主体と客体の二項対立の限界を認識する。そして、「よそ者」たる自分とは何者なのかを問うことを通じて、当該の地域や問題の「当事者」となる。「よそ者」にとって参加とは、再帰的、反省的な営為といえるのである。

以上の議論を、資史料の保全と活用の場に落とし込んで考えると、過疎地、被災地で失われつつある資史料を保全するために、「よそ者」の積極的な参加が必要とされていることが、想起される。資史料は人の手を借りないと長らえることができない脆弱《ぜいじゃく》な存在であり、多くの「よそ者」の関与があればこそ、つぎの世代へと受け継がれていく。しかし逆に、資史料の脆弱さが、かえって人々を結びつけていく力、「よそ者」を「当事者」へと変えていく力になる。資史料はその脆弱さゆえに、人々を結びつけるパワフルな存在なのである。

本章の課題

ここにいたって、ようやく本章の目的を示すことができそうである。以上のように導き出される「よそ者」と「当事者」のつながり、境界が曖昧《あいまい》な「よそ者」と「当事者」の協働[4]がもつ意味を追究すること、これが本章の目的である。このような協働の「場」は、〈歴史を語り合い、考える〉新しい場、先取りしていえば〈歴史を語り合い、考える〉公共的な場となる可能性を有しているのではないだろうか。

しかしもちろんのこと、そのような可能性を安易に主張することはできないだろう。そこで本章では、このような場を構想したとき、たちまちに突き当たるであろう問題を論じることにしたい。なぜなら、困難を論じることで、かえってこのような場を構想することの意義を逆照射できるはずだからである。

ではその問題とは何か。一つは、そのような場における市民と研究者の関係をどう構想するかという問題である。常識的に考えれば、研究者の指導に市民が従うという形が想定されるが、はたしてそれが〈歴史を語り合い、考える〉新しい場になるだろうか。あらためて、研究者と市民の関係のあり方を議論しなければならないだろう。

二つ目は様々な主体が資史料と関係を結ぶなら、そもそも資史料は誰のものなのか、という問いかけである。これも自明な問題のようでありながら、「よそ者」が「当事者」へ転換していくという議論からすれば、あらためて論じるべき問題になる。以下、この二点について、歴史学以外の人文諸科学の近年の議論も参照しつつ考えていくことにしたい。

三　市民と専門家の関係——「公共」を冠する人文学から

公共社会学とヒューマニズム社会学

第一の問題である市民と研究者の関係については、「公共」を冠する人文学が展開している議論が参考になる。ここでは、公共社会学と公共民俗学を取り上げ、その方向性を確認することから、第一の問題について考えていきたい。

土場学は公共社会学にいたる社会学の歩みを、伝統的社会学→ラディカル社会学→公共社会学の三段階に整理している［土場 二〇〇八］。伝統的社会学の保守的傾向を批判したラディカル社会学が、公衆との連携を欠いていたことへの反省として公共社会学が構想されたとし、公共社会学を「社会学の土台にある諸価値を公共圏のなかで開示し、そこでの公衆との対話と協働を通じて、そうした諸価値に基づく社会を構築しようとする社会学」［同、五二頁］と定義している。つまり、公共社会学は、公共の場で研究者と市民の協働によって研究、実践を展開することをめざしているのである。

研究を研究室から公共圏に引き出すというのは、公共社会学の重要な提言であったが、公共圏に示される「社会学の土台にある諸価値」が自明視されている点を鋭く批判したのが、ヒューマニズム社会学である。土場はその批判を「社会学が市民社会に価値的にコミットすべきだとしても、コミットすべき「市民社会」または「市民社会の価値」がそもそも定かではない」［同、五七頁］と要約している。確かに「市民社会」は一枚岩ではなく、多様な人々から構成されており、「市民社会の価値」なるものを先験的に決めることはできない。それを押しつけるのは、社会学の「傲慢」［同、五八頁］ということになるだろう。

ではヒューマニズム社会学は、どのようにして「市民社会の価値」をつくりだそうとするのであろうか。先にも述べたように、ヒューマニズム社会学は公共哲学に対して、「「リベラルな価値」はその他者との会話のまえにあらかじめ決定できるわけではない」とする。そして、その前提に立って、「他者の異質な世界観や価値観を理解するという営みをつうじて、そのつど「リベラルな価値」を遂行的に再構築」することをめざすのである［同、六一頁］。

以上のように、公共社会学、ヒューマニズム社会学という社会学の新しい流れは、社会・市民と研究・専門家を結び直し、研究成果の一方的な移入ではなく、公共的な場において、まさに遂行的に価値を創造することを重視している。このような考え方は、新しい歴史を語る場、考える場を構想するうえでも参考になるだろう。

公共民俗学——歴史遺産の「再定置」「再分脈化」

同じような指向性は「公共」を冠する民俗学（公共民俗学）においても見出すことができる。菅豊は、失われつつある民俗文化を保存活用していく方向性について、公共民俗学のスタンスをつぎのようにまとめている〔菅 二〇一二・二〇一三〕。

> そこで取り上げられる民衆伝統は、古典的な民俗学研究者が「本来あるべき場」と考えるコミュニティー内部だけでなく、その外の公共空間に向けても発信される。日本の民俗学風の表現でいえば、「伝承母胎」内だけでなく、その外の文脈にも再定置、再分脈化（recontextualization）されるのである」。〔菅 二〇一二、九八頁〕

> アメリカ公共民俗学の活動の目的は、民俗そのものを文化財的に保護・保存するようなスタティックな局面だけでなく、その民俗を保持する人々の状況改善——マイノリティー文化や多様なエスニック・グループの文化の価値の再評価など——の促進や、そのような伝統の担い手の地位向上、および経済的利益を生み出すダイナミックな局面にも向けられている」。〔同、一〇〇頁〕

つまり、公共民俗学は、民俗文化をそれが生まれ育った文脈から現代の文脈に再定置し、その文化をエスニック・グループの経済状況の改善や、民俗文化の新しい楽しみ方の開発といった現代的価値の創出に結びつけようとするのである。このような実践の一つの例として、菅は茨城県土浦市宍塚《ししづか》大池のＮＰＯ法人「宍塚の自然と歴史の会」の活動をあげている。

同NPOは、宍塚の伝統野菜である「タノクロマメ」の栽培をおこなっているが、メンバーの一人はその意味をつぎのように語っている。菅の論考から引用してみよう。

私たちは宍塚の環境に適応し、生業の智恵とともに受け継がれてきた種を守りたいと考え、タノクロマメを作っています。とはいっても、我々がその主体になりうるとは思っていません。native なものは native な人たちによって守られていくのが、本来の姿です。タノクロマメを作る人が地元に減ってしまった今、私たちは、地元から地元に引き継ぐべき物の架け橋になれればと考えています。〔同、一一〇頁、NPO『五斗蒔だより』からの引用〕

菅はこのような営みを、「民俗がアプリオリに本源的価値を有しているのではなく、人間と民俗の関わりの中に価値が生成されるという、生活者主義の観点」に立つもので、「単なる過去の「生業」民俗の保護・継承ではなく、いまを生きる、あるいは生き続ける民俗として現代社会で再定置された新しい価値で自覚的に継承されようとしている」〔菅 二〇一二、一一一頁〕と評価している。

注目すべきは、第一に、伝統文化の再定置が伝承主体以外の「よそ者」の手を借りて実現していること、第二に、伝統文化の「価値」は認知的に把握できるものではなく、遂行的に創り出されるとしていることである。これらはヒューマニズム社会学と地平を同じくしているとともに、地域の資史料の保全活用を「よそ者」の協力でおこなおうとする営みとも通底する。

公共を冠する人文学が照らし出す問題

以上、きわめて大雑把にではあるが、「公共」を冠する社会学と民俗学の方向性を概観してきた。そこで示されているのは、諸価値を研究者が決定するのではなく、研究者と市民が公共圏で協業することによって、遂行的に構築していくという方向性であった。このような方向性は、社会学、民俗学に限られたものではない。例えば、三・一一の原子力発電所事故などを契機に注目を集めている科学コミュニケーション論や、その実践方法の一つであるサイエンス・カフェなども、同じような指向性をもっている〔平川 二〇一〇・鷲田 二〇一三・尾関 二〇一三〕。これらの議論や取組は、〈歴史を語り合い、考える〉新しい場を構築するための、重要なヒントになるであろう。

しかし、公共圏での遂行的な価値の形成という議論には、避けては通れない諸々の課題がある。例えば、歴史文化の場合につきまとう固有の問題として、先に紹介した伝統文化の再定置という営みについて考えてみよう。

すでに、菅も指摘しているが、文化を個々の歴史の文脈から切り離して公共圏に再定置する行為には、歴史の作り替えという危険性がともなう。この点に関しては、遠州尋美の「津軽てんでんこ」をめぐる議論が示唆的である〔遠州 二〇一四〕。

遠州によると、「津波てんでんこ」は元来は「いのちてんでんこ」と言われ、飢饉などの災害の際に「共倒れを防ぐ」ために、「親や子への思いを断ち切ってでも自分が生き延びるために心を鬼にせよという意味」〔同、二七頁〕であったという。そして、「いのちてんでんこ」が語り継がれてきたのは、「封建時代、限られた資源・技術の制約と過酷な身分制支配にがんじがらめにされたなかでは、個人よりも、家、一族の存続を、心ならずも優先せざるをえなかった」〔同〕からだとする。遠州は、「津波てんでんこ」が学校教育などで現在に適合するように新しく位置づけ直されたことを高く評価する一方で、これが過去の民衆の苦難から導き出された教訓であったことを無視してはならないと、注意を喚起している。

歴史とは、認知的把握によって理解される〈過去にあったこと〉だけではない。佐藤健二の言を借りれば、歴史とは「現在の心意や行動のありように、無意識なままに作用している過去の構造である」〔佐藤 二〇一一、二二頁〕。遠州の扱う「てんでんこ」はまさにこの「過去の構造」である。しかし、「無意識のままに作用」する過去をつくりあげているのは、過去からの作用を受けているあとからきた人々(今に生きる私たち)である。そのような、まさに循環的な遂行によって歴史は紡ぎ出されるのであり、公共圏への再定置もその遂行の一つにすぎない。かかる歴史の循環的構造を地域の歴史遺産を扱う前提として見失わないことが重要である。「よそ者」が協働して新たな価値を創造する、歴史文化の再定置が、当該文化の曲折した歴史的文脈を消し去らないように、留意する必要がある。

日本における公共歴史学への関心

さらにここで補足的に考えておきたいこととして、公共社会学や公共民俗学が日本に紹介されているのに対して、なぜ公共歴史学に対する関心は低いのか、という問題がある。この問題を考えるためには、公共歴史学とは何かをまず把握しておく必要がある。この点について菅は、つぎのように述べている。

たとえばわかりやすいところでは、歴史学を学び、博物館や文書館などの公共部門で、そのスキルを活かして歴史関係の仕事に従事する人々の活動は、公共歴史学の一つの活動と見なすことができる。さらに広義には、公共政策に応用するために、歴史学の知見を活かして歴史史料を集め、分析し提供する人々の活動や、先住民の土地訴訟のために歴史的証拠集めをして対価を得たり、訴訟対策に社会の情報を「歴史」としてストックする仕事を請け負い、収益を上げたりする営利的な歴史学系調査コンサルタントの活動なども、公共歴史学には含まれている。公共歴史学は従来のアカデミズムが胡散臭がり、相手にしなかったような職業や立場、そしてそれらの社会実践をも含んで理解しなければならない動きである。またそれは制度的社会に閉じこもって、閉塞的議論を内輪で繰り返すアカデミーに対する対抗運動ともいえよう。〔菅 二〇一三、一六〇頁〕

右のように公共歴史学の性格がまとめられるならば、公共歴史学は歴史学を一つの「技能」とみなしているように読める。そして、その技能は、極端にいえば土地を奪われる先住民、土地を奪う営利企業のいずれの立場からも使われるということになる。このような姿勢は、自分の意見は捨てて、与えられた見解やクライアントの意向を貫徹するディベート、広告代理店〔高木 二〇〇五〕と類似したところがあり、学問としての歴史学とかなり異質であるように思える。さらに、先に紹介した「公共」を冠する学問が、遂行による価値の創造を射程に入れていることとも齟齬をきたす。おそらく、このままの形で公共歴史学を日本に定着させることはできないであろう。

しかし、日本史の学界で既存の公共歴史学を批判する議論がなされたことはもとより、歴史学との対比で公共を冠する人文学が意識されたことも、寡聞にして知らない。既存の公共歴史学に問題があるとしても、そのような動向に関心が払われないのはなぜであろうか。この問題の背後には、現代の日本における歴史学と社会の関係の特性が横たわっているように思える。

まず、日本史研究の場合、研究と社会の関係といえば、研究成果の社会への「還元」という言い方で語られるのが常であり、そのじつはアカデミックな成果をかみ砕いた（ときには度を過ぎた）「啓蒙」、消費されるストーリーの供給が主流である。もちろん、そのような「啓蒙」に触発されて歴史に興味をもつ人々が増えていく可能性は否定できないし、その意味を軽視することはできない。しかし、〈わかりやすい、おもしろい〉ストーリーの供給と消費が繰り返されることで、供給者（研究者）と消費者（市民）の関係性が固定化され、それが歴史学と社会の関係の基本的なあり方を形づくっていくのではないだろうか。

さらに、欧米の大学に設置された公共歴史学のコースが、小説やテレビ番組、映画など、いわゆるポピュラー・ヒストリーの担い手の養成に力点をおいている[5]ことも注目される。これと対照的に、日本史学を専門とする大学の授業は、アカデミックな日本史研究者養成のカリキュラムを基準に成り立っている。また、一般教養の授業も、多くは専門的授業を平易にしたものが主流ではないだろうか。つまり、ここで触れられるような公共歴史学的な領野にかかわる人材、能力の育成がほとんど意識されていないのである。

この点に関連して、デヴィッド・ハーランの見解〔ハーラン 二〇一〇〕を参考にしておきたい。ハーランの議論は、アカデミックな研究と多様化するポピュラー・ヒストリーの「和解」をどう図るかという問題を論じており、専門家と市民の関係や、公共の場にさらされた歴史像の取扱いを論じる点で「公共」を冠する人文学と問題関心は重なるし、若者が身につけるべき歴史の見方についても示唆しているからである。

ハーランは、アカデミックな歴史研究をはじめ歴史を扱う様々なメディアとジャンルの責任領域の「地図」をつくり、それぞれの特有の利点、限界、責任を明らかにすることを提唱する。そして、歴史表象のあらゆる形態に適応可能なメタ基準が今のところない以上、個々の成果の評価は、「地図」上のそれぞれのメディアとジャンルに特有な基準でなされるべきことを主張する。いうならば、歴史表象のジャンルそのものには貴賤はないが、ジャンルのなかの仕事には貴賤があるということであろうか。ハーランは、この地図が「一方から学べないことを他方からどう学ぶことができる」か、また、「それらのあいだの関係をどう概念化すべき」〔同、八七頁〕かを考える助けになると指摘している。

ハーランの議論の核心は、必ずしも歴史を専門としない大多数の学生、若者たちに、歴史にかかわるどのような技能を身につけさせるかを考えることにある。「地図」の議論からも読み取れるように、ハーランは「相互に異なり、しばしば相反する表象の諸形式をとって、互いに競争しながらも同様に有効な真実の主張が行われている只中で、自分たちの道を見出していく作業」〔同〕に学生は習熟すべきで、「手に入るものを何でも利用して作るブリコラージュの技能」〔同〕が必要だと主張する。そして「そうすることで初めて、学生たちは道徳的に首尾一貫し、政治的にみて効果のある歴史的想像力を開発する希望がもてる」〔ハーラン 二〇一〇、八八頁〕とする。

ハーランの議論は専門家とアカデミック歴史学を特権化せず、それと先述したようなアメリカ的な公共歴史学、ポピュラー・ヒストリーとどう「和解」させるかという地点に位置しており、公共圏にさらされている様々な歴史表象をトータルに処理する市民的資質に注目している。このような資質自体、公共の歴史学が備えるべきものといえるだろう。

以上のような欧米での公共歴史学のあり方を批判的に検討するとともに[6]、日本の歴史学と社会の関係史、諸メディア、ジャンルにおける歴史表象のあり方を踏まえて、現代日本に適応した、公共の歴史学のあり方が追究されるべきであろう。

四　歴史資料は誰のものか——共同体と公共性

共同体の再建か？

つぎに、先に提示しておいた第二の問題「歴史資料に多くの主体がかかわるのなら、歴史資料は誰に帰属するのか」について考えることにしたい。

歴史遺産を活用したまちづくり、地域おこしはともすれば、歴史遺産の「お国自慢」になる危険性をつねにはらんでいる。とくに自治体との連携事業では、地域歴史遺産の保全活用の効用が「郷土の誇り」「地域アイデンティティの再建」などと結びつけられることが多い。過疎など、地域がおかれた現状を顧みるとこのような動きを一概に批判することはできないが、このような方向性は、地域歴史遺産と多様な「よそ者」とのつながりを損ねる要因になりかねない。また、当該の歴史遺産と今は切り離されていても、本来的にはそれと関係をもつ「権利」を有する人々をさらに遠ざける論理にもなりうる。例えば、ある歴史的な見方を「自虐史観」と述べることなどは、当該の歴史事象を自分の所有物として、他者の容喙《ようかい》を許さない主張である。このような姿勢は歴史の事実としてそれにかかわり、巻き込まれた人やその関係者を、歴史から排除する行為にほかならない。

地域歴史遺産の活用がもつこのような危険性を、ポジティヴに転換するために、菅[菅 二〇一二]も注目している、共同体の性格に関する斎藤純一の議論に注目したい。斎藤は公共との対比において共同体の性格をあぶり出す考察を通じて、公共の意味を逆照射している。本章の関心に引きつけて、斎藤の指摘をまとめてみよう[斎藤 二〇〇〇]。

共同体の「公共性的」再建へ——斎藤純一の議論から

⑴共同体が閉じた領域をつくる——「外」を形象化することで「内」を形象化する——のに対して、公共性は誰もがアクセスしうる空間である。

⑵共同体はその統合にとって本質的とされる価値——例えば宗教的価値、道徳的価値など——を、成

員が共有することを求めるのに対し、公共性は複数の価値や意見の〈間〉に生成する空間であり、そうした〈間〉が失われるところに公共性は成立しない。

(3)共同体はその成員が内面に抱く情念――例えば愛国心、同胞愛、愛社精神など――が統合のメディアになるが、公共性においては、人々の〈間〉にある事柄、人々の〈間〉に生起する出来事への関心がその役割を果たす。

(4)公共性はアイデンティティの空間ではなく、一元的・排他的な帰属を求めない。公共性の空間においては、人々は複数の集団や組織に多元的に関わることが可能であり、自己のアイデンティティがただ一つの集合的アイデンティティによって構成され、定義されることはない。

右のうち、(1)(2)は、地域歴史遺産の保全活用が、必ずしも当該地域の人々だけではなく、地域内外の多くの「よそ者」の参加を得ることで、よりよくおこなわれるという議論と響き合う。また、(3)も地域歴史遺産が「当事者」と「よそ者」をつないでいく、脆弱でありながらパワフルな存在であることと呼応する。同時に、出来事への関心が公共を創り出す動因になるという考え方は、地域歴史遺産は認知的存在に留まらず、遂行的に生み出されるものであるという考え方とも重なる。さらに(2)(3)(4)は、地域歴史遺産が安易に地域や集団のアイデンティティと結びつけられ、内に閉じる共同体のシンボルとなることに対する警告として受け止めることができる。

斎藤の議論をトレースしていくと、歴史遺産は公共的な関係のなかにおかれることで、排他的な主張の根拠となることを避け、より多くの主体との関係をつくりだすことができるといえるだろう。「歴史資料は誰のものか？」に対する一つの回答は、それは特定の人々が独占するものではなく、それに関心や利害をもつすべての人がアクセス可能な、公共の場におかれるべきである、ということになる。さらに、このような歴史遺産と公共の関係を逆転させて言い換えるなら、歴史遺産と様々な主体が取り結ぶ関係を基盤に、〈歴史を語り合い、考える〉公共圏を構想する、という考え方が浮かび上がってくる。

歴史遺産から公共圏へ

しかし、このように考える場合、人々が歴史遺産にかかわるためのルールやコンセンサスが必要になってくる。さしあたり考えるべき問題として、まずはモノとしての歴史遺産の扱い方の「ルール」がある。つまり、歴史遺産を破壊せずに、つぎの閲覧者に委ねていくということである。[7] 個人の人生にまつわる記録や資史料の廃棄、破壊は、一義的には当該の個人に委ねられるべきであるが、それらが未来において意味をもつと考えられた場合、その扱いを個人の判断に委ね切ってよいのかという問題も生じる。公共的空間にはつねに空いたままの席が用意されているというのは、ハンナ・アーレントの言であるが、大澤真幸によれば、この空席は「未来の他者」のために用意されているという［大澤 二〇一五］。公共空間におくということが、未来に委ねることを含意しているなら、この点からも、歴史遺産は個人に帰属すると同時に、個人の所有物ではないというべきだろう。

ただし、資史料は個人とともに運命をともにするのか、他人にも開かれるべきかという葛藤を越えていくためには、さらに高次のルールを必要とする。資史料は外に開かれつつも、それにかかわる個人を損なうような方法で外から一方的に奪われるべきではない[8]というルールである。このルールは、様々な歴史のメディア、ジャンルから「自分たちの道」を見出す技能こそが重要であるとする、ハーランの議論を思い起こさせる。

さらに、それに付随して必要とされるのが、歴史像は資史料の合理的な解釈によってつくられるというコンセンサスである。いわゆる言語論的転回以降、歴史の実証性についての疑問が投げかけられて久しい。ときにこれが反復・再現が可能な自然科学との対比において、再現不可能な対象を扱う歴史学の非科学性を強調する根拠とされることもある。しかし、むしろ自然科学にも直接観察できない事象があり、科学も歴史学と同じように、与えられたデータから最も合理的な仮説を導き出す推論(チャールズ・パースのいうアブダクション〔三中 二〇〇六・米盛 二〇〇七〕)が必要とされる。この点において、自然科学と歴史科学は同じ科学というべきであるとする見解が示されている〔三中 二〇〇六〕。歴史に仮託して自分の主張を合理化したり、過去と現在を直結させて歴史に感情移入を促したりする、解釈の独占と排他を避けるためには、資史料に基づくよりよい仮説を求める姿勢を基本とする必要があろう。

第四は、歴史遺産から排除されてきた人々、いうならば「よそ者」であることを強要された人々がいる可能性を考えることである。例えば、ある祭りを地域のシンボルとして位置づけた場合、過去においてその祭りから排除されてきた人がいたのではないかという問いかけをくぐったうえで、現在の再定置された祭りのありようを考えるべきであろう。

以上、開かれたものとして歴史遺産を位置づけ、複数の主体がそれとかかわれるためのルールやコンセンサスについて考えてきたが、それは公共圏を構築する作法そのものといってよい。歴史を語ることが対立や亀裂を生みがちな現代日本にあって、主体が歴史遺産、資史料と取り結ぶ関係、「専門家的知性」と「市民的知性」の関係〔鷲田 二〇一三・『Link』二〇一四〕から社会のあり方を考えていく、新しい公共的な資料学を構想する意義は十分にあるのではないだろうか。

おわりに――〈歴史を語り合い、考える〉公共圏の構築に向けて

以上、先学の引用に終始し、雑駁な議論を展開してきたが、最後に本章中で述べてきた、歴史遺産にかかわる様々な主体の関係を公共圏に転換していくためのルールを、誰がつくるのかという問題について考え、ひとまず論を閉じたい。

この問題については、専門家が市民社会にルールを押しつけるのは「傲慢」であるという、ヒューマニズム社会学の公共社会学批判がただちに想起される。この「傲慢」を回避しながら、ルールを創造し、内在化していく途はあるのだろうか。さしあたり、ここで考えられることは、二つある。一つは、高校までの「歴史」の授業のなかで、認知的に確認できる過去が歴史であるという通念(暗記科目としての歴史!)とは別に、歴史の取扱い方(歴史を語ることの難しさと可能性)について、学ぶ機会を設けることである。文学部の日本史教室に身をおきながら、自分も学生も歴史について何の抵抗もなしに、自分の知識や考えを当然のように語っていることに気がつき、これでよいのか自問することがある。歴史を語ることの意味について、どこかで考える機会をもつ必要がある。

第二は、ルールやコンセンサスの出発点は研究の世界にあったとしても、それを種として歴史遺産の保全と活用の実践のなかから、遂行的に構築していくことである。そもそも本章で論じている公共圏は、歴史遺産に関心をもつ、あるいはかかわる人々がかかわる限定的なものである、という問題がある。しかしむしろ、そのような人々の間での遂行が、歴史を語る公共圏形成の出発点になると考える。

つまるところ、歴史遺産、もっと広くいえば記憶の取扱いについて、教育と小さな実践のなかから、

個々が責任の分有と倫理の共有を再帰的に想起する営みが、「歴史資料は誰のものか？」という問いかけへの答えを導き出すのではないだろうか。本章の冒頭で、地域資料学を構想する必要性について述べたが、ここまで述べてきた諸々の問題に取り組むことが「学」といえるのか、という疑問もぬぐいきれない。しかし、歴史資料を中心におき、それにまつわる諸問題を「群」としてあぶりだすだけではなく、問題の「系」として体系化していくことも、資料「学」の一つの役割ではないかと考える。新しい歴史遺産、歴史資料の学を日本版の公共歴史学として立ち上げていく、日本の歴史学はそういう時期にさしかかっているのではないだろうか。

◆註

1 「地域住民」「地域」といってもその内部は均一に構成されてはいない。地域における「知」のあり方自体が、研究の独自の対象である。この点については別途の研究に委ねなければならない。

2 センターの活動については、センター発刊の雑誌『LINK』参照。なお、同誌は神戸大学学術成果リポジトリの以下のアドレスから閲覧可能(http://www.lib.kobe-u.ac.jp/kernel/seika/cover/NCID=AA12427471.html)。

3 本質還元的な思考である分類に、時間軸という変化をどう入れ込むかという課題については、古文書学だけの問題ではなく、生物分類学においても同様の問いかけがなされている。この点については、［市沢 二〇一四］稿および、その参考文献となった［三中 二〇〇九］参照。

4 そもそも「よそ者」と「当事者」の関係を固定した二項対立関係でとらえるべきでない。「よそ者」とは、「当事者」のひとつのあり方というべきであろう。

5 例えば、National Council on Public History のホームページでは、公共歴史学の実践者として、historical consultants,

museum professionals, govermet historians, archivists, oral historians, cultural resource managers, curators, film and media producers, historical interpreters, historic preservationists, policy advisers, local historians, community activist をあげている。

6 溝口孝司の報告で指摘された考古学の諸類型のように（溝口論文参照）、公共歴史学にも社会的・文化的背景によって様々なタイプがあると思われる。公共歴史学の類型的研究も今後の課題である。

7 歴史遺産として何を残すべきかという基準自体、重要な問題である。この問題についても別途熟考が必要である。

8 このような考え方は、菅が述べる、公共民俗学のとるべき姿勢と通底する。菅によれば、公共民俗学は「公共性の観点から民俗やそれを担う人々を考える学問であるとともに、民俗やそれを担う人々の観点から、現代社会で無批判に過剰に価値を認められている、大きな力をもった市民の公共言説の優越性を問い直す学問でもある」〔菅 二〇一一、一三〇頁〕という。

◆参考文献

［市沢 二〇一三］ 市沢哲「地域歴史遺産と地域連携活動」（神戸大学大学院人文学研究科地域連携センター編『「地域歴史遺産」の可能性』岩田書院）

［市沢 二〇一四］ 市沢哲「地域資料学を構想する糸口」（奥村弘編『歴史文化を大災害から守る――地域歴史資料学の構築』東京大学出版会）

［遠州 二〇一四］ 遠州尋美「地域に伝えられる災害伝承をいかに受け止めるのか〝津波てんでんこ〟をめぐって」（『LINK』第六号、神戸大学大学院人文学研究科地域連携センター）二〇～三五頁

［大澤 二〇一五］ 大澤真幸「〈公共性〉の条件――自由と開放をいかにして両立させるのか」（大澤『自由という牢獄――責任・公共性・資本主義』岩波書店）

［奥村編 二〇一四］ 奥村弘編『歴史文化を大災害から守る――地域歴史資料学の構築』東京大学出版会

［尾関 二〇一三］ 尾関章『科学をいまどう語るか――啓蒙から批評へ』岩波書店

［斎藤 二〇〇〇］ 斎藤純一『公共性』岩波書店
［佐藤 二〇一一］ 佐藤健二「近代日本民俗学史の構築について／覚書」（国立歴史民俗博物館研究報告『日本における民俗研究の形成と発展に関する基礎研究』）一三〜四四頁
［菅 二〇〇九］ 菅豊「公共歴史学――日本史研究が進み行くひとつの方向」（『日本歴史』第七二八号、特集「日本史研究に望むこと」）四〇〜四四頁
［菅 二〇一二］ 菅豊「公共民俗学の可能性」（岩本道弥・菅豊・中村淳編『民俗学の可能性を拓く――「野の学問」とアカデミズム』青弓社）
［菅 二〇一三］『「新しい野の学問」の時代へ――知識生産と社会実践をつなぐために』岩波書店
［杉本 一九九八］ 杉本一樹「古代文書と古文書学」（皆川完一編『古代中世史料学研究』上、吉川弘文館）五三四〜五三五頁。のち同氏『日本古代文書の研究』（吉川弘文館、二〇〇一年）に再録（二一頁）
［高木 二〇〇五］ 高木徹『ドキュメント戦争広告代理店』講談社
［土場 二〇〇八］ 土場学「公共性の社会学／社会学の公共性――ブラウォイの「公共社会学」の構想をめぐって」（『法社会学』第六八号、日本法社会学会）五一〜一八四頁
［中村 二〇〇二］ 中村尚司「当事者性の探求と参加型開発――スリランカにみる大学の社会貢献活動」（斎藤文彦編『参加型開発――貧しい人々が主役となる開発に向けて』日本評論社）
［ハーラン 二〇一〇］ デヴィッド・ハーラン（小沢弘明訳）「四〇年後の「歴史の重荷」」（『思想』第一〇三六号、特集「ヘイドン・ホワイト的問題と歴史学」）七三〜九五頁
［平川 二〇一〇］ 平川秀幸『科学は誰のものか――社会の側から問い直す』ＮＨＫ出版
［三中 二〇〇六］ 三中信宏『系統樹思考の世界――すべてはツリーとともに』講談社
［三中 二〇〇九］ 三中信宏『分類思考の世界――なぜヒトは万物を「種」に分けるのか』講談社

［村井 一九九九］ 村井章介「中世史料論」（『古文書研究』第五〇号）三三～五二頁。のち同氏『中世史料との対話』（吉川弘文館、二〇一四年）に再録（二〇頁）
［米盛 二〇〇七］ 米盛裕二『アブダクション――仮説と発見の論理』勁草書房
［『LINK』二〇一四］『LINK』第六号、特集「専門知と市民知――現場から問う」神戸大学大学院人文学研究科地域連携センター
［鷲田 二〇一三］ 鷲田清一『パラレルな知性』晶文社

付記 本報告の作成に際して、神戸大学大学院人文学研究科地域連携センター研究員の村井良介氏より種々の助言をいただいた。

過去を伝える、今を遺す――歴史資料、文化遺産、情報資源は誰のものか――

主　催　九州史学会・公益財団法人史学会
日　時　二〇一四年一二月一三日（土）午後一時～五時半
場　所　九州大学箱崎理系キャンパス　旧工学部本館大講義室

趣旨説明　九州大学　岡崎　敦

〈報　告〉

考古学の現在と未来――公共考古学の位置価の視点から――　九州大学　溝口孝司

アーカイブズ資料情報の共有と継承――Web2.0時代の情報管理と責任――　九州大学　清原和之

高校世界史と教科「情報」――クリティカル・シンキングから資料リテラシーへ――　修猷館高校　吉永暢夫

歴史資料をめぐる「よそ者」と「当事者」――専門家的知性と市民的知性――　神戸大学　市沢　哲

〈コメント〉

京都文化博物館　村野正景

対馬歴史民俗資料館　古川祐貴

討論

果年次報告書』，2012)，「ナポレオン戦争期イングランドにおけるジョアンナ・サウスコットの「奇跡的妊娠」――出版文化が生んだスキャンダル」(『西洋史学論集』52，2015)

吉永暢夫　よしなが のぶお
1957年生まれ。九州大学文学部史学科卒業。専攻，世界史教育
現職，福岡県立修猷館高等学校教諭
主要著書：「守護大名大友氏の権力構造――15世紀前半の対国人関係」(川添昭二編『九州中世史研究』3，1982，文献出版)

溝口孝司　みぞぐち こうじ
1963年生まれ。ケンブリッジ大学考古人類学部考古学科博士課程修了，Ph.D.　専攻，社会考古学
現職，九州大学大学院比較社会文化研究院教授
主要著書：*An Archaeological History of Japan, 30,000 B. C. to A. D. 700* (University of Pennsylvania Press, 2002); *Archaeology, Society and Identity in Modern Japan* (Cambridge University Press, 2006); *Archaeology of Japan: from the Earliest Rice Farming Villages to the Rise of the State* (Cambridge University Press, 2013).

中島康比古　なかじま やすひこ
1963年生まれ。早稲田大学大学院政治学研究科博士後期課程単位取得退学。専攻，日本政治史，アーカイブズ学
現職，独立行政法人国立公文書館職員
主要著書・論文：「オーラル・ヒストリー・アーカイブ――可能性と課題」(御厨貴編『オーラル・ヒストリー入門』岩波書店，2007)，「レコード・コンティニュアムが問いかけるもの」(『レコード・マネジメント』49，2005)，「マクロ評価選別の昨日，今日，明日」(『レコード・マネジメント』57，2009)

市沢　哲　いちざわ てつ
1960年生まれ。神戸大学大学院文化学研究科博士後期課程単位取得退学。専攻，日本中世史
現職，神戸大学大学院人文学研究科教授
主要著書：『日本中世公家政治史の研究』(校倉書房，2011)，『「地域歴史遺産」の可能性』(共著，岩田書院，2013)

執筆者紹介(執筆順)

岡崎　敦　おかざき あつし[責任編者]
1957年生まれ。九州大学大学院人文科学研究科博士後期課程中退。専攻，西洋中世史，文書学，アーカイブズ学
現職，九州大学大学院人文科学研究院教授
主要論文：「アーカイブズ，アーカイブズ学とは何か」(『九州大学附属図書館研究開発室年報』2012)，「西欧中世研究の「文化史的」読解——テクスト，言説，主体」(『思想(特集：ピーター・バークの仕事——文化史研究の現在)』1074号，2013)

古川祐貴　ふるかわ ゆうき
1985年生まれ。九州大学大学院人文科学府修士課程修了。専攻，日本近世史
現職，長崎県立対馬歴史民俗資料館学芸員／九州大学大学院人文科学府歴史空間論専攻日本史学専修博士後期課程
主要論文：「慶安期における沿岸警備体制」(『日本歴史』758，2011)，「書評：松尾晋一『江戸幕府と国防』」(『東北アジア研究』18，2013)，「朝鮮史編纂委員・栢原昌三の「宗家文庫」調査」(『アジア遊学』177，2014)

川西裕也　かわにし ゆうや
1981年生まれ。九州大学大学院人文科学府博士後期課程単位取得退学。専攻，朝鮮中近世史
現職，新潟大学大学院現代社会文化研究科助教
主要著書・論文：『朝鮮中近世の公文書と国家——変革期の任命文書をめぐって』(九州大学出版会，2014)，「朝鮮時代古文書の伝来論的研究の現状と課題」(『韓国朝鮮文化研究』12，2013)，「朝鮮成宗代の洛山寺関連文書に対する分析——税役免除文書と賜牌」(『古文書研究』44(韓国古文書学会)，2014)

村野正景　むらの まさかげ
1978年生まれ。九州大学大学院比較社会文化学府博士課程中退。専攻，パブリック考古学，博物館学，文化遺産国際協力
現職，京都府京都文化博物館学芸員
主要論文：「エルサルバドル共和国における遺跡保護に関する一考察：文化遺産国際協力の向上のために」(『遺跡学研究』7，2010)，「学芸員や研究者の立ち位置についての素描：パブリック考古学と関連分野のモデルに注目して」(『朱雀』24，2012)，「先スペイン時代の「ものづくり」に挑戦する：いわゆるウスルタン様式土器の復元と現代的再生プロジェクト」(『チャスキ』49，2014)

清原和之　きよはら かずゆき
1984年生まれ。九州大学大学院統合新領域学府ライブラリーサイエンス専攻修士課程修了。専攻，イギリス近代史，アーカイブズ学
現職，学習院大学大学院人文科学研究科アーカイブズ学専攻助教
主要論文：「電子環境下のアーカイブズとレコードキーピングに関する批判的考察——マイケル・モスの議論を中心に」(『西洋中世文書の史料論的研究——平成23年度研究成

史学会《しがくかい》125周年《しゅうねん》リレーシンポジウム2014　4

過去《かこ》を伝《つた》える、今《いま》を遺《のこ》す
——歴史資料《れきししりょう》、文化遺産《ぶんかいさん》、情報資源《じょうほうしげん》は誰《だれ》のものか

2015年11月 5 日　1 版 1 刷　印刷
2015年11月10日　1 版 1 刷　発行

編　者　九州史学会《きゅうしゅうしがくかい》・公益財団法人史学会《こうえきざいだんほうじんしがくかい》
発行者　野澤伸平
発行所　株式会社 山川出版社
〒101-0047　東京都千代田区内神田1-13-13
電話　03(3293)8131(営業)　8134(編集)
http://www.yamakawa.co.jp/
振替　00120-9-43993
印刷所　明和印刷株式会社
製本所　株式会社 ブロケード
装　幀　菊地信義

　ISBN978-4-634-60024-9

史学会125周年リレーシンポジウム2

東北史を開く

東北史学会・福島大学史学会・公益財団法人史学会 編

史学会125周年リレーシンポジウム3

災害・環境から戦争を読む

公益財団法人史学会 編